한옥석의
주도주·성장주
투자법

한옥석의 주도주·성장주 투자법

초판 1쇄 인쇄 2025년 3월 20일
초판 1쇄 발행 2025년 3월 25일

지은이   한옥석
펴낸이   박수길
펴낸곳   (주)도서출판 미래지식
편집   김아롬
디자인   최치영

주소   경기도 고양시 덕양구 통일로 140 삼송테크노밸리 A동 3층 333호
전화   02)389-0152
팩스   02)389-0156
홈페이지 www.miraejisig.co.kr
전자우편 miraejisig@naver.com
등록번호 제 2018-000205호

ISBN 979-11-93852-29-3 (13320)

미래지식은 좋은 원고와 책에 관한 빛나는 아이디어를 기다립니다.
이메일(miraejisig@naver.com)로 간단한 개요와 연락처 등을 보내주시면
정성으로 고견을 참고하겠습니다. 많은 응모바랍니다.

시장을 주도하는 최적의 종목을 찾아라!

한옥석의 주도주·성장주 투자법

한옥석 지음

미래지식

동물을 좋아하다 보니 자연스럽게 그들의 다양한 행동을 관찰하는 습관이 생겼다. 며칠 전 공원으로 산책을 갔다가 우연히 개미들의 움직임을 지켜보았다. 개미들이 주거지를 기반으로 활발하게 먹이활동을 한다는 사실은 익히 알고 있었지만, 그들의 행동을 직접 보면서 놀라운 점을 발견했다. 사람들이 오가는 길에서 죽은 지렁이 한 마리를 향해 개미들이 줄지어 이동하고 있었는데 주변에는 많은 개미의 사체가 흩어져 있었다. 아마도 사람들이 지나가며 밟고 간 듯했다. 개미들은 먹이에 대한 집착이 강해 주변의 위험을 고려하지 않고 오로지 먹이를 운반하는 본능에만 열중했고, 그 결과, 많은 개미들이 희생되고 만 것이다.

개미들은 먹고사는 문제에 있어 매우 적극적이다. 그러나 이는 비단 개미만의 이야기가 아니다. 사람을 비롯한 모든 동물에게 해당하는 공통된 생존 원리다. 사람과 개미의 차이는 위험한 행동을 절제할 수 있느냐 없느냐에 있다. 먹고사는 문제는 삶에서 떼려야 뗄 수 없는 관계이지만, 이성적으로 판단해 위험을 피하거나 위험이 적은 시점을 선택해 필요한 먹이를 취하는 것이 현명하다.

사실 인간도 좋은 목표물이 눈앞에 있으면 이성을 잃을 때가 있다. 이럴 때 우리는 위험을 감수하는 개미와 다를 바 없다. 주식 투자에서도 마찬가지다. 투자 대상을 선택하거나 타이밍을 포착할 때, 잘 보이지 않는 리스크를 가볍게 여기고 무리하게 베팅하는 경우가 많다. 개미도 그렇겠지만, 투자자 역시 실수를 피할 수 없다.

주식을 매도한 후 현금이 돌아오면 충분한 분석과 판단을 거쳐 신중하게 재투자를 결정해야 한다. 그러나 현실에서는 그렇지 않은 경우가 대부분이다. 강세를 보이는 종목이 많다 보니 투자에 대한 자신감이 지나치게 높아지고, 수익에 대한 집착으로 인해 냉정함을 잃기 때문이다.

결국 사람이 이성을 잃으면 본능만 남고, 그러면 개미의 행동과 다를 바 없어진다. 이 책은 시장을 좀 더 이성적으로 바라볼 수 있도록 돕고, 투자 대상과 타이밍을 신중하게 판단할 수 있는 기준을 제시함으로써 투자자들이 올바른 방향으로 나아가도록 돕기 위해 출간되었다.

PART 1에서는 대세의 흐름을 읽는 방법에 대해 설명한다. 투자자 입장에서는 대세가 상승 국면일 때 적극적으로 투자해 수익을 극대화하는 것이 바람직하다. 반면, 대세가 하락 국면이라면 아무리 뛰어난 투자자라도 실패할 가능성이 높은 만큼, 시장의 방향을 정확히 판단하는 것이 무엇보다 중요하다. 시장 흐름은 정부나 통화당국의 정책 방향에 따라 크게 좌우되는 경우가 많다. 그러니 이에 대한 이해는 필수이며, 이를 돕기 위해 과거의 사례를 바탕으로 자세히 설명했다.

PART 2에서는 주도주와 성장주에 대해 다루었다. 큰 시세는 미래 성장주에서 형성되며, 이러한 성장주는 관련 업종이나 종목군과 함께 주도주로 부상하여 경쟁 산업보다 훨씬 높은 수익을 가져다준다.

주도주는 시대적 배경에 의해 탄생하기도 하며, 그 시대를 대표하는 아이콘과 함께 부상하기도 한다. 그러나 매매에 지나치게 집착하면 초기 단계에서 주도주로 부각되는 종목을 제대로 인식하지 못하고 놓칠 가능성이 크다. 이에 따라, 주도주를 보다 명확하게 인식하고 포착할 수 있도록 많은 내용을 할애했다.

PART 3에서는 종목 선택의 중요성에 대해 설명한다. 주도주도 중요하지만 그중 무엇을 선택하느냐는 예비적 손익의 근원이니 신중해야 한다. 좋은 종목을 선택하는 데는 다양한 방법이 있다. 종목을 잘 유추해 내고 정보를 잘 해석하는 것은 물론 재무제표를 잘 읽는 것도 중요하다. 어려운 내용인 만큼 가능한 한 쉽게 이해하도록 서술했다.

PART 4에서는 매매 타이밍에 대해 다루었다. 매수하는 순간 실질적인 손익이 시작되는 만큼 매수 타이밍이 좋아야 손절에서 벗어날 수 있다. 매도 역시 수익을 결정짓거나 손절해야 할 때 매우 중요한 문제다. 매매 타이밍에 있어 기술적 분석도 중요하지만 지표의 모순점도 이해하고 실전에 적용하는 것이 정상적인 접근법이다. 단점을 이해하고 매매에 접근하는 것은 기본이다. 투자자들이 많이 활용하는 차트에 대한 해석법을 주로 다루고 있다.

PART 5에서는 미래 성장과 직결되는 주목할 만한 테마주에 대해 설명하고, 각 테마별 유망주에 *를 붙여 중요성을 강조했다. 테마주의 부각이 현실화될 경우 무엇을 선택할 것인가에 대해 고민할 수밖에 없을 것이다. 이번 장을 통해 그러한 고민을 조금이라도 해소할 수 있다.

PART 6에서는 투자에 반드시 필요한 내용에 대해 공부하고 포트폴리오를 운영하는 방법에 대해 설명한다. 사실 대세를 살피고, 주도주와 성장주를 제대로 파악하는 것은 물론 투자 종목 선택과 매매 타이밍을 포착하는 것도 중요하지만, 그보다 더 중요한 것은 포트폴리오를 어떻게 구성하고 효율적으로 운용하는가이다. 이 내용을 공부하면 지금까지 투자에 있어 무엇이 잘못되었는지를 파악할 수 있을 것이다.

우리는 모두 주식 투자로 성공하기를 염원한다. 그렇지만 이러한 바람과는 달리 뜻대로 잘 이루어지지 않는 경우가 너무도 많다. 주식시장은 다양한 변수가 불시에 들이닥치기도 하고, 대수롭지 않은 내용이 블랙스완이 되기도 한다. 자신이 판단하는 내용 외의 변수가 언제라도 돌출될 수 있음을 염두에 두고 투자에 임하기 바란다.

지은이 한옥석

차례

PART 2

시대를 이끄는 아이콘,
주도주를 결정

PART 5

미래 성장 테마주와
핵심 종목 분석

PART

6

투자의 승패를 가르는
포트폴리오 운용법

PART 1

시장을 꿰뚫는
대세 판단법

시장 방향을 결정하는 통화 정책

주식시장에서 대세의 흐름은 무엇에 의해 결정될까?

이 질문에 한마디로 답할 수 있는 전문가는 없을 것이다. 그만큼 주식시장은 다양한 변수에 영향을 받는다. 다만 오랫동안 시장을 접하며 내린 결론은 결국 대세의 방향은 거시적 변수와 정부의 정책 방향에 의해 결정된다는 점이다. 크고 작은 호재와 악재들이 순간마다 영향을 미치지만, 이는 일시적인 변화를 유발할 뿐 큰 파도를 거스르지는 못한다. 그래서 노출되는 거시적 변수가 경제에 어떤 변화를 초래할 것인가에 대해 분석하고 주기적으로 체크해야 한다.

예를 들어, 태평양 한가운데에서 진도 7 이상의 지진이 발생하면, 지진 전문가들은 이로 인해 발생할 쓰나미를 예고한다. 그리고 각 국가의 재난본부에서는 해안가에 위치한 사람들에게 대피령을 내려 피해를 최소화하려 한다.

마찬가지로 넓게는 세계, 좁게는 한국에 어떤 거시적 변수가 있다면, 그로 인해 초래될 경제적 변화와 주식시장에 미칠 영향을 인지하는 것이 매우 중요하다. 물론 변수는 한두 가지만의 조건으로 예단하기는 어렵다. 변화가 발생하면 그와 관련된 다양한 요소를 꼼꼼히 살펴봐야 한다. 거시적 변수들은 서로 촘촘히 연결되어 있어 하나가 변하면 다른 요소에도 영향을 미치게 된다. 그래서 이러한 변화를 통해 연쇄적으로 나타나는 흐름을 파악하고, 중요한 신호를 읽어내는 것이 중요하다.

연준의 정책과 주식시장의 상관관계

글로벌 경제의 중심인 미국 연준(연방준비제도, Fed)의 최근 역사와 연준이 추진해온 정책이 주식시장에 어떤 영향을 미쳤는지에 대해 간략하게 살펴보자. 연준의 정책은 시장의 대세를 판단할 중요한 근거 중 하나이기 때문이다. 거시적 변수가 연준의 정책 변화를 어떻게 이끌어내고, 그로 인해 증시에 어떤 영향을 미치는지 살펴보면 시장의 흐름을 판단하는 데 유용한 통찰을 얻을 수 있다.

1987부터 2006년까지 연준의장으로 재직한 앨런 그린스펀(Alan Greenspan)은 미국의 기준금리를 제로 수준까지 끌어내린 대표적인 통화 완화 정책 선호자이다. 물론 그린스펀 역시 당시 경기가 침체하면서 완화 정책을 추진할 수밖에 없는 상황이었다. 그는 나름의 방식으로 위기를 모면하는 데 성공했다고 본다. 하지만 그의 이러한 완화 정책이 2008년 발생한 서브프라임 모기지 사태의 원인을 제공했다는 점은 간과할 수 없다.

앨런 그린스펀으로부터 바톤을 넘겨받은 벤 버냉키(Ben Bernanke) 연준의장은 재임 기간(2006~2014년) 중에 서브프라임 모기지 사태를 해결해야 할 처지해 놓였다. 대공항 전문 학자로써 그가 내놓은 해결책은 예상을 뛰어 넘는 수준의 공격적인 경기 부양책이었다. 그는 대공항 전문가답게 이를 조기에 진화하고, 미국 경제가 회생하는 데 큰 기여를 했다. 그에게 '헬리콥터 벤'이라는 별명이 붙은 것도 통화 확대, 양적완화로 그린스펀 못지않은, 어쩌면 그보다 더한 완화적 정책을 추진했기 때문이다. 결국 그는

2022년 학자로써의 최고 영예인 노벨경제학상을 받았다.

이후 재닛 옐런(Janet Louise Yellen) 연준의장(2014~2018년)이 후임으로 의장직을 맡아 2015년 연말부터 제로까지 떨어진 기준금리를 인상하는 긴축 정책으로 전환했다. 하지만 트럼프 대통령은 이러한 옐런의 정책에 대해 강력하게 비판했고, 결국 옐런 연준 의장은 임기 4년을 끝으로 2018년에 트럼프가 지명한 제롬 파월(Jerome Powell)에게 의장 자리를 넘겼다. 하지만 제롬 파월 연준의장이 의장직을 수행하는 동안 코로나19 팬데믹 상황이 발생했다. 결국 글로벌 경제는 침체됐고, 좀처럼 경제 여건이 개선될 기미가 없자 그는 2008년 이후 처음으로 무제한 양적완화 카드를 꺼내 들었다. 이로 인해 미국 경제가 호황을 맞이한 것도 사실이다.

그러나 이러한 호황 뒤에는 인플레이션 심화라는 문제점이 따랐다. 이후 발생할 문제에 대해 안이하게 대응하다 보니 통제할 기회를 놓친 것도 사실이다. 여기에 2022년 2월 24일 러시아의 우크라이나 침공이 시작되면서 인플레이션은 경제를 위협하기 시작했다. 미국의 소비자물가지수(CPI)가 1982년 이후 수십 년 만에 최고 수준인 8.6%(8월 9.1%)까지 치솟다 보니 이를 수습하기 위해 3월 17일 0.25% 인상, 5월 0.5% 빅스텝, 6월 0.75%의 자이언트스텝, 7월 역시 자이언트스텝, 그리고 9월도 자이언트스텝을 실시하며 금리 인상의 가속패달을 밟았다. 이러한 과감한 금리 인상 정책으로 결국 인플레이션이 완화되기 시작하면서, 2024년 9월 미국 연방공개시장위원회(FOMC) 회의에서 그는 다시 완화 정책으로 전환했다.

인플레이션 파이터로서의 중앙은행

연준은 경제의 여건에 따라 정책을 변화해 나가는 기관이다. 연준은 인플레이션을 잡고, 인플레이션의 상황에 따라 통화 정책을 바꾸는 인플레이션 파이터 기관임을 알 수 있다. 이게 바로 중앙은행이 독립기관이어야 하는 이유다. 정부가 이에 대해 감놔라 배놔라 한다면, 인플레이션 파이터인 중앙은행은 정책 수립에 한계가 있을 수밖에 없고, 이에 따라 경제는 중심을 잃을 것이다.

여기서 연준과 주식시장과의 연관성을 살펴보면, 확실히 연준의 통화 정책에 따라 시장의 흐름이 좌우된다는 사실을 알 수 있다.

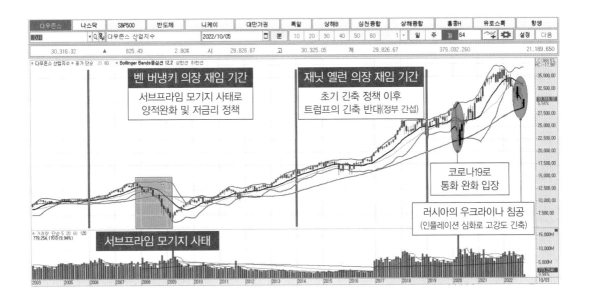

위의 그림에서처럼 버냉키 의장의 재임 중에 서브프라임 모기지 사태가 발생했고, 이에 따른 통화 완화 정책은 투자자들에게 최고의 기회가 되면서 적지 않은 투자 성과를 안겼다.

재닛 옐런의 재임 기간은 짧았다. 트럼프 대통령의 집권 시기에 인플레이션 조짐이 보이자 긴축 정책으로 전환하려는 움직임을 보였지만, 트럼프 대통령의 압박으로 그의 정책을 제대로 이행하지 못하고 단명한 채 마감했다. 하지만 트럼프의 재정 확장 정책과 연준의 뚜렷한 긴축 정책이 부재했던 시점이라 주식시장으로써는 더할 나위 없이 좋았다.

이후 파월 의장의 재임 기간 중 코로나19로 인해 경제가 위축되니 완화적 정책을 추진할 수밖에 없었다. 그로 인해 한시적이나마 경제도 호전되고, 고통받던 시장은 상승의 절정을 맞을 정도로 좋았다. 하지만 적당한 시기에 연준은 과열을 고려해 긴축에 들어가야 했지만 실패하고 말았고, 그 여파로 심각한 인플레이션을 맞이한다. 이러한 시기에 러시아가 우크라이나를 침공하면서 인플레이션은 더욱 심화되었고, 연준은 결국 금리 인상의 긴축 정책을 본격화한다. 금리 인상의 속도를 높여도 물가가 꿈쩍도 않다 보니 자이언트스탭(인상폭 0.75%) 수준으로 기준금리를 연속으로 올리는 초유의 상황을 맞이하며 시장은 고통에 신음하게 된다.

중요한 것은 서브프라임 모기지 사태와 코로나19 팬데믹이다. 이로 인해 경제와 주식시장에 충격이 있었지만, 이를 치유할 수 있는 연준의 처방이 통화 완화 정책이었고, 또 이를 통해 해결이 되었다. 벤 버냉키 연준의장의 무제한 통화 확대 정책은 경제 회복의 처방으로 작용하여 주식시장이 위기를 극복하고 상승세를 보였다. 그러나 이러한 대규모 통화 및 재정 정책으로 풀린 자금은 결국 인플레이션을 유발하였고, 이를 억제하기 위한 긴축 정책이 시행되었다. 이러한 긴축 정책은 경제와 주식시장을 장기적인 침체로 이끌 수도 있다.

증시의 대세 상승은 경기 침체로 인한 고통을 줄이기 위해 중앙은행과 정부가 통화 및 재정 정책을 완화적으로 시행하면서 서서히 시작된다. 반면, 대세 하락은 경제 호황과 주가의 지속적인 상승 국면에서 통화 당국이 긴축 정책의 강도를 높여 기업과 가계 등 경제 주체들에게 부담을 주기 시작할 때부터 나타난다.

한국의 주거비 반영 한계와 미국 PCE의 중요성

지금의 인플레이션 상황과 한국을 비롯한 세계 각국의 통화 정책은 어떻게 전개될 것이며, 이로 인해 주식시장의 변곡점은 언제 올지 살펴보자.

인플레이션 지표의 핵심은 '소비자물가지수(CPI)'이지만, 이보다 좀 더 앞서 발표하고 더 신뢰성을 갖는 것은 '개인소비지출(PCE)'이다. CPI는 2년마다 조사 대상 품목을 조정하는 반면, PCE는 이를 분기마다 조정하기 때문이다. 또한 CPI는 소비자 개인에 대한 설문조사로 데이터를 수집하는 반면, PCE는 관련 기관의 설문조사를 통해 수집한다. 그래서 연준이 금리를 결정할 때 CPI보다는 PCE를 더 신뢰할 수밖에 없다.

PCE는 서비스, 내구재, 비내구재의 지출 금액을 포함하며 음식, 주거비, 교통, 의료, 여가 등을 반영하는 지표다. 변동성이 큰 에너지와 식료품은 제외된다. 특히 주거비는 근원 CPI에서 42%로 높은 비중을 차지하고 있고, PCE에서는 가중치가 거의 23%를 차지할 정도로 높다. 이 수치는 노동부와 상무부 등 발표 기관에 따라 차이가 있고, 적용 대상도 CPI는 도시 근로자에 한하지만, PCE는 전국 소비자와 비영리 단체까지 확대 적용된다. 그리고 적용 범위를 보면 CPI는 소비자 지출만 반영하는 반면 PCE는 소비자 지출에 고용주가 지불하는 의료비 등도 포함된다. 이 지표의 동향을 잘 읽어야 경제지표의 흐름을 제대로 읽을 수 있다. 주거비는 주택 가격의 높낮이에 따라 영향을 많이 받을 수밖에 없다. 그러니까 주택 가격의 동향을 파악해야 인플레이션의 정도를 가늠할 수 있는 셈이다.

참고로 한국은 PCE 지표를 산출하지 않는다. 한국의 주거 비중은 17%로 미국 CPI 주거비 가중치 42%의 1/2 수준에도 미치지 못한다. 한국의 가계가 보유하고 있는 자산 구성 비중에서 거의 70%가 부동산에 집중된 사실을 고려하면 제대로 된 인플레이션을 반영하지 못한다는 사실도 알 수 있다.

그래서 인플레이션 상황을 가늠할 때 미국 지표에 관심을 기울일 수밖에 없고, 실제로도 전문가들은 미국의 PCE를 참고자료로 사용한다. 주식시장의 현실도 국내 지표보다 미국의 지표에 준해 변동성을 보이는 것을 부정할 수 없다.

2022년 심각한 인플레이션 상황이라는 사실은 PCE와 CPI 급등세를 통해 잘 알 수 있다. 중요한 것은 이러한 인플레이션을 잡기 위해 연준이 취하고 있는 고강도의 금리 인상으로 미국의 모기지 금리가 7%를 돌파할 정도로 급등세를 보인다는 점이다. 이는 임대료 상승에 따른 주거 비용의 증가로 이어지고, 곧 미국의 주택 가격 하락으로 연결되며, 금리 인상 동안에는 하락세가 강화될 것임을 예상할 수 있다.

인플레이션 파이터인 연준의 고강도 금리 인상으로 2024년부터는 미국의 인플레이션도 막을 내린다. 또한 연준의 정책이 금리 인하로 이어지고 증시도 예전의 상승 탄력을 갖지 못하거나 하락하게 된다. 그러니까 경제 상황에 따라 연준의 정책 변화가 뒤따르고, 이것이 주식시장의 변화를 유발하는 시그널이 된다는 사실을 투자자들은 알아야 한다. 금리를 인하해도 경제는 여전히 조심스러울 것이며, 절대적으로 높은 수준의 금리를 겪어야 하는 가계와 기업은 힘든 시기를 보내야 한다. 물가가 가라앉을 때까지 가계는 힘든 삶을 살아가야 하고, 기업은 벌어들이는 이익에 비해 부담해야 할 이자 비용이 더 커지면서 파산하는 기업이 증가한다. 상당한 기간을 거친 후 주식시장은 묘하게도 이러한 경제 침체의 늪에서 깨어나기 시작한다.

인플레이션을 잡으면서 한숨을 돌린 각국의 중앙은행은 고통받는 가계와 기업을 위해 금리를 인하하고, 정부도 침체된 경제를 살리기 위해 케인즈의 방식대로 마치 마약에 취한 듯 재정을 늘린다.

이쯤 되면 이재에 밝은 자금들은 바닥권에 진입한 주식시장을 싼값에 사들이기 시작하는 바겐세일 쇼핑에 나선다. 그레이트 로테이션(안전 시장인 채권시장에서 위험 시장인 증시로의 자금 이동 현상)의 시작이 열리면서 돈의 힘에 의한 유동성 장세의 서막이 열린다. 이것이 바로 대세 상승의 시작인 셈이다. 경기는 여전히 침체하고 절대금리 수준이 여전히 높으며 기업들의 재고는 아직도 충분히 해소되지 않은 시기다. 하지만 미래를 보는 자금은 귀신같이 이때를 놓치지 않고 소신껏 매수하며, 이후 주가가 오르면서 시중의 유동성은 빠르게 시장으로 유입된다.

투자의 성패를 가르는 정책의 이해

2024년, 연준은 기준금리를 목표 수준인 5%까지 인상한 후, 물가와 고용 지표가 목표치를 향해 둔화되는 추세를 보이자 경기 하강 국면에 접어들었다고 판단했다. 그리고 9월 기준금리를 0.5%포인트 인하하여 4.75~5.00%로 조정하며 연착륙을 유도하는 정책 전환을 단행했다. 그러나 이처럼 금리를 인하해도 경기 침체는 좀처럼 진정되지 않았고, 파산 기업은 증가하는 등 상황은 악화되었다. 이에 따라 정부도 다시 재정을 확장하기에 이른다.

금리 정책은 인상이든, 인하든 한 번 전환하면 짧게는 1년, 길게는 3년간 지속적으로 이어진다. 높아진 금리는 다시 저점권으로 내릴 때까지 지속되는 경향이 강하다. 그만큼 단번의 정책으로 경제의 방향성이 단절되지 않기 때문이다. 기준금리 인하를 통해 서서히 증시로 자금은 유입되고 재정 확장이 가시화되면 부동자금은 본격적으로 주식시장으로 향하면서 유동 성장세가 시작될 것이다. 이는 투자자들에 있어서 최고의 기회가 될 수 있다. 이처럼 중앙은행의 통화 정책과 정부의 재정 정책에 대한 이해가 없으면, 시장에 대한 이해력이 떨어질 수밖에 없고 중요한 기회를 놓치게 된다.

"불경기에 무슨 상승장을 기대할 수 있다고!"라고 연준의 정책 변화를 무시해서는 안 된다. 정책의 변화가 경제 방향을 변화시키고, 이것이 시장의 변화를 야기한다는 사실은 주식시장의 역사가 잘 설명해준다. 겨울을 거치고 봄이 오듯이 주식시장 역시 모두의 절망 속에서 희망이 피어나는 것이다.

한국도 그동안 미국의 고금리 정책에 의한 달러 강세로 외국인 자금 이탈 우려와 인플레이션(아파트 가격 상승) 등의 요인으로 인해 금리 인하 시기를 미뤄왔지만, 미국이 인하 정책으로 전환한 상황이라 더 이상 금리 인하를 미룰 수는 없다. 이것이 침체된 국내 경제의 회복 단서가 될 수 있음을 염두해야 한다. 물론 시장이 반응하기 위해서는 충족되어야 할 변수도 변수지만, 인하의 횟수가 2, 3회 추가로 이어지면서 통화 당국의 정책 방향 확인을 통해 투자자들은 신뢰성을 확보해야 한다.

우리는 거시경제 지표로 환율, 금리, 물가 등 다양한 변수들에 관심을 갖는다. 이러한 거시적 변수를 결정하는 요인은 다양하지만, 그중 중앙은행의 통화 정책이나 정부의 재정 정책은 더욱 강력한 영향을 미친다. 예를 들어, 경제를 회복시키기 위해 당국이 통화를 늘리면 금리가 떨어진다. 이후 경기가 살아나면서 통화 당국에서 금리 인상으로 통화 정책의 변화를 갖는다. 지속되는 경기 회복 속에 물가가 오르고, 그 정도가 지나치다 보면 인플레이션이 초래된다. 이를 통제하기 위해 기준금리 인상 폭을 확대하고, 그 여파로 원화 가치가 올라 환율이 하락하고 수출 경쟁력은 하락한다.

그만큼 중앙은행의 통화 정책이나 정부의 재정 정책은 다양한 거시적 변수에 영향을 받기도 하고, 미치기도 한다. 그로 인해 기업이나 가계 등 경제 주체에 영향을 미치는 것은 물론, 주식시장에서도 변화를 초래한다. 투자자 입장에서는 정책에 따라 투자 방향을 조정하지 않을 수 없다.

투자의 실력은 이러한 통화 당국이나 정부의 정책 방향에 대한 이해와 그것으로 인한 경제적 영향과 주식시장에 미치는 파장을 얼마나 잘 이해하느냐에 따라 차이가 날수밖에 없다.

유동성 장세의 특징과 주목할 대상

　유동성 장세는 경기 침체의 고통을 해결하기 위한 통화 완화와 재정 확장 정책으로 인해 풍부해진 자금이 주식시장으로 유입되면서 시작된다. 이러한 자금 흐름이 유동성 장세의 근원이며, 투자자들의 반응에 따라 실현된다. 주식시장으로 향한 대규모 자금 이동을 '그레이트 로테이션(Great Rotation)'이라고 부른다.

　2008년 미국의 서브프라임 모기지 사태에 의한 금융 위기로 연준의 통화 확대와 정부의 재정 확장 정책에 의한 유동성 장세, 그리고 2020년 코로나 팬데믹으로 인한 통화 및 재정 확장 정책에 의한 유동성 장세가 대표적이다. 이 두 사례 모두 연준과 각국 중앙은행의 통화 완화 및 재정 확장 정책으로 풀려난 자금이 주식시장으로 유입되어 폭발적인 강세장을 촉발했다.

　다음 그림을 보면 단기간에 폭발적인 상승세를 나타내면서 서브프라임 모기지 사태와 코로나 팬데믹 각각 150%(진행 기간 약 30개월)와 130%(진행 기간 약 15개월)라는 놀라운 상승률을 기록했음을 알 수 있다.

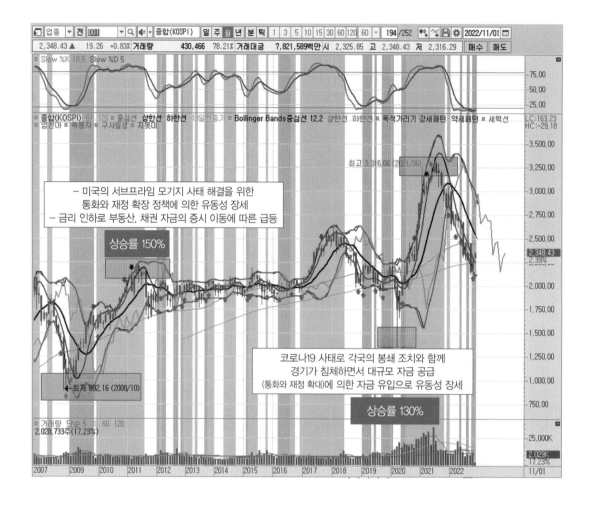

그레이트 로테이션은 침체된 경제와 시장의 불안 속에 안전자산인 채권과 예금에 안주했던 자금이 주식시장으로 이동하는 현상을 의미한다. 초기에는 스마트 머니에 의해 견인되다가 일정한 시간이 지나면서 개인투자자들의 자금이 증시로 급속하게 이동하면서 돈의 힘에 의해 주가가 급등세를 나타내는 것이다.

높은 채권 수익률과 예금 이자에도 여전히 고물가로 인해 실질적인 자산 감소에 대한 불만이 클 수밖에 없다. 정책의 전환은 채권 수익률의 하락 전환과 예금 이자의 감소를 극복하기 위해 주식 투자를 통한 수익 강화로 대응하고자 하는 투자자들의 자연스러운 행동이 유동성 장세의 동기 유발인 셈이다. 한번 전환한 통화와 재정 확장 정책 방향은 지속성을 갖는다는 사실을 투자자들은 경험을 통해 잘 알고 있다. 그로 인해 투자 대상도 바뀌는 것이다. 돈은 절대 한곳에 머무르지 않는다. 부를 축적하고자 하는 인간의 욕구는 무한대이며, 답답한 채권과 은행 이자로 만족하지 못한다.

이렇게 해서 유입되는 자금은 그 어떤 시점보다 주가의 상승 속도를 가속화하는 특징을 보인다. 그래서 개인투자자들의 수익을 위한 욕구는 극에 달하고 넘쳐나는 자금은 더 이상 싸게 매수하려는 생각보다 가격을 높여서라도 현금과 주식을 맞바꾸려 할 뿐이다. 이 시기에는 그 어떤 시기보다 상승의 기울기가 가파르다. 주가는 연일 상승세를 이어나가면서 부동자금을 시장으로 끌어당긴다. 이처럼 경기 침체의 끝에서 발생하는 유동성 장세는 대세 상승의 시작을 알리는 매우 중요한 특성이다.

• 유동성 장세에 관심을 가져야 할 종목군과 업종 •

유동성 장세는 경기 침체로 인해 저평가된 주식을 매수하는 과정에서 시작한다. 이러한 장세에서는 특정 업종이 순환하며 단계적으로 상승하거나, 때로는 여러 업종이 동시에 상승하는 경향을 보인다. 초기에는 해당 시기의 여건에 맞는 종목군을 중심으로 순환 상승세를 보이다가 이것이 점차 강화되면서 동반 상승의 태풍으로 변하는 경우가 일반적이다.

초기에는 투자자들이 선택에 신경을 쓰지만 주가의 수위가 높아질수록 선택보다는 무조건적 매수로 변하게 되고, 더 늦기 전에 하루라도 빨리 사들이려는 경향과 함께 집단 행동을 나타낸다. 그래서 유동성 장세 아래에서는 업종이나 테마 구분없이 웬만한 대상은 상승세를 보인다. 다만 그래도 유동성 장세가 펼쳐지는 그 시기의 여건에 걸맞은 대상이 더 탄력적이라는 것은 두말할 필요가 없다.

2025년에 예상되는 유동성 장세에서는 이전 경기 침체와 정책적 리스크를 반영해 소외되었던 한국의 주요 수출 기업들(반도체, 자동차, 석유화학, 철강 등), 2차전지, IT 산업, 증권 업종 등이 순환적으로 상승할 것으로 전망된다. 이러한 시기에는 이전에 급등하여 높은 주가를 기록했지만 조정 기간이 짧았던 종목(조선, 방산 등)들은 추가적인 조정을 겪을 수 있다. 주가란 아무리 좋은 배경을 타고났더라도 급등에 따른 부담을 피하기 어렵기 때문이다.

낙폭이 컸던 종목들이 저평가 인식으로 어느 정도 상승한 후, 유동성 장세 후반에는 시대적 배경을 바탕으로 한 종목군, 특히 2차전지주가 2025년 캐즘(전기차 수요 위축에 의한 업황 부진) 탈출에 대한 기대감을 반영하여 이전의 영광을 되찾을 가능성이 높다. 시대적 배경을 반영한 AI와 항공, 양자컴퓨팅 관련 주도 주목해야 할 대상이다.

• 유동성 장세 이후의 후유증 •

자금의 힘으로 급격히 상승한 주가는 불안정한 고점에 도달하지만, 투자자들은 탐욕에 눈이 멀어 이러한 위험을 인지하지 못한다. 자신들의 비이성적인 행동을 깨닫기까지는 상당한 시간이 걸리기 마련이다. 이러한 현상에 대해 앨런 그린스펀 전 연준의장이 '비이성적 과열'이라고 표현한 바 있다.

사실 이 시기는 빠른 속도로 오른 주가에 비해 기업의 내용은 여전히 부진하고 거시적인 지표도 그다지 개선되지 않은 상태다. 이러한 상황에서 수급만으로 오른 것이기 때문에 결국 시장은 한계를 드러내면서 조정이 현실화된다. 그 조정은 짧게는 상승 폭의 30%(피보나치 수열상 38.2% 하락)를 웃돌거나 심할 경우에는 60%(피보나치 수열로 61.8%)를 웃도는 하락률을 기록한다.

투자자들은 다시 시장에 대한 자신감이 떨어지고 뒤따라 추격 매수한 주식이 원수같이 느껴지는 상황에 직면한다. 유동성 장세 때 영혼까지 팔아 주식시장으로 옮겨온 투자 자금이 반토막이 난다면 어느 누가 덤덤할 수 있을까?

원래 주가란 상승하면 하락하고, 하락하면 상승한다. 그리고 많이 오르면 낙폭도 크고, 많이 떨어지면 반등폭도 크다. 투자자들은 매일같이 치솟아 오르는 현실에 대해 이성적으로 대응하지 못하고 탐욕이라는 최면에 걸려 고점에서의 매도 타이밍을 놓치면서 시련의 시간을 보내게 된다.

금리 수준이 지속적으로 낮아지면 기업의 투자 의지가 점차 개선되고, 소비 심리도 회복되는 경향이 있다. 이러한 경기 회복의 조짐이 나타나면, 일부 경제 전문가와 통화 당국은 완화적 통화 정책의 전환에 대한 필요성을 점차 강조하기 시작한다. 이 시점에서 주가는 충분한 하락과 기간 조정을 마치고 새로운 국면에 접어들게 된다.

기업의 이익이
이자보다 커지는 실적 장세

기업에 부담을 줬던 금리는 충분히 낮아져 이전 금리 인상기에 부담했던 고통이 점차 줄어든다. 그리고 가계도 금리 수준이 낮아지면서 가처분소득의 개선과 함께 소비 심리가 점차 개선될 시점에 이른다.

실적에 부담을 줬던 재고도 상당 부분 해소되고, 기업의 생산 활동은 점차 정상화하는 단계에 들어선다. 기업이 생산 활동을 높이다 보니 당연히 고용도 개선된다. 일부 산업에서는 낮아진 금리를 바탕으로 투자를 늘리면서 향후 경기 회복에 선제적으로 대응하는 모습도 나타난다.

이러한 상황 속에서 거시 경제 지표 개선에 주목하고 있는 각국의 중앙은행은 인플레이션을 사전에 차단하기 위해 금리 인상 조치를 취하기 시작한다. 시간이 지나면서 금리를 인상하는 국가들이 늘어나고, 이러한 흐름이 점차 글로벌 트렌드로 자리 잡으며 경기 회복이 가시화된다. 이에 따라 중앙은행의 통화 정책 기조에 발맞춰, 경기 회복에 대한 확신이 커지면 각국 정부도 그동안 확장적이었던 재정 정책을 점진적으로 긴축 방향으로 전환한다.

예를 들어, 2022~2023년 상반기 동안 과도한 인플레이션의 후유증을 겪은 경험이 있는 만큼, 중앙은행들은 경기 회복의 조짐이 보일 때마다 이를 억제하기 위한 조치를 강화하려는 태도를 보이고 있다. 이 시기에는 미국보다 먼저 캐나다, 영국 등 일부 준기축통화국이 금리 인상을 단행했고, 이후 미국 연준도 이에 동참하면서 대부분의 국가들이 금리 인상 등 긴축 정책에 합류하게 되었다. 다만, 일부 자본주의 국가들은 이러한 흐름에서 예외를 보이기도 했다. 이처럼 물가 안정에 중점을 두는 통화 당국은 인플레이션에 대해 민감하게 반응할 수밖에 없으며, 경기 회복의 조짐이 보이면 즉각적으로 대응하는 경향을 보인다. 그러나 금리 인상과 재정 축소와 같은 긴축적인 정책이 시행된다고 해서 반드시 주식시장이 불안해지는 것은 아니다.

초기 금리 인상은 경기 회복의 정도를 지켜보면서 진행 속도를 조절하는 것이 일반적이다. 섣불리 인상의 속도를 높이다가는 회복되는 경제에 찬물을 끼얹기 때문이다. 금리 수준이 크게 낮아진 상황에서 그것을 소폭 인상했다고 해서 기업이나 가계에 큰 부담을 주지는 않는다.

기업은 경기 회복과 함께 벌어들이는 수익이 금리 인상으로 인한 이자에 비해 점차 높아지면서 경영에 대한 성과가 실적 호전으로 나타난다. 경기 회복이 점차 가속화되면 될수록 기업의 이익은 쌓이게 되고 투자자들의 확신 속에 주식시장은 주가의 상승 궤적을 그려 나가게 된다.

실적 호전에 의한 수익 가치 상승으로 인해 주가가 오르는 현상을 '실적 장세'라고 한다. 이 시기에는 경제나 기업의 기본적인 경제적 요소를 의미하는 펀더멘탈(Fundamental)이 가장 호전된다. 이익의 증가로 인한 수익성 호전(수익성), 분기나 연간 지속적인 매출과 이익의 호전(성장성), 그리고 쌓이는 이익으로 부채를 털어내고 유보율을 높이는 재무적 안정화(안정성) 등의 펀더멘탈 호전이 두드러지게 나타난다. 이 시기를 우리는 '인플레이션 하의 상승장'이라고도 한다. 금리 인상을 고려해야 하는 상황은 곧 경기가 호전되고 있다는 신호로 해석되며, 이러한 긍정적인 전망을 반영해 시장은 상승 흐름을 지속한다.

앞서 설명한 유동성 장세보다 이 실적 장세의 기간이 훨씬 길게 이어진다. 하지만 상승의 속도에 있어서는 유동성 장세에 비해 한결 느리다. 그만큼 다른 어떤 변수보다 수급이 중요한 셈이다.

• 실적 장세에서 상승하는 종목군 •

유동성 장세에서는 돈의 힘으로 밀어붙이는 특성을 갖다 보니 순환매를 통해 이것저것 다 오르지만 실적 장세에서는 그렇지 않다. 당연히 업황이 좋은 업종이나 실적이 좋은 종목을 중심으로 오를 것이다. 하지만 경기가 좋다보니 실적이 좋은 업종이나 산업이 한두 가지가 아니다.

주도주는 시대상을 반영하기 때문에 시대적 배경에 따라 다르다. 실적이 좋아도 시대상을 반영하는 대상 업종이나 산업군이 유리한 지위를 갖는다. 가령 1980년대 후반의 한국 경제는 '3저(원화 가치 하락, 유가 하락, 저금리)' 효과로 인한 고성장을 달성해 나가는 과정에서 관련 산업인 일명 트로이카주(비교적 장기간에 걸쳐 상승세를 이끄는 금융·건설·무역 관련 선도 3개 업종의 주식)가 고성장했고, 주식시장은 이들 업종이 주도했다. 이때의 시대적 배경은 당연히 3저 효과에 의한 수출 급성장이었던 셈이다. 2000년 전후, 인터넷 시대의 도래와 함께 관련주들이 실적의 우열과 상관없이 단기간 내에 폭발적인 시세 상승을 이루었고, 2022년 이후에는 전기차 시대에 힘입어 2차전지주가 주도하는 모습을 보였다. 이처럼 주도주는 단순히 당대의 실적에 의해서만 결정되는 것이 아니라, 시대적 배경에 기반해 부상하는 것이다.

실적 장세에서 업황이 호전되는 산업은 여러 가지가 있다. 그러나 그중에서도 주도주로 부각될 가능성이 높은 산업은 해당 시기 국가의 경제 성장을 견인할 수 있는 핵심 산업이어야 한다. 이는 경제 성장률과 코스피, 코스닥 지수의 상승과 밀접하게 연관되어 있기 때문이다. 경제 성장이 이루어지면 주요 지수도 비례적으로 상승할 가능성이 높다. 이 과정에서 지수를 주도할 만한 영향력 있는 산업에는 강력한 매수세가 집중된다. 이러한 강력한 매수세는 해당 산업이 다른 산업에 비해 훨씬 높은 상승세를 기록할 주요 요인이다.

주도주 중에서도 실적이 두드러지게 호전되는 종목이나 턴어라운드(실적 부진에서 호전세로 전환되는 경우, 특히 경기 부진으로 인해 적자를 유지하다가 흑자로 전환되는 경우)가 선도주로 부상하게 된다. 이들을 중심으로 주도주가 형성되는 현상이 나타난다.

당시 시장 상황에서 수급이 원활하지 않다면, 일부 선도주만이 선택적으로 상승하는 경향이 있다. 반면, 수급이 양호하다면 관련 산업 내 대부분 종목들이 동반 상승하는 현상이 나타난다. 상승이 진행되는 과정에서 주도주가 교체되는 현상도 종종 발생한다. 실적 장세가 이어지면서 경제 성장률이 높아지고 물가 상승 압력이 낮은 골디락스(Goldilocks) 상황이 전개되면, 특정 산업뿐만 아니라 다양한 산업에서 업황이 개선되기도 한다. 이전의 주도 산업에서 주가가 과도하게 올라 부담을 느끼고 조정 국면에 접어들면, 이 시점에서 새롭게 호전되는 산업으로 매수세가 이동하면서 주도주가 바뀐다. 실적 장세에서의 주도주와 주도주의 교체 현상이 나타나면, 상황을 면밀히 판단하고 냉철하게 대응해야 한다.

• 높아진 금리에 부담을 느끼는 역금융 장세 •

주가란 다양한 변수에 의해 결정되지만, 기본적으로 펀더멘탈에 의한 가치를 바탕으로 형성된다. 그래서 실적 장세에서 주가가 충분히 반영되거나, 탐욕에 의해 과도하게 상승한 경우에는 조정을 거치는 것이 당연하다.

실적 장세 기간 동안 금리가 계속 인상되면, 어느 순간 기업들이 빌린 자금에 대한 이자를 사업 수익으로 감당하기 어려운 시점이 오게 된다. 가계 등 경제 주체들도 높아진 금리로 인해 더 이상 수요를 늘리기 어려운 상황에 직면한다. 이에 따라 기업의 수익은 고비를 맞이하고, 이를 간파한 분석가들의 부정적인 의견이 시장에 등장하기 시작한다. 기업들은 투자를 줄이고, 높아진 재고를 해소하기 위해 고심한다.

인플레이션의 완화 조짐이 나타나면, 정책 당국은 금리 정책을 완화 기조(피봇)로 전환한다. 금리를 인하하지만 여전히 높은 수준을 유지하며, 기업들이 부담해야 할 비용은 여전히 크다. 실적이 점차 악화되는 기업들이 증가하고, 시간이 지남에 따라 이러한 현상은 더욱 확대된다. 이와 같은 시장 상황을 역금융 장세라고 한다.

실적 장세를 연장하는 이상적인 상황, 골디락스

여기서 중요한 사실은 앞서 언급한 골디락스 상황이다. 골디락스란 경제 성장률이 높은데도 물가 상승 압력이 낮고, 실업률이 높지 않은 최적의 상태를 의미한다. 이 용어는 UCLA 앤더슨 포캐스트 수석 경제학자인 데이비드 슐만(David Shulman)이 처음 사용한 개념이다.

골디락스는 일반적인 경제 정책 방향으로는 설명하기 어려운 현상이다. 2004년 벤 버냉키 연준의장은 이를 다음과 같이 설명했다. 그는 1980년대 후반부터 2007년 금융 위기 직전까지 일본을 제외한 대부분의 OECD 국가들이 경제 안정기를 누린 이유로 경제 제도, 기술, 사업 관행, 경제 구조의 변화가 충격 흡수 능력을 향상시켰고, 주요국 중앙은행들이 인플레이션을 잘 통제한 통화 정책 성과 덕분이라고 언급했다.

골디락스가 지속되는 시기에는 역금융 장세로의 전환 시점이 늦춰질 수밖에 없다. 금리가 높더라도 가계 소득이 증가해 기업 제품에 대한 수요가 위축되지 않으면 기업 이익은 계속 호전된다. 이 과정에서 주가는 지속적으로 상승세를 유지한다.

예를 들어, 2020년 코로나19 사태로 인한 경기 침체가 지속되자 세계 각국 중앙은행은 대대적인 통화 완화 정책을 추진했다. 이로 인해 가처분 소득이 급증했고, 미국 GDP의 70% 이상을 차지하는 소비를 지탱했다. 이 자금 일부는 주식시장으로 유입되어 골디락스에 의한 주식시장 상승을 유발했다. 골디락스 상황이 나타나면 실적 장세가 연장되며, 주식시장의 상승세도 지속된다. 반대로 역금융 장세로의 전환은 한참 미뤄질 수 있다.

대세 하락의 시작, 역금융 장세

역금융 장세가 시작되면 경제가 침체로 전환되고 주식시장의 대세 상승 기조가 꺾인다. 대부분 업종과 테마가 하락세로 돌아서는 것이 일반적이다. 초기에는 기업 실적이 여전히 양호하지만, 투자자들은 안전자산으로 자금을 이동시키는 리버스 로테이션(Reverse Rotation) 현상을 보인다. 위험 자산인 주식에서 자금을 회수해 채권시장으로 옮기는 것이다. 위험을 빠르게 감지한 외국인, 기관 그리고 일부 큰손들이 주식시장에서 먼저 이탈한다.

상승 추세가 이어지다 보니 메이저 투자자들의 이탈로 일시적인 하락이 나타날 경우, 개인투자자들은 이를 조정의 기회로 오해해 매수에 나서는 경우가 많다. 이 시기에 부실주나 저가주들이 상승하는 특징도 나타난다. 개인투자자들이 이러한 종목들을 선호하며 매수세를 강화하지만, 결국 이들 종목은 고금리를 이겨내지 못해 파산하거나 주가가 급락해 투자자들에게 큰 손실을 안긴다.

저가주의 급등은 대세 상승 종료를 알리는 시그널일 수 있다. 이는 개인투자자들이 수익 부진을 만회하기 위해 조급하게 매수에 나서는 경향 때문이며, 이러한 집단적 행동은 상투의 징조로 해석된다. 이처럼 역금융 장세의 특징을 미리 파악하는 것은 매우 중요하다. 이 시기에는 위험한 투자를 자제하고 이성적인 투자 전략을 세워야 한다.

• 실적 악화로 수익 가치가 떨어지는 역실적 장세 •

인플레이션율이 현저히 낮아지고 실업률이 증가하는 등 거시 지표가 매우 악화된 상태를 역실적 장세라고 한다. 이 시기에는 가계 소비와 기업 투자가 크게 위축되며, 경제성장률은 뚜렷한 하강 곡선을 그린다.

역실적 장세는 경기 침체로 인해 기업에 재고가 쌓이고, 이를 해소하기 위해 생산 활동이 축소되며 이익이 급감하는 특징을 갖는다. 이 시기 증권사들은 웬만한 우량 기업에 대해서도 부정적인 보고서를 내는 경향이 강하며, 정부 기관이나 연구소들도 경제에 대한 부정적인 전망 보고서를 발표하는 경우가 많다.

재정 확대와 통화 완화 정책의 등장

이러한 경제 침체 상황에서 정부는 경제를 부양하기 위해 재정 확대 정책을 펼치고, 중앙은행은 가능한 한 금리를 최저 수준으로 낮추며 통화 공급을 늘리는 통화 완화 정책을 강화한다. 참고로 케인즈는 총수요 이론을 통해 정부가 경제 침체 시 부채를 늘리더라도 재정을 확대해야 한다고 주장했다. 이는 가계 소비와 기업 투자를 늘려 생산 활동을 활성화하고 GDP를 높이는 방식이다.

GDP = C(소비) + I(투자) + G(정부 지출) + 무역수지(수출 – 수입)

한국은 GDP에서 무역수지가 차지하는 비중이 높아 재정 지출만으로는 경제 회복 효과가 제한적이다. GDP에서 수출이 차지하는 비중이 약 36%에 달하며, GDP 성장률의 86%가 수출에 의존하는 구조이다. 이는 수출 비중이 22%인 중국이나 16%인 일본과 비교해 매우 높은 수준이다. 그래서 한국은 재정 지출 확대와 동시에 수출 지원 정책을 병행해야 GDP를 효과적으로 증가시킬 수 있다.

정부와 중앙은행의 정책 변화로 인해 시장에는 자금이 넘쳐나기 시작한다. 그러나 경기 회복에 대한 확신이 부족한 가계는 소비나 실물 자산(부동산, 예술품, 저작권 등)보다 비실물 자산(주식, 채권, 가상자산 등)에 대한 투자를 선호하게 된다. 이 과정에서 일부 자금이 주식시장으로 유입된다.

한여름 밤 반딧불이들이 집단으로 하늘을 밝히는 모습처럼 투자자들의 자금이 주식시장으로 몰리면서 유동성 장세(금융 장세)가 시작되는데, 돈의 힘으로 시장이 상승하는 특징을 보인다. 하지만 경제 상황은 여전히 최악이다. 불황을 견디지 못한 기업이 파산하거나, 좀비기업으로 전락하는 사례가 증가한다. 기업은 생존을 위해 과도한 재고를 정리하기 위해 폭탄 세일에 나서기도 한다.

정부의 재정 지출 확대와 중앙은행의 통화 완화 정책이 동시에 진행되면서, 증시에 고객예탁금이 증가하는 상황은 유동성 장세의 신호로 해석할 수 있다. 이 시기에는 공포감에 투자 심리가 크게 위축되겠지만 정책 변화와 경제 현상을 면밀히 분석하고, 변화에 순응하는 것이 중요하다.

2025년, 유동성 장세의 가능성

2025년에는 경기 부진을 극복하기 위해 금리 인하 정책이 지속될 것으로 보인다. 시중의 부동자금이 증시로 유입되기 시작하며, 금투세 시행 시기를 연기하고 중단되었던 공매도를 재개함으로써 외국인 투자자의 복귀를 유도할 가능성이 크다. 특히 공매도 재개는 선진 지수 편입의 촉매제가 되어 외국인 자금 유입을 구체화할 수 있다. 앞서 설명한 미국 연준과 각국 중앙은행의 통화 정책, 그리고 정부의 재정 확대 정책을 연결해 이해하면 된다.

역실적 장세에서 인기를 얻는 종목군은 다음과 같다.

- **재정 확대와 저금리 수혜주** : 건설, 증권 등
- **정부 투자 확대로 인한 기간 산업 관련주** : 인프라(건설과 AI), 전력, 가스 등
- **경기 방어주** : 식품, 제약 등

그러나 이들 종목군보다 당시 경제 상황을 가장 잘 반영하는 종목군이 더 유리한 투자 대상이다. 역실적 장세는 경기 위축을 반영한 최종 하락 단계이며, 동시에 유동성 장세로 전환될 최고의 기회가 공존하는 시기이다. 불경기 속 강세장이라고 할 수 있다. 경기 침체 속에서 주가가 오를 수 있다는 사실에 의문을 갖는 투자자들도 많지만, 이는 주가가 경기 회복을 선행한다는 점으로 이해해야 한다.

펀더멘탈이 좋지 않다는 이유로 주가 상승을 부정하는 인식은 증시 공학적으로 볼

때 바람직하지 않다. 정책 변화와 유동성 흐름을 이해하고 받아들이는 것이 현명한 투자 태도이다.

PART 2

시대를 이끄는 아이콘,
주도주를 결정

주도주의
역사 살펴보기

1980년대 중반부터 1989년 초반 : 3저 효과와 트로이카주

1980년대 중반부터 1989년 초반까지는 저금리, 저유가, 원화 가치 하락이라는 3저 효과로 인해 금융, 건설, 무역의 트로이카주가 주도한 시기였다. 기업들은 저금리와 저유가로 인해 낮은 비용으로 경영 활동을 할 수 있었고, 이렇게 생산된 제품을 원화 가치 하락에 힘입어 저렴하게 해외에 수출하며 고도 성장을 이루었다.

이 시기 시장은 왕성한 성장세를 바탕으로 사회간접자본(SOC) 투자와 아파트 건설 등 건설 분야가 급성장했다. 이를 지원하는 금융 시장도 빠르게 성장했으며, 무역 부문은 한국 기업과 국가 성장을 견인하며 시장에서도 중요한 지위를 차지했다.

1990년대 초반 : 경기 침체와 자산가치주 강세

1990년대 초반은 1980년대 후반 고도 성장의 후유증으로 경기 침체가 시작된 시기였다. 경기 후퇴와 함께 기업의 재무 상태, 즉 펀더멘탈이 악화되면서 투자자들은 안정성과 수익성에 초점을 맞추기 시작했다.

이로 인해 높은 BPS(주당 자산 가치 : 순자산을 발행 주식수로 나눈 수치), 낮은 PBR(주가 자산 비율 : 주가를 주당 자산 가치로 나눈 비율)의 자산가치주와 높은 EPS(주당 순이익 : 순이익을 발행 주식 수로 나눈 수치), 낮은 PER(주가 수익 비율 : 주가를 주당 순익으로 나눈 비율)의 수익성 높은 주식이 주목받았다. 자산가치와 수익성이 높은 저평가 주식군이 단기간에 큰 시세를 형성하며 시장을 주도했다. 그러니까 저PBR·고BPS, 저PER·고EPS의 대표주들이 집중된 내수우량주의 강세가 이어졌다.

1999년~2001년 초 : 닷컴 버블과 IT 열풍

1999년부터 2001년 초까지는 닷컴 버블이 나타나며, 인터넷 관련 주식이 폭등했다. 수많은 IT 기업과 벤처기업들이 인터넷 사업에 뛰어들면서 주가는 이상 급등세를 기록했다. 그러나 기술력 없이 정부의 벤처기업 육성책을 등에 업고 선풍적인 인기를 누리면서 막대한 자금을 끌어들인 데 비해 사업의 진척은 없다 보니 결국 수많은 기업이 파산하기도 했다.

대표적으로, 1999년 10월 1,890원이던 새롬기술의 주가는 2000년 3월 초 28만 2,000원으로 약 150배 상승했지만, 현재는 솔본이라는 이름으로 4,000원 전후에 거래되고 있다. 이는 닷컴 버블의 극적인 사례 중 하나이다.

2000년대 초~중반 : 중국 고성장과 대중국 관련주 강세

2000년대 초(2006~2008년)에서 중반에는 중국의 고성장 모멘텀을 바탕으로 조선, 해운, 철강, 기계 그리고 화학 등이 시장을 주도하는 시기였다. IMF 위기를 극복한 후 중국의 고도 성장으로 막대한 물동량이 발생하며, 해운 경기가 빠르게 회복되고 이에 따른 조선 수요가 급증했다. 또한, 중국의 사회간접자본 투자 확대와 산업화로 철강, 기계는 물론 석유화학 산업도 동반 성장했다. 1992년 대만과의 수교를 중단하고 중국과 수교한 결과물이 이 시기의 대중국 관련주 강세로 이어졌다.

2010년대 초반 : 차화정의 시대

2010년대 초(2010~2011년)에는 시장에서 '차화정'이라는 말이 유행했다. '차'는 자동차, '화'는 화학, 그리고 '정'은 정유업을 의미하는 것으로 당시 이 경기민감주들이 시장을 주도했다.

자동차는 이 시기에 미국 시장 점유율이 2009년 약 4%에서 2011년 9% 이상으로 증가하며 고성장을 기록했다. 이것이 주식시장에 녹아들면서 관련 기업들의 주가도 급등세를 나타냈다. 화학도 중국의 고성장에 따라 높은 이익 증가와 주가 상승을 이어갔다. 유가 상승으로 정유 마진 폭이 커지며 S-OIL, SK이노베이션, GS 등 관련 기업들의 주가가 크게 상승했다.

2012년 : 스마트폰 열풍과 삼성전자

2012년은 삼성전자를 중심으로 한 스마트폰 시장의 급성장 시기였다. 삼성전자는 1990년대 후반부터 하이테크와 정보통신 혁명 속에서 장기적인 주도주로 자리 잡았다. 물론 삼성전자는 사실 1990년대 후반부터 하이테크 및 정보통신 혁명 속에 장기적인 주도주 위세를 떨쳐나갔다. 전천후 주도주라고 해도 과언은 아닐 것이다.

2017년 : 바이오 열풍

2017년에는 바이오시밀러 기업인 셀트리온과 삼성바이오로직스의 위세가 대단했다. 같은 해 셀트리온이 연초 유럽 식약청으로부터 혈액암 및 자가 면역질환 치료용 항체바이오시밀러인 트룩시마의 판매 허가를 받은 것이 주가 급등의 기폭제가 되었다. 이것은 동사가 가지고 있었던 세계 최초 바이오시밀러라는 타이틀에 더해 세계 최초 항암제 바이오시밀러 출시라는 새역사를 썼던 것이다. 이 덕분에 유럽은 물론 국내에서도 놀랄 만한 매출을 기록하고, 주가가 초강세를 이어나가는 기폭제가 되었다. 물론 삼성바이오 역시 당시 IPO(기업공개) 최대어로 꼽히면서 그해 11월에 코스피 시장에 화려하게 데뷔했고, CMO(위탁생산) 시장의 패러다임 변화를 주도하기 위해 대규모 투자를 단행하면서 주가 역시 화려하게 비상했다.

2020년대 초반 : 친환경 정책과 2차전지 강세

2019년에 발생한 코로나19와 함께 사람 간 접촉을 기피하는 언택트 문화가 2022년까지 이어졌다. 동시에 지구온난화에 대한 우려로 글로벌 친환경 정책이 강화되었다. 이러한 글로벌 각국의 정책 변화와 함께 전기차 기업인 테슬라는 미국 주식시장에 상장(2010년 6월 29일 IPO)된 이후 10년 만인 2020년에 도요타를 제치고 시가총액 1위에 오르는 기염을 토했다.

무명의 테슬라가 글로벌 각국의 친환경 정책과 맞물리는 시점에서 기가 막힌 타이밍으로 주식시장에 센세이션을 불러일으킨 셈이다. 회장이었던 일론 머스크는 2004년부터 전기차 사업에 관심을 가졌고, 2009년 3월 모델S의 시제품을 공개했다. 점차 테슬라의 입지가 강화되면서 2015년에는 SUV 모델X를 출시하기에 이른다. 그의 이 같은 행보는 세상을 놀랍게 하기에 충분했고 글로벌 친환경 정책을 등에 업고 주가는 급등세를 기록했다. 그 덕에 그는 세계 최고의 갑부가 되었다.

이 시기에 국내 증시에서도 LG화학(오늘의 세계적인 배터리 기업인 LG에너지솔루션을 사업부로 가지고 있었다)이 급등하고, 이후 2차전지주가 2023년 돌풍을 일으키는 상황으로 이어졌다. 양극재 기업인 에코프로그룹과 포스코그룹주가 상상을 초월할 정도로 급등세를 나타내었다. 2차전지주는 2025년 캐즘 탈출(전기차 가격과 내연차 가격이 비슷해지는 가격 혁신으로 인한 실수요 증가 기대)로 상당 기간 시장의 주도주로 군림할 가능성이 높다.

시대상을 반영하는 주도주

　주도주의 역사에서 보듯이, 주도주는 우연히 부상하는 것이 아니라 당시의 시대적 배경과 정부 정책이 우호적으로 작용하는 업종이나 종목군에서 탄생한다. 90년대 후반에는 3저 효과에 의한 국가 경제의 고성장이 시대적 배경이었고, 2000년 전후에는 정부의 벤처 기업 육성책이 요인이었다. 그리고 2000년 중후반기에는 중국의 고성장, 2020년에 진입해서는 기후 변화에 대응하기 위한 친환경 정책의 시대상을 반영했다.

　시대적 배경은 수혜를 받는 해당 산업 분야의 성장 요인이 되고, 상대적으로 특별한 모멘텀이 없는 주식을 매도해 주도주로 교체하면서 주가가 부각된다. 그 중심에는 이를 사전에 간파한 외국인이나 기관투자자들이 존재한다. 이들은 시장을 이끄는 리더들이자, 막강한 자금력을 가진 주체로 이들의 매수가 강화되면서 주도주가 부각되면 개인투자자들 중 자금력이 있는 큰손들도 매수에 동참하게 된다. 쏠림이 점차 심화되고 주가가 강화되면서 소외되지 않으려는 일부 개인투자자들의 참여도 증가하기 시작하면서 점차 상승에 속도가 붙는다.

시대적 배경은 당시 여건 속에서 가장 중요한 화제성이다. 그 어떤 것도 이 배경 이상의 주목을 받지 못하며, 분석력을 갖춘 투자자들의 선택은 하나로 집중되고, 그 외의 업종이나 테마는 투자 대상에서 제외된다.

시대적 배경을 판단하는 일은 결코 쉽지 않다. 정부의 정책 방향, 거시적 경제지표, 산업별 업황, 사회적 배경 등 다양한 분야를 해석할 수 있는 역량과 통찰력이 필요하다. 그래서 평소 다양한 책을 읽으며 지식을 쌓아야만 이를 올바르게 판단할 수 있다.

개인투자자라고 해서 이러한 판단 능력이 없는 것이 아니다. 오늘날 개인투자자들 중 다독하는 투자자들이 많고, 투자와 관련해 깊이 있게 공부하는 이들이 많은 만큼 결코 메이저들에 뒤지지 않는다. 우리는 이들을 '스마트 머니'라고 부른다. 이들 자금의 성격은 규모가 크고 자금 시장의 동향에 대해 해박한 지식을 갖추고 있음은 물론, 진입할 시점과 이탈할 시점을 영민하게 잘 파악한다. 정부가 국가 성장을 위해 이행하는 정책이 무엇인지, 기업들은 또 어떤 분야로 사업 방향을 잡고 있는지, 글로벌 기업들의 사업 방향은 어디로 향하는지, 그리고 글로벌 국가간 특정한 방향으로 어떤 정책 목표를 삼고 이행해 나가는지 등에 대한 이해도가 높다.

글로벌 환경 이슈와 시장의 변화

가정에도 중요한 이벤트가 있다. 가족 중 누군가가 결혼을 하기도 하고, 칠순 잔치를 열기도 한다. 때로는 장례식을 치르는 일도 우리 삶이다. 이렇게 다양한 행사가 열리면 가족 중에는 이를 주최하는 사람이 있고, 이런 저런 일들을 돕는 이들도 있다. 또, 행사에는 가족뿐만 아니라 혈연, 지연, 학연 등 다양한 인연을 가진 사람들이 모인다.

주식시장의 구조도 이와 비슷하다. 주도하는 측과 이를 따라가는 손님들의 역할을 주식시장에 매칭해 보자.

우리는 보통 그 집 아이가 올해 결혼할 나이가 되었거나 연세가 칠순에 이르렀다는 사실, 그리고 그 집에 연로한 분이 계셨다는 점 등 중요한 행사가 있을 수 있는 정황을 미리 인지할 수 있다. 마찬가지로, 크게는 글로벌 G7이나 G20의 글로벌 사안에 대한 대책회의, 국가의 미래를 결정하는 일, 업황의 회복, 기업들의 성장을 위한 투자 계획 등 투자자들은 다양한 정황들을 파악할 수 있다.

예를 들어, 오늘날 글로벌 국가 간 핵심적인 공통 이슈는 이산화탄소 배출을 획기적으로 줄여 지구온난화를 막는 것이다. 이 문제에 대해 개발도상국들의 불만이 많은 것도 사실이지만 OECD 국가들 대부분은 동조하고 있다. 미국은 바이든 정부가 차량 탄소 배출 강화안을 내놓았고, 이를 위해 2032년까지 전기차 비중을 획기적으로 높인다는 계획이 있다. 유럽도 2021년부터 유럽에서 판매하는 자동차의 평균 이산화탄소 배출량이 95g/km 이상이면 1g이 초과할 때마다 95유로의 벌금을 내야 한다. 이산화탄소 배출량이 세계 최대인 중국도 이상기후에 의한 자연재해가 심각해지니 탄소 배출 규제를 본격화하고 있고, 전기차 보급 확대에 집중하고 있다. 물론 한국도 예외가 아니다.

이러한 세계의 공통된 이슈는 친환경, 그중 전기차 보급 강화로 이어지고 이것이 2020년 이후 2023년까지 시장의 주도주를 만들어냈던 셈이다.

충분한 이유와 타당성으로 형성되는 주도주

이제 기업들은 성장을 위해 미래의 먹거리를 찾아나서야 하고, 이에 대한 투자를 늘려야 할 상황에 있다. 거대 기업들이 미래 먹거리로 판단하는 분야는 역시 AI, 로봇, 우주항공, 양자 등 첨단산업 분야로 요약된다. 이와 관련해 《제3의 물결》을 쓴 미래학자 앨빈 토플러(Alvin Toffler)는 또 다른 저서 《부의 미래》에서 미래의 부는 지식(전기차), 공간(사이버 공간), 그리고 시간(로봇 등)에 의해 결정된다고 언급했다.

사실 1980년대에 《제3의 물결》을 읽었을 때는 멀기만 한 달나라의 이야기로 여겨졌지만, 근래에 와서 생각해 보면 그가 설파했던 정보통신 분야는 놀라울 만큼 정확했다. 만약 그의 말대로 1990년대 후반부터 삼성전자나 미국의 애플에 관심을 가지고 투자했다면, 지금쯤 몇 배의 부를 축적했을 것이다. 그가 다시 제시한 지식, 공간, 시간의 개념을 잘 이해하고 관련 분야에 주목한다면, 상당한 시간이 지난 후 그 성과물은 분명 대단할 것이다.

주도주는 결코 우연히 부각되는 것이 아니다. 충분한 이유와 타당성을 바탕으로 형성되기 때문에 우리가 현실을 정확히 직시하고 그 파장을 올바르게 해석해야 한다. 투자자 개개인의 지식과 경험에 따라 주도주에 대한 인식은 다를 수밖에 없다. 정확한 판단과 투자에 대한 확신을 갖기 위해서는 지금부터라도 기본 조건을 갖추기 위한 노력을 시작하자.

주도주 투자에서 주의해야 할 사항

주가가 많이 오른다고 주도주로 볼 수는 없다. 2005년 세계 최초로 복제 배아줄기세포를 추출했다는 내용의 논문이 〈사이언스지〉에 실리면서 엄청난 반향을 불러일으켰고 관련 주가가 폭등하기도 했다. 하지만 그 진위 여부를 두고 잡음이 많았고, 결국은 거짓으로 판명되면서 주가가 폭락했다. 이에 신용 매입을 했던 개인투자자들은 엄천난 희생을 치렀던, 이른바 황우석 사태이다.

이후 또 유사한 사건이 있었다. 퀀텀에너지연구소에서 상온 초전도체(LK-99)를 개발했다는 내용이 〈아카이브〉에 등재되면서 그 진위 여부를 놓고 갑론을박이 진행되는 가운데 관련주의 주가가 단기에 초급등하는 사례가 있었다. 결국은 거짓으로 결론나며 주가가 급락하고 집중 매수했던 개인투자자들은 심각한 후유증을 앓았다.

부각된 이슈의 내용이 진위 여부를 가려야 하는 문제의 대상이라면, 주도주라고 보기보다는 일부 세력의 개입에 의한 시세 조종의 성격이 강하다는 사실을 알아야 한다. 그러니까 말초신경을 자극하는 내용에 대해서는 다시 한번 숙고해야 하며, 이후 논란의 중심에 서면 주도주 개념에서 제외시키는 것이 바람직하다.

• 슘페터의 창조적 파괴와 혁신 •

조지프 슘페터(Joseph Alois Schumpeter)는 오스트리아 출신으로 재무장관을 역임했고, 미국으로 건너가 하버드대학교에서 경제학 교수로 재직했다. 그의 저서 《자본주의, 사회주의, 민주주의》에서 언급한 '창조적 파괴(Creative Distruction)'라는 개념은 과거부터 현재까지 자주 사용되며, 그 중요성이 꾸준히 강조되고 있다. 이 개념은 단순하면서도 강력한 설득력을 지니며 애플, 구글, 페이스북, 테슬라, 엔비디아와 같은 21세기의 대표적인 기업들이 존재하는 이유를 설명해준다. 또한, 앞으로도 새로운 혁신 기업들이 등장할 것이라는 예측을 뒷받침한다. '창조적 파괴'는 단순한 이론이 아니라 기업가들의 실제 행동과 실천을 반영하는 것으로 경제와 산업 발전에 있어 핵심적인 의미를 갖는다.

러시아의 경제학자 니콜라이 콘드라티예프(Nikolai Kondratiev)는 경기 순환 주기를 지지한 인물로 유명하다(스탈린의 공산주의 우위론의 '프로프간다'에 반한다는 이유로 소리 소문 없이 사라졌다). 콘트라티예프는 40~50년을 주기로 파동을 갖는다고 주장했고, 이를 지지하는 슘페터에 의해 세상에 알려졌다. 콘트라티예프의 주기론을 설명하면서 슘페터는 자본주의 경제는 안정될 수 없는 역동성을 가졌으며, 이러한 역동성은 기업가들에

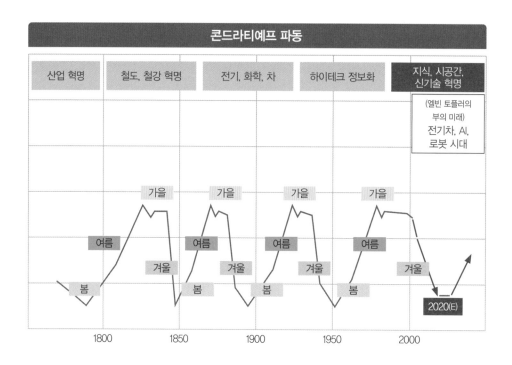

콘드라티예프 파동

| 산업 혁명 | 철도, 철강 혁명 | 전기, 화학, 차 | 하이테크 정보화 | 지식, 시공간, 신기술 혁명 |

(엘빈 토플러의 부의 미래)
전기차, AI, 로봇 시대

의해 이루어진다고 주장했다. 그래서 경제가 침체되거나 과열을 나타낼 때 정부가 나서서 이를 통제할 필요가 없다는 것이다. 정부가 개입하지 않더라도 기업들은 기업가적 정신에 의해 새로운 변화가 일어나고 혁신이 이루어진다고 했다. 불안한 경제 상황은 기업가들의 혁신에 의해 안정화되고 다시 불안정한 상황으로 이어지기를 반복한다. 기업가들은 이익을 내야 하기 때문에 창조적 파괴를 유발하고 이러한 과정은 새로운 혁신을 낳는다. 이러한 과정이 무한 반복되면서 경기의 순환 주기를 만든다.

월가의 최고 기업들은 바로 창조적 파괴, 혁신에 의해 글로벌 최고의 기업으로 올라선 존재들이다. 위기가 닥치면 기업가들은 혁신을 통해 일어서거나 새로운 기업이 부상하고, 더 큰 도약을 시도한다. 이러한 기업들이 천문학적인 매출과 이익을 기록하면, 그와 연관된 밴드기업(협력사)들의 매출과 이익도 덩달아 호전된다. 이를 반영한 주가는 우리가 생각하는 그 이상의 상승세를 나타낸다. 기업들은 군을 이루고 상승세를 타면서 주도주 그룹을 형성하는데, 이렇게 탄생된 주도주는 오랜 기간 상승하면서 대상승 파동을 통해 투자자들에게 큰 이익을 제공한다.

그러니까 오늘날 엔비디아와 같은 혁신 기업이나 새로운 산업의 부상이 이루어질 때, 창조적 파괴의 주도 역할을 하는 핵심 기업에 투자하거나 그 산업과 크게 연계된 기업이나 밴드기업들에 장기적 관점에서 투자를 고려하자.

• 경기 침체 탈출을 주도하는 산업 •

경기는 순환 변동한다. 자본주의 경제는 역동성을 지녔기 때문에 스스로 일어섰다가 스스로 침체의 길로 들어선다. 순환에 영향을 미치는 변수가 많지만, 그것과는 별개로 변동성을 갖는다. 변수의 출현은 순환의 변동폭을 확대할 뿐만 아니라 특별한 경우가 아니라면 일정한 주기성을 지닌다는 사실은 부정할 수 없다.

당연한 이야기지만 경기 확장기에 성장을 주도하는 산업이 주도주로 부상할 가능성이 높다. 경기에 민감한 산업인 정유, 화학, 철강 등이 주도하는 일반적인 시장과는 다르다. 중화학공업은 과거 한국의 고도 성장을 이끌었던 산업이고, 이들의 성장은 곧 한국 경제의 성장으로 이어졌기 때문에 자연스럽게 시장의 주도주로 군림할 수 있었다. 이러한 상황은 앞으로 더 이어질 것으로 보인다. 하지만 오늘날은 다르다. 글로벌 경쟁이 치열해지고 후발 성장국(이를 테면 중국, 인도 등)이 나타나면서 저임금을 바탕으로 한 도전이 격해지고 고임금국인 한국에서는 중화학공업의 입지가 예전 같지 않다. 그렇다고 이들 산업 분야가 당장 주도주 위치에서 탈락하는 것은 아니다. 한순간 우호적인 여건이 조성되면 언제라도 한때의 인기를 누릴 수도 있다. 다만 큰 흐름에서 보면 시대가 바뀌면서 중심 산업에서 점차 밀려날 수도 있다. 그래서 과거의 사고로 주도주를 바라봐서는 안 된다. 해묵은 인식의 틀에서 벗어나 시대에 맞게 경기 회복과 확장을 이끄는 핵심 산업이나 각 산업의 회복기를 파악하는 것이 중요하다.

거시적 경제 환경이 침체에서 벗어날 때 주도하는 산업이 자동차일 수도 있고, 정유와 석유화학, 또는 철강 산업일 수도 있다. 또 AI 산업 팽창과 반도체, 전기차 산업이나 해외 건설, IT, 바이오 산업 등일 수도 있으며 우주항공, 양자컴퓨팅 등일 수도 있다.

또한 전체 경기의 주기와 다르게 산업별 주기는 전혀 다른 만큼 산업별 경기 흐름을 잘 파악하는 것도 중요하다. 산업 경기가 침체해 관련 기업들의 매출과 이익이 위축되

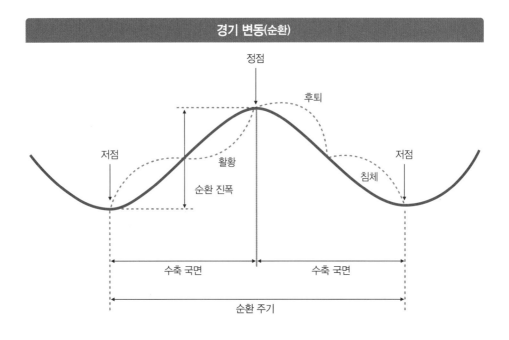

'경기 회복 → 활황(이상 확장 국면) → 정점 → 후퇴 → 침체 → 침체(이상 수축 국면) → 저점'의 과정을 거치는 동안 경기 확장 국면을 반영한 주가 상승기와 침체의 후반부에 주도주가 두드러질 것이다.

고 심지어는 적자가 심화되는 과정이라면, 주가 역시 매우 심각할 정도로 떨어질 수밖에 없다. 하지만 경기 회복이 가시화된다면, 이러한 위축된 실적이 회복으로 전환하면서 턴어라운드에 의한 주가 상승이 매우 크게 나타날 수 있다.

산업별 업황의 동향을 수시로 체크

투자자는 힘들더라도 산업별 업황 동향을 수시로 체크하는 것이 중요하다. 증권사의 업종 관련 보고서를 수시로 읽는 것은 물론, 업종별로 협회에서 발간하는 산업 동향 보고서 내용을 확인해야 한다. 이러한 노력은 투자자 입장에서는 일상이다.

예를 들면, 이산화탄소 배출량 증가로 별다른 주목을 받지 못했던 전기차 산업이 지구 환경오염을 줄이는 대안으로 떠오르며 2020년 테슬라와 중국의 전기차 산업이 성장하고 주가는 이후 2023년까지 상상 이상의 급등세를 나타냈다. 국내에서는 LG화학(당시 LG에너지솔루션을 배터리 사업부로 품고 있었던 상황)이 2020년 초 23만 원에서 2021년 초 105만 원까지 초급등하는 상황으로 이어졌다. 물론 시대적 배경이 중요했지만, 그 배경을 바탕으로 실질적인 성장을 이어나가면서 시장의 호응을 얻었기에 가능했다.

이후 전기차 산업은 캐즘(한시적 침체)에 의해 업황이 위축되고 실적이 부진하면서 침체의 길로 들어서면서 주가는 크게 하락했다. 비록 침체에 있지만 점차 회복될 조짐을 보이는 산업도 주목해야 한다. 이를 테면 지금까지 침체의 골이 깊었던 2차전지 산업이다. 지금은 경기가 침체하면서 전기차 가격이 크게 떨어져 내연차와의 괴리가 많이 좁혀진 상황이다. 2025년에는 그 차이가 더욱 축소될 것이고, 전기차의 문제점인 화재, 충전 시간, 주행거리 등이 연구 개발을 통해 개선되면서 전기차에 대한 실수요가 증가할 것으로 본다. 우리는 이를 캐즘 탈출로 이해한다. 캐즘 탈출은 실수요자의 증가가 주요 요인인 만큼 2025년은 2차전지가 업황 회복과 함께 주목을 받아 재부상하면서 주도주 자리를 되찾을 공산이 크다.

산업이 침체에서 벗어나 회복 기조로 진입하면, 재고 순환 주기(2~3년간의 성장기와 3년 전후 침체의 주기론)를 타고 약 2~3년간에 걸쳐 회복과 고도성장을 맞을 가능성이 높다. 특별한 사양 산업이 아니라면, 이 기간 동안 경기 회복을 이끄는 산업이 주도주로 부상한다.

물론 경기가 활황기를 맞으면서 기존 주도주가 계속 이어질 수도 있지만, 회복기의 주도주가 위축되고, 활황기를 이끄는 산업이 바뀌면서 새로운 주도주가 부상할 수도 있다. 국가 경제 성장을 이끄는 핵심 산업이 바뀐다는 사실을 인지하지 못하면, 주도주의 변화를 감지하지 못하고, 중요한 기회를 놓칠 수도 있으니 항상 산업에 대한 이해도를 높이기 위해 공부해야 한다. 준비가 안 된 투자자들은 주가가 어느 정도 오르면 부담스러워서 매수를 포기하거나, 조정이라도 받으면 손실을 보고 매도하는 경우도 많다. 산업에 대한 지식이 많고 이해도가 높은 투자자가 주도주의 참맛을 즐길 수 있다.

● 미래 성장 산업 ●

시대가 바뀐 만큼 산업에 대한 인식도 달라져야 한다. 기업들은 경쟁이 심화된 기존 산업으로 성장을 지속할 수 없다 보니 돈이 되는 새로운 산업으로 변화를 추구한다. 더구나 21세기에 들어와서는 경제 환경이 매우 빠른 속도로 변화하고, 미래 먹거리 산업이 달라지고 있는 것도 사실이다.

애플, 아마존, 테슬라, 엔비디아 등 굴지의 미국 기업들이 급부상한 사실이 이를 뒷받침하고 있다. 애플은 AI(인공지능), 가상현실, 자율주행차 등의 신기술 분야에 대한 투자와 향후 전기차 산업에 뛰어들 채비를 갖추고 있어 미래 전망이 밝다. 아마존 역시 의료, 생성형 AI 등에 투자를 강화하고 있고, 테슬라도 전기차 사업의 경쟁이 치열해지는 가운데 자율주행, AI, 로봇, 우주항공 등에 대한 투자를 멈추지 않고 있다. 엔비디아는 AI 시장의 급성장과 더불어 블랙웰(AI 가속기)의 수요가 급증하면서 글로벌 시총 1위를 내다보고 있다.

물론 국내 기업들도 미래 성장 산업 분야인 AI, 배터리 등 2차전지, 로봇, 우주항공 등에 투자를 강화하고 있다. 21세기에 들어 시장 참가자들의 인식은 이전의 사업 성공에 바탕을 두고 투자하기보다는 미래 성장 산업에 얼마나 진심 어린 투자를 하느냐에 더 주목하는 것으로 보인다.

오늘날 세계는 스피드의 시대, 시간이 곧 돈

시간을 효율적으로 사용하기 위해 철저하게 계획을 세우고 관리하는 '시테크'가 유행한 지 오래되었다. 크린랩의 주름진 옷 리무버는 다림질없이 간편하게 옷 주름을 펴는 뿌리는 다리미다. 이는 귀찮고 자주해야 하는 다림질 시간을 대폭 절감할 수 있는 제품이다. 프리미엄 헤어, 바디케어 브랜드 모로칸오일의 올인원 리브인 컨디셔너는 바르고 씻어낼 필요가 없는 컨디셔너다. 젖은 모발을 장시간 씻어내야 하는 헤어 트리트먼트와는 달리 간단하고 편리하게 머리에 분사하기만 하면 된다. 시간을 단축시키는 제품들은 분명 경쟁력이 있다.

과거 우리나라의 장거리 대중교통의 철도는 무궁화호에 이어 새마을호가 중심이었다. 서울역에서 탑승해 부산이나 목포까지 가려면 대여섯 시간을 허비해야 했다. 그런데 오늘날에는 KTX와 SRT라는 고속열차가 도입되면서 전국을 일일 생활권으로 바꿔놓았다. 인간의 욕망은 무한하고 기업가는 혁신을 통해 더 나은 것을 추구한다.

테슬라 회장인 일론 머스크는 미국의 LA에서 샌프란시스코까지 자동차로 대략 6시간이 걸리지만 하이퍼루프(hyperloop)라는 초고속 열차로 불과 30분만에 이동하게 한다는 원대한 꿈을 꾸고 있다. 만약 이 열차가 현실화된다면 놀라울 정도의 산업혁명을 가져 올지도 모른다.

미국의 메조넷이라는 기업은 1994년 창업한 기상 전문 기업이다. 이 회사는 오클라호마주 정부와 계약을 통해 운영되는데 1년 예산이 약 200만 달러다. 오클라호마주 외에 학자나 연구단체에서 이를 이용할 경우 일정한 비용을 지불해야 한다. 그러니까 날씨 정보의 수요처가 정부든, 학자든, 또 어떤 연구기관이든 상업적 거래가 가능한 셈이다. 지구온난화가 심화되면서 날씨 정보를 제공하는 기업은 그 정확도를 높여야 하고, 정확도가 높아지는 만큼 이용자도 점차 대중화되고 정보에 대한 가치도 상승할 것으로 본다. 메조넷의 크리스 이사는 우리나라는 지형이 산지로 되어 있다 보니 이에 특화된 기상 정보에 강점이 있어 이를 잘 활용한다면 우리나라와 유사한 지형을 갖춘 국가에 장치나 기술을 전수해 돈을 벌 수 있을 것이라고 조언했다.

한국의 기상청은 2023년 스마트시티와 호우·대설·태풍·지진 감지 및 대응 기술 개발에 주력하겠다는 입장을 밝혔다. 산하 한국기상산업기술원은 정보통신기술(ICT)과 빅데이터, AI 등을 융합하고 복합해 서비스화하겠다는 입장을 밝히기도 했다. 정부도 기상청의 데이터나 선진 모델링 기술 등을 활용해 수출을 지원하기로 하는 등 날씨가 돈이 되는 시대가 빠르게 다가올 것으로 보인다.

시간 비용의 절감은 편리성과 직결되기도 하다. 해외 출장을 갔다가 공항에서 자신의 회사로 긴급하게 복귀할 때 지상으로 자율주행차를 이용해 빠른 길을 안내받을 수도 있고, 더 빠르게는 UAM(도심 항공 교통)의 플라잉카를 타고 복귀해 업무를 볼 수도 있다.

제조 기업들이 제품을 생산할 때도 공장 자동화(사람의 팔과 다리를 로봇으로 대체하는 것으로 공장 무인화), 공장 자동화에서 더 진화한 스마트 팩토리(기획, 설계, 생산, 유통 등 전 과정을 정보통신 기술로 통합해 최소의 비용과 시간으로 고객 맞춤형 제품을 생산하는 진화된 공장으로 사물인터넷, AI, 빅데이터 등을 통합해 자동화와 디지털화를 구현)를 통해 생산 원가를 낮추고 생산성을 높이려고 한다. 그 과정은 사람이 하는 것보다는 정보통신과 기계가 맡는 것이 시간 비용과 인건비를 훨씬 절약할 수 있음은 물론, 저임금 국가로 공장을 이전할 필요도 없다. 오늘날 기업들은 공장자동화와 스마트 팩토리를 적극적으로 수용하는 추세에 있다. 이에 따라 스마트 팩토리 관련주인 AI, 로봇, 빅데이터 등과 이들의 도입으로 비용 절감과 생산성 향상을 통해 수익성이 개선되는 기업들에 주목할 필요가 있다.

'Jaws Of The Snake(뱀의 입)'라는 말이 있다. 생산성은 높고 고용은 증가하지 않는 현상을 의미하는 것으로 성장률과 고용률의 격차가 점점 더 커져 두 곡선이 마치 뱀의 아가리처럼 확장된다고 해서 제라드 번스타인(jared bernsten) 박사가 처음으로 언급한 말이다. 핵심은 공장 자동화를 통해 생산 기간을 단축하면 비용 절감과 생산성 향상이 이루어지고, 이는 결국 수익성 증가로 이어져 주가 상승의 요인이 된다는 뜻이다.

이처럼 경제 주체인 정부, 기업, 가계 등은 자의든 타의든 시간과의 싸움에서 이겨야 경쟁에서 뒤지지 않고, 경쟁사에 비해 더 우월한 지위를 누릴 수 있다. 지금은 관련 산업이 크게 발전하지 않았지만, 앞으로는 시간 비용이 덜 드는 방향으로 사업을 강화하는 기업에 투자하는 시대가 될 것이다.

공간이 돈이 되는 세상

오늘날 산업적 관점에서 공간은 크게 두 가지로 나눌 수 있다. 하나는 우주라는 물리적 공간, 다른 하나는 사이버 공간이다. 이전에도 두 공간에서의 상업적 발전이 지속되어 왔지만, 앞으로는 더욱 비약적인 성장이 이루어질 것이다.

엘빈 토플러는 부가 창출되는 장소, 그 장소를 선택하는 기준, 각 장소를 연결하는 방식의 변화로 인해 일정 기간 공간적인 혼란이 발생할 수 있다고 보았다. 그는 증가하는 부의 이동이 세계 각 지역의 직업, 투자, 비즈니스 기회, 기업 구조, 시장의 위치, 그리고 미래의 일상생활에까지 영향을 미치며, 궁극적으로 도시와 국가, 나아가 대륙 전체의 운명까지 변화시킬 것이라고 전망했다. 변화의 물결은 전 지구적으로 확산되며, 일부 도시와 지역은 미래화로 발전하는 반면, 다른 지역은 심각한 부의 공동화를 겪게 된다. 사실 이러한 현실과 미래의 변화 과정을 고려하면, 공간은 지상에만 가능한 것이 아니라 우주와 사이버 공간에서 구현할 수도 있다.

일론 머스크는 2002년 우주탐사 기업인 스페이스 X를 설립했다. 발사체, 우주선, 그리고 소형 인공위성을 제조해 발사 대행은 물론 위성 인터넷 등의 사업을 영위하고 있다. 더 나아가 화성의 식민지화를 목표하고 있기도 하며, 우주 여행 사업도 병행하고 있다. 이러한 사업의 진행 과정에서 파생되는 사업 분야는 굉장히 많다. 로켓 제조와 관련해 수많은 기업이 부가가치를 창출한다. 전투기 미사일 등의 방위 산업도 공간의 개념에 준하는 사업 분야다. 일론 머스크의 우주 산업과 연결한다면, 우주 군대를 만들어 오늘날 전쟁의 개념을 완전히 바꾸어 놓을 수도 있다. 이를 통해 기업들은 새로운 상업적 성과물을 창출할 것이다.

그뿐만 아니라 최근 드론, 플라잉카 등 UAM(도심 항공 교통)은 벌써 사업화 초기 단계에 진입하려 한다. 이들 산업은 머지않아 우리의 일상생활에 깊이 자리 잡을 것으로 보이며, 그럴수록 관련 산업의 성장과 함께 주가도 좋은 흐름을 타게 될 것이다.

가상공간 사업은 주로 인터넷 세계 속에서 상업적 거래를 통해 이익을 창출해내는 사업으로 대표적인 분야가 메타버스가 될 가능성이 높다. 마크 저커버그는 '페이스북'이라는 기업명을 '메타'로 바꾸었다. 하지만 아직은 시기 상조다 보니 이를 통해 거대한 메타의 매출과 수익을 끌어 올리기에는 역부족이다. 다만 그가 시대를 너무 앞서 나가다 보니 현실과 동떨어질 수밖에 없고, 그로 인해 사실상 이렇다할 성과를 내지 못하고 있는 상황이다. 하지만 그가 본 미래의 메타버스 분야는 분명 높은 사업성을 가질 것으로 본다.

현실 세계에서 이루어지는 사회, 경제, 문화 활동이 삼차원의 가상세계를 통해 이루어지는 것이 메타버스다. 가상공간이기에 그 공간이 곧 국가이며 참여하는 참여자의 수가 하나의 국민과도 같다. 그리고 이들이 현실 공간에서 이루어내는 사회, 경제, 문화 활동을 이 속에서 실현하며, 그로 인해 부가가치를 창출한다. 이러한 메타버스 사업을 구현하기 위한 사업 분야는 굉장히 많다. 엔터테인먼트, 게임, AI, 빅데이터 등과 VR(가상현실: IT 기술을 통해 실제처럼 만들어진 가상환경), AR(증강현실: 현실 시점과 함께 IT 기술로 만든 이미지를 체험하는 환경), MR(혼합현실: VR과 AR을 합친 개념으로 현실 시점과 실제처럼 만들어진 가상환경을 함께 구현한 환경), XR(확장현실: 현실 감각을 시공간을 넘어 확장, 증폭하려는 모든 기술) 등 다양하다.

최근 메타와 애플의 MR 헤드셋 시장 쟁탈을 위한 제품 출시가 현실화되고 이어서 삼성, LG 등 국내 대기업들도 뛰어들 채비를 갖추고 있음을 눈여겨 보자. 2030년대에 가서는 이러한 헤드셋의 시장 규모가 스마트폰 시장 규모와 맞먹을 것이라는 성급한 전망도 나오는 것을 보면, 투자자 입장에서는 언젠가 주목해야 할 분야로 여겨진다. 특히 헤드셋도 AI와 접목될 가능성이 높은데 그 활용도는 배가 될 것으로 전망된다.

지식 산업도 주목해야 할 분야

현재 우리는 인공지능과 같은 최첨단 기술이 점점 더 우리 삶에 깊이 스며들고 있음을 실감한다. 최첨단 기술은 자연스럽게 우리 사회의 중심축으로 자리 잡아가고 있으며, 앞으로 그 영향력은 더욱 커질 것이다. 학자들은 이러한 사회를 '지식 기반 사회'라고 부른다. 무엇보다 중요한 점은 오늘날 혁신 기업들이 축적된 지식을 바탕으로 탄생했다는 사실이다. 글로벌 최고 기업인 아마존, 페이스북, 구글, 테슬라와 같은 혁신 기업들은 지식의 투입을 통해 만들어진 산물이라고 할 수 있다. 이들은 방대한 지식의 축적이 최고의 기업을 탄생시키는 필수 조건임을 입증하고 있다.

현재 우리는 탈산업화 사회(2차 산업 중심의 공업 사회에서 지식 중심의 3차 산업으로 전환하는 사회)를 지나고 있다. 이 시대는 재화(Goods)와 같은 유형 자산에 대한 수요보다 지식과 정보 서비스 같은 무형 자산에 대한 수요가 더 강할 것이다. 지식은 고부가가치를 창출하며, 그 자체가 곧 자산이 된다. 그러니 지식은 거대한 부의 핵심 요소가 될 수 있다. 미래에는 이러한 지식의 중요성이 더욱 높아지고, 지식경제의 규모 역시 지금과는 비교할 수 없을 정도로 커질 것으로 보인다. 굳이 특허 분야를 언급하지 않더라도, 우리의 일상에서 쉽게 경험할 수 있는 사례들이 이를 뒷받침한다. 대표적으로 일타강사와 그들의 지식을 기반으로 한 온라인 교육 사업(다수의 증시 상장 기업)이 그 예다. 이는 지식이 곧 부의 원천이자, 고부가 가치를 창출하는 핵심 요소임을 잘 보여준다.

컨설팅 분야에서 대표적인 글로벌 기업으로는 액센츄어(Accenture), 맥킨지 앤드 컴퍼니(McKinsey & Company), 보스턴 컨설팅 그룹(BCG, Boston Consulting Group), 베인 앤드 컴퍼니(Bain & Company), 부즈 앨런 해밀턴(Booz Allen Hamilton) 등을 꼽을 수 있다. 이들은 지식 기반 컨설팅 서비스 기업으로, 삼성, 현대 등 국내 대기업의 경영 전략과 마케팅을 지원하고 있다.

액센츄어는 아일랜드 더블린(인구 약 55만 명)에 본사가 있는 글로벌 지식 서비스 기업으로 시장 전략, 경영 컨설팅, 디지털, 기술 운영 등 다양한 분야에서 광범위한 서비스와 솔루션을 제공한다. 고용 인원은 72만 명 이상이며, 연 매출은 약 80조 원에 달한다. 이런 지식 서비스 기업들은 굴뚝 없는 공장으로 불리며, 직원들이 좋은 환경에서 책상과 컴퓨터만으로도 막대한 부가가치를 창출해 낸다.

2022년, 일부 언론과 글로벌 특허 분석 기업 렉시스넥시스(LexisNexis)가 공동으로 분석한 국내 100대 지식기업 순위에서 선두는 삼성전자, 4위는 LG전자, 26위는 LG화학, 47위는 현대자동차, 91위는 삼성SDI가 차지했다.

삼성전자는 반도체, 스마트폰, 데이터, 가전 등 다양한 부문에서 세계적으로 많은 특허권을 가진 기업이고, LG전자 역시 무선통신, 자율주행 관련 분야 중 주차 보조, 어댑티드 크루즈 컨트롤(ACC) 부문에서 특허 우위를 기록하고 있다. LG화학과 삼성SDI는 2차전지 및 재료 부문에서 돋보인다. 현대차는 하이브리드 부문, 2차전지 그리고 전기차 등 차세대 기술에서 두드러지며, 기아도 전기차 분야에서 좋은 성과를 이루면서 100위 안에 처음으로 진입했다. 그러니까 지식은 거의 모든 산업에 포진해 있으며, 관련 산업과 해당 기업의 혁신을 유발하고 성장을 결정하는 핵심 자산으로 작용한다.

탈산업화가 빠르게 진행될수록 지식 기반 사회는 더욱 심화된다. 이로 인해 다양한 산업 분야에서 지식과 정보 서비스에 대한 수요가 증가하고, 이를 기반으로 새로운 굴지의 기업들이 등장하며 부가가치 창출이 이루어지는 시대가 도래할 것이다.

• 주도주의 성장 단계 •

주도주는 시장을 이끄는 핵심 산업군이나 테마군으로, 지수를 상승으로 견인하는 시장의 중심 종목군이다. 주도주가 부상하면 다른 종목군은 시장에서의 존재감이 희미해진다. 주도주에서 제외되는 종목은 속된 말로 '왕따'가 된다고 표현할 수 있다. 이는 투자자들에게 상대적 소외감을 안겨줄 뿐만 아니라, 큰 상실감을 안겨준다. 주도주에 포함되지 못한 종목들의 부진은 투자 심리에도 악영향을 미친다. 주도주는 투자의 승패와 직결되는 만큼 이를 파악하고 집중하는 것이 가장 중요하다.

시장은 쏠림(집중)과 분산의 과정을 반복한다. 특히 한국 시장은 다른 선진국 증시에 비해 심하다. 주도주로 쏠림이 심화되면, 그 외의 종목군은 아무리 내용이 좋더라도 매수세의 유입이 없어 호재를 반영하지 못한다.

투자 행위는 그 목표가 수익에 있는 만큼 주도주에 집중하는 것이다. 투자는 잘못된 위치에 놓인 주식을 매도해 주도주로 교체하는 작업이다. 그만큼 주도주를 파악하고 이를 향한 포트폴리오를 재구성하는 것이 매우 중요하다. 지금부터는 주도주의 부상 과정을 알아보자.

세상의 변화를 살피기

주도주는 결코 우연히 부각되지 않는다. 시대적 배경과 흐름이 바탕이 되어 탄생한다. 앞서 설명한 내용을 다시 한번 돌이켜보자. 1990년대의 주도주는 하이테크와 정보통신 혁명이라는 시대적 배경 속에서 탄생했다. 당시 삼성전자와 SK텔레콤 같은 기업들이 큰 시세를 기록하며 시장을 주도했다. 2000년대에는 인터넷 혁명이 밑바탕이 되면서 인터넷 관련주들이 급등세를 보였다. 2020년 이후에는 전기차 산업이 주도주로 부상하며 시장의 중심에 섰다. 이러한 사례들은 주도주가 항상 시대적 변화와 맞물려 나타난다는 점을 잘 보여준다.

1990년 이전에 반도체가 탄생하면서 글로벌 산업의 질적 변화가 나타나기 시작했고, 이것이 산업화되고 각종 기기에 적용되기 시작하는 시대적 배경이 바탕이 되면서 세계 질서의 변화에 대처하기 위한 정부의 조직 개편이 있었다. 1994년 12월 국회를 통과한 정부 조직법에 의해 정보통신부가 탄생한 것이다. 정보통신부는 상공자원부로부터 정보통신, 멀티미디어, 컴퓨터 및 주변 기기 산업에 대한 육성 기능을 이관받았다. 또 과학기술처로부터는 시스템 산업 개발 육성 및 컴퓨터 프로그램 보호 및 육성에 관한 업무 등을 이관받았다. 그만큼 정보통신부 역할의 중요성이 커졌다는 의미는 정부 역시 시대적 변화를 읽고 대대적인 조직 개편을 단행했다는 뜻이다.

투자자의 입장에서는 이러한 변화를 예사롭게 봐서는 안 된다. 이를 간파한 투자자라면 이를 배경 삼아 정보통신주에 집중해야 하는 것은 당연하다. 정보통신은 무선 전화기의 대중화, 인터넷 산업의 탄생과 연결되면서 폭발적으로 성장할 수밖에 없었고, 이후에도 삼성과 애플은 혁신을 통해 오랜 기간 주도주로 군림하게 되었다.

당시 인터넷은 사실 개인 컴퓨터가 대중화되지 못한 상황에서 초보적인 형태에 머물고 있었지만, 1998년을 고비로 정부가 2002년까지 초고속 통신망 구축 등을 목표로 '사이버 코리아21' 정책을 추진하고, 또 벤처기업 육성 방안이 추진되었다. 그 과정에서 인터넷 산업이 급성장하며 진출 기업들의 주가 급등으로 이어졌다. 이미 세계적으로 인터넷 혁명이 진행되었던 상황이지만, 국내에서도 확연한 혁명의 분위기를 느끼게 되었다. 이러한 배경은 주식시장에서 인터넷주가 주도주로 부상하는 배경이 되었다.

2020년대에 들어서면서 환경오염이 지구 온난화의 주요 원인이라는 사실이 더욱 뚜렷하게 드러났고, 이로 인한 기상이변이 두드러졌다. 이러한 상황은 글로벌 국가들이 이산화탄소 배출을 줄이기 위한 정책 방향을 정하는 계기가 되었다. 정책의 방향은 이산화탄소 배출 비중이 많은 자동차에 초점이 맞춰졌고, 이에 사전에 준비해 온 테슬라가 내연차의 대체 기업으로 부상하면서 급등세를 기록했다. 이산화탄소 배출에 소극적이었던 중국 역시 전기차 산업의 활성화에 적극적으로 나서면서 전기차 혁명의 시대가 열린 것이다. 앞으로 전기차는 2040~2050년까지 지속적으로 내연기관차를 대체해 나갈 것으로 보인다. 최근 한시적 수요 위축에 의한 판매 부진의 캐즘 현상이 나타나기도 했지만, 모든 산업 분야가 거쳐가는 과정일 뿐이다. 이를 한계로 단정 짓는 것은 근시안적 사고다. 이렇듯 시대적 배경을 잘 파악하는 것이야말로 투자자로써는 투자 수익의 원천이며, 그 성과물은 크고 달 수밖에 없다.

그래서 주도주가 부상하기 전에 그 시대의 핵심 의제가 무엇이며, 정부가 그에 맞추어 어떤 정책의 변화를 갖는지 파악하는 등 면밀한 관찰이 중요하다. 주가의 움직임에 매몰되어 있으면 사고와 시야가 좁아진다. 때로는 긴 호흡과 함께 세상을 더 넓게 볼 필요가 있다. 현상을 관찰할 때는 객관적이어야 한다. 그리고 단면만 볼 것이 아니라 정치·경제·사회·문화·군사 등 다양한 분야에서 기초 지식을 갖추고 입체적으로 살펴야 정확히 판단할 수 있다.

시대적 배경을 파악한다는 것은 쉬운 일이 아니지만, 사고의 전환과 세상을 보는 안목이나 통찰력을 조금만 갖춘다면 그렇게 어려운 일도 아니다.

주도주의 탄생

　지금까지 설명한 것처럼 기존 산업에서 혁신이 추가되거나 경기 회복을 탄다면, 주도주로 부상할 수 있다. 아니면 전혀 새로운 분야의 신생 산업이 생겨난다면, 그게 주도주가 될 가능성이 높다.

　주가의 변화를 유발하려면 뚜렷한 상승 요인이 필요하다. 기존 사업에서 센세이션을 일으키는 경우는 흔치 않지만, 기존 산업이 주도주로 부각되기 위해서는 해당 산업의 업황이 침체 후 회복되는 상황이 전제되어야 한다. 반면, 신생 산업의 탄생은 당시 사회적, 경제적 배경과 밀접하게 연결되어 있다. 이러한 배경은 시장에서 센세이션을 일으키기에 충분하며, 이는 해당 산업이 주도주로서의 자격을 갖는 결정적 이유가 된다.

• 침체에서 회복기로 접어드는 산업 •

기존 산업의 업황 변화를 살피는 것은 매우 중요하다. 업황이 침체해 소속 기업들의 실적이 악화되면 주가 역시 험로일 수밖에 없다. 그 후유증은 매우 클 것이며, 주가의 수준도 지난 고점 대비 매우 낮아지는 것은 당연하다.

쌓인 재고를 털어내는 과정에서 바겐세일은 물론 일부 기업은 구조 조정을 단행하는 뼈아픈 과정을 거친다. 이러한 과정이 종료되면 업계에서 발간하는 자료에서 침체의 끝을 알리는 신호가 조금씩 포착된다. 그리고 증권사들의 보고서도 다소나마 이전과는 다른 희망적인 내용이 목격되기도 한다. 그리고 해당 산업에 영향을 미치는 글로벌 환경의 변화를 체크하는 것도 매우 중요하다. 업황 회복에 가속도를 붙일 수도 있고, 또 시장 확대로 인해 생산량을 이전보다 훨씬 확대해야 할 수도 있기 때문이다.

산업의 경기가 회복될 조짐을 보이면 줄어드는 재고로 생산라인을 재정비하고 점차 생산을 늘리는 것은 물론 투자 확대가 동반된다. 또, 채용 공고에 이전과는 달리 인력 채용 수를 늘린다. 이때 쯤이면 산업 경기뿐만 아니라 거시경제 지표도 호전되면서 낮은 금리로 인해 경제 주체들의 부채에 대한 압박감도 줄어든다. 가계의 소비가 살아나면서 매출 증가세도 두드러지고, 일부 기업들은 적자에서 탈출하면서 턴어라운드가 현실화되기도 한다.

물론 이러한 과정을 거치는 산업이 그 시기 그 어떤 산업보다 주목을 받을 수 있어야 주도주로 부상이 가능하다. 주도주는 쉽게 탄생하는 것이 아니다. 국가 경제를 이끌고, 지수를 이끌 정도의 무게감이 있어야 하는 만큼 시총 비중이 높은 산업이어야 한다. 군소집단의 종목군은 일종의 테마주일 뿐, 이들 종목군의 부상은 주도주의 아류일 뿐이다. 통큰 업종이나 산업군에서의 업황 회복을 확인하고 집중하는 것이 바람직하다.

• 신생 산업의 부상 •

환경이나 사회적 변화가 나타나면 예전에 없었던 신생 산업이 탄생하기도 한다. 신생 산업은 시대적 특성과 발전 과정에서 파생된다. 오늘날 의미 있는 신생 산업은 첨단 산업 분야에서 출현한다. 최근 AI, 로봇, 우주항공, 플라잉카 등이 대표적인 예다. 그리고 전기차나 HBM과 같이 기존에 존재해 온 산업이 시대적 변화(첨단화)와 접목되면서 다른 성격의 형태로 발전하거나 대중화를 통해 급성장하게 되는데 이 역시 주목해야 할 부분이다.

앞서 언급한 대로 2000년 정부의 PC 보급 확대 정책과 함께 인터넷의 대중화 시대를 맞으면서 인터넷 진출 기업이 증시에서 화려하게 등장했다. 이전에는 인터넷 사업을 영위하는 기업이 없었던 상황에서 진출한다는 것 자체만으로도 관련 주가가 급등하는 양상으로 이어졌다. 또 2020년부터는 환경오염의 주범인 내연기관차를 대체하는 전기차가 부상했다. 엔진을 떼고 배터리를 장착하는 혁신에 의해 2차전지주가 급부상하는 흐름으로 이어지고 있다.

대부분 이러한 신생 산업의 부상은 정부의 정책 방향과 일맥상통한다. 세상은 편리성을 지향하고 이것이 첨단산업 분야와 접목하면서 신생 산업이 출현하게 되는 것이다. 자연스럽게 정부의 정책도 이를 지원하는 방향으로 이어진다. 지난날 인터넷 산업과 최근 2차전지 산업, 그리고 AI 산업의 부상도 같은 맥락으로 본다. 이러한 신생 산업은 정부가 자리를 마련하면서 산업이 태동하고, 이해타산을 따져 본 기업들이 진입하고, 이후 경쟁 단계로 가며 심화된 경쟁에서 결국 생과 사로 귀결된다.

2020년에 들어 지구 환경 문제의 심각성은 국제적인 이슈였다. 이는 결국 전기차의 성장 토대가 되었고, 자연스럽게 2차전지 산업이 급부상하는 계기가 되었다. 각국의

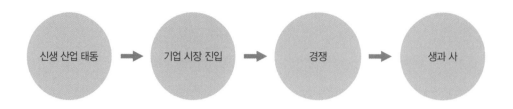

신생 산업의 부상과 성장 과정

신생 산업 태동 → 기업 시장 진입 → 경쟁 → 생과 사

정부는 이들 산업에 대한 지원책으로 보조금을 지급하는 등 정책적 지원이 강화되고, 이를 바탕으로 전기차 사업으로의 진출 기업이 급증했다. 기존의 내연기관차 기업들도 빠르게 전기차 사업을 강화하는 등 경쟁에서 뒤질세라 앞다투어 진입 과정을 거쳤다. 2025년 전기차 사업을 예고한 애플이 아직 진입하지 않고 있음은 캐즘에 의해 투자 시기를 늦추고 있는 것으로 보인다.

경쟁이 진행되는 동안 기업들은 지식을 기반으로 한 기술 혁신을 꾀하게 되는데, 아마도 그것은 전고체 분야가 될 가능성이 높다. 향후 진정한 승부는 전고체 분야가 될 것임을 추측해 본다.

이렇듯 경쟁이 심화되는 과정을 거치면서 기업의 운명은 생과 사로 갈리게 된다. 살아남은 기업 중 M/S(글로벌 시장점유율) 1위 기업은 승자 독식에 의해 주가는 이전 상승 이상의 고성장세를 이어나가고, 주가 역시 이를 반영해 급등세로 이어질 것이다. 전기차는 상위 5개 기업이 경쟁을 벌일 것이며, 주가는 그 순위에 따라 서열화될 것으로 본다. 이는 스마트폰, 인터넷 기업들 중 살아남은 현존하는 기업들의 주가를 보면 쉽게 이해가 된다. 이는 전기차만 그런 것이 아니라 2차전지 내 배터리와 그에 따르는 양극재, 음극재, 분리막, 전해액 등 부문별로도 서열화가 이루어진다고 봐야 한다.

이러한 신생 산업은 이미 미국 등 해외에서 뿌리를 내리고 있고, 우리나라에서도 이미 상업화의 길로 들어선 AI와 로봇 등이 있다. 그뿐만 아니라 플라잉카(도로 주행은 물론 비행이 가능한 자동차), 메타버스 등 기술 발전과 투자 확대 경쟁을 벌이는 과정에서 다양한 신생 산업이 부상할 것이 보인다.

주가는 정부의 지원과 이에 대한 미래 시장 전망에 대한 보고서를 바탕으로 상승이 시작된다. 주도주로의 부상이 시작되는 셈이다. 이러한 주도주의 부상은 산업의 성장성에 따라 1~2년으로 단명할 수도 있고, 10년 이상 장기간 큰 시세를 형성하기도 한다. 그러니 새롭게 부상하는 산업은 투자자들이 일반적으로 매매하는 방식과는 다른 차원에서 접근하는 것이 바람직하다.

상승 과정에서 수개월간 조정을 거치기도 하고, 또 길게는 1년이라는 기나긴 조정을 거친 후 다시 상승을 재개하기도 한다. 과거 삼성전자의 90년대 후반 이후의 주가 동향을 보면 쉽게 이해된다. 최근에는 2차전지주도 지난 2022년 한 해 동안 거의 잊히다시피 한 후 다시 2023년 큰 상승을 이어나갔다.

결국 새롭게 부상하는 산업은 시야를 넓고 크게 봐야 한다. 초기에 단순히 많이 올랐다고 회피할 대상이 아니라는 것이다. 조정을 충분히 거치고 나면, 다시 기회를 포착하기 위해 신경을 써야 한다.

• 기업의 성장과 소멸 •

주가는 흔히 살아 있는 생명체와도 같다는 말이 있다. 시장이 열리는 동안은 끊임없이 오르고 내리기를 반복한다. 살아 있는 생명체의 심장박동 만큼이나 끊임없이 움직이는 것이 주가다. 그러나 살아 있는 것은 영원하지 않다. 언젠가는 사멸로 이어지는 것이 자연의 이치다. 주가의 움직임은 반영구적이지만, 주도주는 영원할 수가 없다.

앞서 언급한 업황의 회복에 의한 주도주로 부각된 업종은 업황의 주기에 영향을 받게 마련이다. 업황은 재고 순환 주기로 '침체 → 회복 → 성장'의 단계를 거친다. 성장이 종료되면 이후 다시 침체의 길로 들어선다. 성장이 고조되고 주가 강세가 두드러지면 이후 벌어질 침체에 대해 미리 고민하면서 매도에 신경을 써야 한다.

업황의 호조세를 타고 오르는 주도 업종은 기업의 매출이나 이익에 비해 주가가 과도하게 올라 펀더멘탈 분석에서 이해가 불가(과도한 고평가)한 상황이 온다. 이러한 현상은 주가의 선행적 움직임으로 인해 기업의 성장 이상을 반영하기 때문이다. 기업은 성장의 과실을 따먹기 위해 투자를 늘리고 생산을 늘린다. 이로 인해 특정 시점에서는 판매에 비해 생산량이 증가하면서 재고가 점차 쌓이기 시작한다. 이때까지는 업황이 나쁘진 않다. 하지만 이러한 재고의 증가는 주식시장에서 경계의 첫 시그널로 인식해야 할 단계다. 일반적으로 재고 순환 주기인 2~4년의 성장이 이루어지고 나면 한계를 드러내는 경우가 많다.

이후 기업들은 쌓이는 재고(판매 부진에 의한 성장의 한계)로 인해 생산량을 줄이고, 자연스럽게 투자 계획도 줄이면서 경영에 대한 자신감이 떨어지는 분위기로 이어진다. 즉 업황이 호황에서 침체로의 전환기를 맞고 있음을 의미한다. 이때쯤이면 증권사 분석보고서도 업황에 대해 경계 시그널을 보내고, 관련 기업들에 대한 투자 의견도 부정적으로 변한다.

기술적으로는 과도한 상승에 따른 경계성 시그널이 나타난다. 이를 테면 볼린저밴드 월봉상 과도하게 확장된 밴드의 하한선이 상승 반전하는 매도 시그널이 관련 주식의 전반에 걸쳐 나타난다. 이후 5개월 이동평균선을 무너뜨리는 기업들도 확연하게 증가한다.

개인투자자들은 이러한 여건의 변화에도 여전히 인기를 누리는 주가에 주목하고 매수 행진을 지속한다. 비주도주의 침체로 인해 선택의 여지가 없고 강한 주가 상승의 분위기 속에 한계성에 대한 이성적 인식보다는 본성에 의한 충동과 탐욕에 사로잡힌다. 메이저들은 이러한 개인투자자들의 행동과는 반대로 이성적 판단에 의해 매도로 전환한다.

이때부터 주도주의 한계가 온다. 가치 이상으로 오른 데 따른 후유증은 물론, 업황 침체에 따른 실적 악화도 이어지며 장기간 큰 하락을 겪는다. 종목에 따라 늦은 것도 있고 빠른 것도 있지만, 언급한 내용이 현실적이라면 미련을 접어야 할 일이다. 이러한 펀더멘탈적 요인이나 기술적 상황, 그리고 주체들의 동향을 잘 이해하고 종합적으로 판단해 매도 타이밍을 잘 포착하는 것이 중요하다.

한편 신생 산업은 업황의 태동부터 '진입 단계 → 경쟁 단계 → 성장 단계 → 생사의 갈림길'을 거치면서 기나긴 단계를 거친다. 이때 유의해야 할 것은 상승 과정이 길고, 명확하게 검증되지 않은 사업이다 보니 부정적인 인식도 강해서 강세 후 조정 기간이 반년, 또는 길게는 1년 정도 소요될 수 있다는 점이다. 고통을 동반한 상승이 이루어지고, 그 과정에서 과열 논쟁도 심해지는 특성(캐즘)이 있다.

캐즘에서 탈출한 신생 산업은 비관과 낙관론이 대립하는 과정에서도 거의 10년 이상 상승을 이어나가는 경우가 많다. 이러한 특성을 이해하지 못하면 단순히 크게 오르고 과도하게 고평가한 것에 대한 경계감으로 더 큰 열매를 따 먹지 못한다.

이 신생 산업은 진입 단계에서는 별문제가 없지만, 경쟁 단계에 들어서면 기업들이 제품 단가 인하 경쟁이 벌어지면서 실적에 대한 의심을 받기도 한다. 하지만 이는 시장 점유율을 높이면서 우위를 점유하기 위한 과정으로 지극히 당연한 과정이다. 이 상황을 상승의 끝으로 이해하는 것은 시기 상조다.

치열한 경쟁 과정에서 이를 극복하지 못하고 산업에서 도태되는 기업도 나타난다. 경쟁에서 우위를 점하는 기업들 중 순위가 매겨지고 1등 기업으로 자리매김한 기업은 승자 독식 구도 아래 장기간에 걸쳐 주가가 상승해 경쟁사 중 주가의 순위가 가장 높게 형성된다. 그다음으로 2, 3, 4위 순으로 주가 서열이 정해진다. 이들 기업들은 승자적 위치에 오른 대상들로 업황의 호전에 따른 결과물을 한껏 누리면서 시장에서의 주가 위치(시가총액)도 높게 형성된다.

반면 도태 조짐이 있는 주식은 투자 대상에서 제외시켜야 한다. 투자 성과를 못 내는 기업, 그러니까 수년간 사업을 영위하는 데도 BEP(Break-Even Point, 손익분기점)를 넘어서지 못하는 기업은 투자 대상에 포함해서는 안 된다. 만약 매수를 했다면 포트에서 제거하는 것이 바람직하다. 경쟁사를 물리친 기업들은 가치투자의 대상으로 자리매김하고, 경쟁에 참여했다가 탈락하는 기업들은 서서히 소멸 단계를 거친다.

• 시대적 아이콘이 시장의 중심 •

주도주를 파악하는 방법에 대해 많은 노력을 기울이지만, 시세에 매몰되다 보면 무엇이 주도주인지를 제때 파악하지 못하고 놓치는 경우가 많다. 이후 높아진 시세를 따라가지 못하는가 하면 주도주 이외의 손실 종목을 팔고 교체하는 것에 대해 부담을 느낄 수밖에 없다.

모든 경우가 그렇진 않겠지만, 필자의 경험으로는 현재 시점에서 객관적으로 바라본 시대적 아이콘이 무엇인지 파악하는 것이 효과적이었다. 2020년에 미국에서 일론 머스크와 함께 전기차 혁신을 몰고 온 테슬라 주가가 급등하는 상황을 어떻게 그냥 지나쳐 버렸는지를 생각해보자. 또 2023년 AI 시장이 팽창하면서 존재감이 없었던 젠슨 황의 AI 반도체 기업 엔비디아가 급부상한 사실을 그냥 지나쳐 버렸다는 사실도 말이다. 물론 그 이전도 마찬가지겠지만 이러한 시대의 변화, 즉 혁신을 이끄는 아이콘 인물이나 해당 기업이 부상한다면 이는 해당 기업과 관련한 기업군이 주도주로 부상한다는 사실을 가볍게 봐서는 안 된다.

그렇다면 아직은 이 두 가지 시대적 아이콘이 시장의 중심이고 주도주다. 세계 산업계는 이 두 가지 시대적 아이콘, 즉 AI(엔비디아)와 전기차(테슬라)를 중심축으로 돌아간다고 봐야 한다.

유능한 투자자는 국제적 감각을 갖고 세계에서 무슨 일이 벌어지고 있는지를 면밀하게 체크하고, 시장에 미칠 파장에 대해 항상 고민하는 자다. 시대적 아이콘이 부상하는 것이라면, 우리 시장에 관련된 종목군이 무엇인지를 파악할 수 있어야 하고, 해당 주도주를 중심으로 포트폴리오를 구성하는 실전적 대응도 반드시 이루어져야 한다.

아직은 AI와 전기차 외에 특별한 시대적 아이콘의 변화가 보이지 않지만, 미래는 빠르게 변화할 것으로 본다. 얼마든지 새로운 시대적 아이콘 기업이 탄생할 수 있고, 그와 관련한 종목군이 주도주로 부상할 수 있다. 그 가능성이 높은 분야를 다시 한번 살펴보면 UAM, 우주항공, 로봇 등이다.

물론 지금은 전기차와 그에 따르는 2차전지 그리고 인공지능 관련 산업이 대세임은 부정할 수 없다. 시기적으로 보면 확장된 개념의 AI주(AI서비스, AI로봇, 의료AI, On Device AI, 피지컬AI, 유리기판, 스마트팩토리 등)가 먼저 부상할 가능성이 높지만, 양자 간 교차적으로 부상할 수 있음을 고려하고 대응해야 한다.

PART 3

성공을 이끄는
선택의 기준

주도주 내에서
선택하기

주도주는 시장의 중심이다. 주도주는 다른 어떤 업종이나 종목군보다 52주 신고가가 많다. 그만큼 주가의 상승세가 돋보이며, 상승의 기간도 길다. 이에 편승하지 못한다면 상승행 열차를 놓치는 행위이며, 그 대가는 참으로 혹독할 수밖에 없다. 투자자로서는 좋은 시장 여건에서 제대로 된 수익을 얻지 못하는 치욕적인 시기를 맞는 것이다.

주도주의 부상 시기

주도주의 부상 시기에는 상당수의 관련주가 시가총액 상위권으로 레벨업이 뚜렷해진다. 실제로 2020년 이후 2차전지주들은 코스피는 물론 코스닥 시장에서 HTS의 시가총액 상위 첫 화면에 대거 진입하는 양상을 나타냈다.

시장을 구성하는 주체가 누가 되었던 그 시장을 주도하는 주체가 집중적으로 매수하는 대상이 주도주다. 메이저가 주도하든, 아니면 2023년과 같이 개인이 주도하든 주가 결정력(힘)을 가진 주체가 집중하는 대상이 주도주다.

주도주로 부상한 대상은 시대적 배경이 바탕이 된 것인 만큼 한순간 반짝한 후 사라지는 것이 아니라 지속적이며 저돌적이다. 꽤나 긴 조정도 거치면서 투자자들을 따돌리기도 하지만 터미네이터처럼 다시 일어서는 특징이 있다. 이를 테면, 2024~2025년을 주도한 조선주와 방산주가 하나의 예라고 볼 수 있다.

어느 정도 많이 올라 펀더멘탈 분석상 고평가 논쟁도 따르지만, 때로는 이러한 분석을 비웃기라도 하듯이 한참을 더 오르기도 한다. 그래서 주도주에 대한 인식은 기존의 매매 전략과는 달라야 한다. 단타를 즐겨하는 개인투자자들은 자신의 인생을 뒤바꿀 소중한 대상을 초기에 습관적으로 잘라 버리는 경우가 많다. 그러니까 주도주가 존재하는 시장과 그렇지 않은 시장을 전략상 구분해야 한다. 주도주가 부상하는 시기에는 장기 투자 전략으로 대응하고, 주도주가 부재한 시장에서는 평소대로 치고 빠지는 식의 단타 대응이 현실적이다.

투자 인생에 있어 주도주를 맞는다는 것은 자신의 자산을 크게 불릴 수 있는 최고의 기회다. 그런데도 이를 살리지 못하는 경우가 대부분이다. 주도주에 대한 개념을 확실히 이해해야 하고, 주도주의 흐름에 맞게 대응하는 방법도 당연히 달라야 한다.

주도주 성공을 위한 투자 전략

투자 대상을 선택할 때는 주도주에서 이탈해서는 안 된다. 만약 주도주의 변화에도 불구하고 소외된 주식을 보유하고 있다면 잘못된 포트폴리오다. 투자의 방향은 시장의 중심, 즉 주도주로 향해야 한다. 지금의 손실에 집착하고 미련을 갖고 변화를 주저한다면, 주도주의 한계가 올 때까지 그 기나긴 시간과 주가 부진에 의한 손실의 늪에서 엄청난 스트레스를 짊어져야 한다. 주도주 외의 보유 종목에서 특별한 상승 요인이 없다면, 손실이 있다고 하더라도 가능한 한 빨리 잘라야 한다. 주도주에서 벗어난 주식에 미련을 갖는 것은 시장의 쓴맛을 경험하지 못한 자의 결정 장애일 뿐이다. 한 번에 손절하기가 어렵다면 분할해서 주도주로 교체하는 것이 바람직하다.

주도주가 부상할 때는 고집이나 미련을 가져서는 안 된다. 손절하고 주도주로 교체한다는 것은 시장 흐름에 순응하는 행위이며, 이는 성공을 위한 전략 변화로 당연한 행동이다. 어느 누가 처음부터 주도주를 보유했겠는가? 투자의 승패는 주도주 부상 이전에 주도주와 거리가 있었던 보유 주식을 과감하게 교체하느냐, 그렇지 못하느냐에 의해 결정될 수밖에 없다.

매몰 비용이라는 말이 있다. 의사 결정을 하고 이행한 후에 발생하는 비용 중 회수 불가능한 비용이다. 기업의 입장에서 보면, LG전자는 2021년 4월 5일 휴대전화 사업 청산에 대한 매몰 비용을 감내하고 과감하게 사업을 접었다. 수년간 5조 원의 누적 적자가 발생하고, 사업을 영위할수록 적자가 확대될 것이라는 사실을 고려하면 청산하는 것이 맞다. 이후 LG전자는 사업의 역량을 기존의 가전 사업과 신규 사업인 전장 사업 등에 집중해 전체적으로 보면 오히려 더 좋은 성과를 내고 있다.

투자자의 입장에서 보면, 손해 본 것은 이미 내 돈이 아니며 현재 시점에서 남은 투자금이 순수한 자신의 자산일 뿐이다. 손실액은 회수 불가한 것으로 보고 줄어든 금액을 바탕으로 주도주와 같은 더 좋은 투자 대상에 집중하는 것이 바람직하다. 미련을 갖다 보면 손실은 계속 누적되고, 나중에는 이를 감당할 수 없는 상황에 처하게 되니 가능한 한 빨리 손절하고 더 좋은 기회를 창출하는 것이 현명하다.

무엇보다 주도주의 특징을 파악한 후 판단이 서면 포트폴리오의 변화가 필요함을 인식하고, 보유할 것은 보유하고 교체할 것은 과감하게 결단을 내리는 것이 중요하다.

포트폴리오 구성에 있어 주도주 비중은 50~70%는 돼야 한다. 소외된다는 것은 주도주 비중이 50% 미만인 경우다. 일생 일대의 기회를 소외된 비주도주에 투자할 이유는 없다.

대장주 중심으로
선택하기

대장이란 무리를 이끄는 최고의 직급이다. 대장은 아무나 되는 것이 아니라 절대적인 카리스마가 있어야 하고 무리에서 그 누구도 실력에 있어 견줄 수 없는 높은 경쟁력을 가진 인물이다. 화려한 전력으로 타의 존중을 받는 것은 물론 그의 지시사항에 부하들은 일사분란하게 움직일 정도의 힘을 가진다.

대장주의 특징

주식시장에서도 이러한 위치에 있는 종목들이 존재한다. 대장주는 아무나 될 수 없다. 해당 산업이나 테마에서 지배적인 마켓 셰어를 갖고 있어 매출이나 이익 면에서 가장 큰 주식일 가능성이 높다. 그만큼 그 산업에서 독보적 위치를 차지했다는 것이다.

생산 제품의 시장점유율이 국내 1위나 해외 수위권에 있을 정도로 시장 지배력이 높은 기업이 대장주로써의 자격이 있다. 그래서 해당 브랜드는 소비자들에게 그 산업의 대표 브랜드로 인식되고 웬만해서는 경쟁사들이 이를 쉽게 뒤집을 수 없으며, 높은 기술력으로 해자(난공불락의 요새)의 지위를 누리고 있는 기업이다.

주요 업종이나 테마 등에는 각각의 대장주가 존재하는데, 투자자는 이들 종목을 파악하고 그 동향을 면밀히 관찰해야 한다. 이들 종목의 움직임에 따라 해당 업종이나 테마주의 움직임이 달라질 수 있기 때문이다. 대장주는 시가총액에서 해당 산업 중 최고의 위치에 올라 있다. 경쟁사 중 시가총액이 가장 높다는 것은 해당 산업이나 테마주 중 기업 내용이 가장 우수하다는 사실을 시장이 평가하고 있다는 뜻이다.

대장주는 산업의 무리를 이끄는 선도주의 위치에 있다. 대장주가 상승을 이어나가면 후발주는 이를 따라 오르고, 대장주가 기침만 하더라도 후발주들은 몸살을 앓는다. 그러니 대장주의 동향을 파악하지 않고, 주가의 방향을 판단한다는 것은 있을 수 없다.

대장주의 특징 중 하나는 여타 경쟁 기업에 비해 리스크 요인이 적다는 점이다. 시장 지배력이 가장 우수하고 재무적 안정성이 양호한 기업이기 때문에 시장 불안에 강한 장점이 있다. 이러한 이유로 항상 메이저들의 주요 매매 대상이 된다.

주가 움직임에서는 상승할 때 가장 탄력적으로 오르고 상승 후 하락으로 전환할 때는 가장 뒤늦게 떨어지는 경향이 있다. 이러한 장점이 있기 때문에 투자자들 입장에서는 같은 업종이나 테마라고 하더라도 대장주를 중심으로 매매하는 것이 바람직하다.

후발주 중에서는 대장주가 오르더라도 이를 따르지 못하는 종목도 있으니 상대적으로 소외감을 느낄 수도 있다. 모든 것이 일사불란하지만은 않다. 무리 속에는 항상 불만을 가진 자가 존재하듯이 업종이나 테마주 내에서도 상승할 수 없는 부정적 요인을 가진 종목이 존재하기 마련이다.

대장주의 움직임 파악

대장주라고 해서 영원하지는 않다. 과거의 대장주가 지금은 평범한 주식으로 전락한

예도 많다. 과거에 화려했던 네이버, SK텔레콤, 엔씨소프트, 셀트리온, 대한항공, 롯데케미칼 등 한 시대를 풍미했던 대상이 경쟁력이 떨어지면서 지금은 골머리를 앓게 하는 대상이 되었다. 언제라도 변신을 통해 재부상할 수도 있지만, 성장의 한계와 시대적 배경(4차 산업)에 뒤처진 느낌이다.

대장주는 업황의 좋고 나쁨을 적극적으로 반영한다. 업황이 좋을 때는 높은 시장지배력으로 경쟁사 대비 호실적을 보이면서 강세를 이끄는 반면, 업황이 나빠지면 이를 반영해 주가 역시 하락하면서 후발주의 주가 약세를 이끈다. 대장주의 주가가 본격적인 상승세를 타기 시작했다는 것은 업황이 호전세로 바뀌고 있다는 것이기에 적극적인 매수 대상이 될 수 있고, 이것이 꺾인다면 그동안 화려했던 호황이 꺾인다는 의미로 대장주는 물론 이를 따르는 후발주 역시 포트에서 제외해야 한다.

대장주의 부각이 분명하다면, 먼저 오른 대장주 시세에 대해 부담을 느낄 것이 아니라 추격 매수를 고려해야 한다. 덜 오른 후발주가 가격 상 유리하다는 인식은 잘못이다. 대장주의 상승은 특별한 이유로 오르는 것인 만큼 빠른 회복 전환은 대장주로써 선두 지휘를 개시한 것으로 봐야 한다. 후발주를 보유했다면 대장주의 강세가 시작되는 모습을 보고 그 후광을 누릴 마음에 안도할 수도 있지만, 동반 상승 후 조정에 진입하는 상황이면 매도해서 대장주 조정 마무리 시점에서 상호 교체하는 전략이 좋다.

대장주의 움직임은 해당 업종이나 종목군의 방향을 알리는 주요 지표다. 투자자들 입장에서는 각 산업이나 테마주에서 그것을 대표하는 대장주가 무엇인지를 미리 파악하고 움직임을 체크하는 것이 중요하다. 대장주의 상승이 이루어진다면, 그 이유가 무엇인지를 파악하고 합당한 상승 이유를 가졌다면 고민할 필요도 없이 대장주를 포트폴리오에 편입하자.

주도주가 없을 때는 가치주를 선택하기

시장은 항상 상승하거나 하락만 하지 않는다. 다양한 업종과 테마주가 존재하므로 어느 시점에서든 투자할 만한 대상이 있다. 반면, 체계적 리스크(시장 전체 리스크)가 발생하면 시장 전체에 악영향을 미치는 악재로 인해 대부분 종목이 하락세를 보인다.

시장이 정체되거나 지수가 하락하는 상황에서는 주도주가 나타나기 어렵다. 시장 여건이 좋지 않은 상황에서 특정 종목군에 매수세가 집중되어 화려한 상승세를 오래 이어가는 것은 쉽지 않기 때문이다.

주도주가 없는 시장 상황에서도 투자 주체들은 쉬지 않는다. 다만, 비중을 조절하며 시장에 대응할 뿐이다. 시장 여건이 좋지 않을 때는 소극적으로 대응하더라도 매매는 계속 이루어진다. 시장 전체 분위기가 부진하더라도 상승하는 종목이 있기 때문이다. 외국인은 투자 수익률과 환차익을 고려하며, 정기예금 이자율 이상의 수익을 목표로 투자를 지속한다. 기관 투자자들 역시 펀드에 유입된 자금의 수익률을 높여야 자금 이탈을 방지하고 새로운 유입을 유도할 수 있기 때문에 투자 활동을 멈추지 않는다. 개인 투자자들 역시 시장 상황의 좋고 나쁨에 크게 개의치 않고 꾸준히 매매 활동을 이어간다.

시장이 부진하고 주도주가 부재할수록 투자 주체들은 더욱 선택적인 투자 성향을 보인다. 반면, 주도주가 부상하고 시장이 활황을 보이면, 그 무리에 속한 종목을 대충 매수해도 수익이 발생하기 때문에 선택적 투자보다는 무리에 묻어가려는 경향이 강해진다.

선택적 투자가 요구되는 순간에는 펀더멘탈의 중요성이 더욱 부각된다. 외국인과 기관 투자자들은 주로 펀더멘탈을 기반으로 투자 결정을 내리며, 펀더멘탈의 핵심은 가치투자이다. 가치투자에 대해 완벽히 정의할 수 있는 사람은 없지만, 일반적으로 기업의 내재가치에 비해 현재 주가가 낮게 평가된 종목(저평가 종목)에 투자하는 행위라고 할 수 있다. 그러니 펀더멘탈 대비 저평가된 주식에 대한 투자를 편의상 가치투자라고 정의해 보자. 가치투자가들이 말하는 내용은 대체로 다음과 같다.

1) 저평가된 주식을 매수하라.
2) 좋은 기업의 주식을 낮은 가격에서 매수하라.
3) 평가된 기업의 가치와 주가간 괴리율이 높을 때 매수하라.

언뜻 이해하기 쉬운 내용처럼 보이지만, 실제로 어떤 기업이 저평가된 기업인지 판단하는 일은 쉽지 않다. 투자자의 입장에서는 제한적인 기업 정보와 전문적인 분석 역량의 부족으로 인해 저평가 여부를 판단하는 기준을 정하기가 막막하다. 주가와 기업 가치 간의 괴리율을 정확히 측정하는 것은 상당히 어려운 일이다. 게다가 증권사에서 발행하는 보고서조차도 그 정확도가 반드시 높다고 볼 수 없으며, 이로 인해 많은 투자자가 이러한 자료를 신뢰하지 않는 현실도 부정할 수 없다.

사실 사회과학 분야의 데이터를 수치화하고 이를 근거로 분석해 판단하는 방식 자체가 과연 타당한지 의문이 들기도 한다.

예를 들어, 정부 산하기관이나 한국은행, 세계 주요 경제기관들이 발표하는 경기 전망은 매 분기마다 수정되거나 매년 새로운 수치로 변경되는 경우가 많다. 이러한 반복적인 수정은 자료의 정확성을 떨어뜨리고, 결과적으로 투자자들의 신뢰도도 낮아지게 만든다. 만약 전망이 100% 정확하다면 시장은 성립할 수 없을 것이다. 모든 투자자가 매수만 하거나 매도만 하게 되어 거래 자체가 이루어지지 않기 때문이다.

주식 시장에서 대부분 호가창은 특별한 상황을 제외하고는 일정한 가격을 기준으로 매수와 매도가 균형을 이루고 있다. 특별한 상황이란 가격 제한폭까지 상승해 매수 주문만 존재하거나, 반대로 가격 제한폭까지 하락해 매도 주문만 존재하는 경우를 말한다. 이러한 균형 구조는 시장이 지속적으로 거래할 수 있게 만드는 중요한 원리다.

정답이 없는 시장에서 기업의 가치 파악

나의 판단이 다른 누군가의 판단보다 더 정확하려면 분석을 외면할 수 없다. 투자는 원래 정답이 없는 상황에서 더 유리한 위치를 점하려는 행위다. 나와 반대편에 선 투자자들을 이기고 수익이라는 전리품을 얻기 위해 가치 분석은 필수이다.

가치 분석이란 기업의 가치를 기준으로 현재 주가가 저평가된 사례를 찾아내는 활동을 말한다. 가치란 '수익, 성장, 자산'의 삼박자가 균형을 이룬 상태를 의미한다. 이 중에서도 수익 가치가 주가와 가장 밀접한 상관관계를 보인다.

가치 투자의 기본 가설은, 주가는 수익 가치를 수렴한다는 데 있다. 즉, 기업의 이익에 따라 주가가 움직인다는 의미다. 단, 특정 시점만 놓고 보면 이 가설이 틀릴 수 있지만, 장기적으로는 이러한 원칙이 대체로 맞아떨어진다(물론 100%는 아니다).

수익은 특별 이익이 계상되는 순이익보다는 영업이익을 바탕으로 분석하는 것이 바람직하다. 영업이익이 한 해 동안 급격하게 호전되었음에도 시가총액이 별다른 증가를 하지 못했거나 감소한 경우는 이익의 증가분을 주가가 반영하지 못했다는 중요한 반증이다.

물론 우리가 세세하게 살펴야 할 부분은 영업이익의 증가가 분기마다 지속적이었는지, 아니면 4분기에 갑자기 증가한 것인지 등을 파악하는 것이다. 만약 지난해까지 좋지 못했다가 올 1분기 부진하고, 2분기 개선되고, 3분기 호전세가 연말까지 계속 이어졌다면, 이는 매우 고무적인 현상이다. 또한 4분기에 갑자기 영업이익이 좋아졌는데 그 원인이 해당 기업의 제품이 소비자로부터 호평을 받아 시장에서의 지위가 올라서 가능했다면, 이 또한 긍정적인 현상으로 판단할 수 있다.

그런데도 시가총액이 증가하지 않았다면, 이는 주가가 이익을 따라가지 못해 가치 분석의 핵심인 수익 가치 수렴을 못하고 있다는 의미이다. 이는 시장 참여자들이 놓친 경우이거나 아니면 다른 악재 요인, 즉 시설을 더욱 늘리기 위해 유상증자를 대대적으로 하거나 숨겨진 다른 불안 요인이 존재하는 경우일 것이다.

우리가 잘 알고 있는 JYP엔터주를 같은 관점에서 분석해 보자. 이 회사는 2019년과 2020년간 영업이익이 450억 전후로 큰 차이가 없다가 2021년부터 579억 원, 22년 966억 원, 2023년에는 더욱 급증하는 상황으로 이어졌다.

중요한 것은 2020년이다. 상반기까지 2019년과 비슷한 이익을 보이다가 하반기부터 이익 증가가 본격화되기 시작했다. 그런데 2020년 상반기에 시가총액은 5,448억 원으로 더욱 낮아졌다. 이익의 감소가 없던 상황에서 시가총액은 줄어들어 주가는 이익 대비 더 악화된 셈이다. 이후 호전되는 실적을 반영하기 시작하면서 2020년 1만 7,000원대의 주가가 2023년 14만 6,000원대까지 급등했다. 2019~2020년에는 한한령(限韓令, 중국의 한류 금지령)에 코로나 사태로 인해 이익 감소가 없음에도 주가가 떨

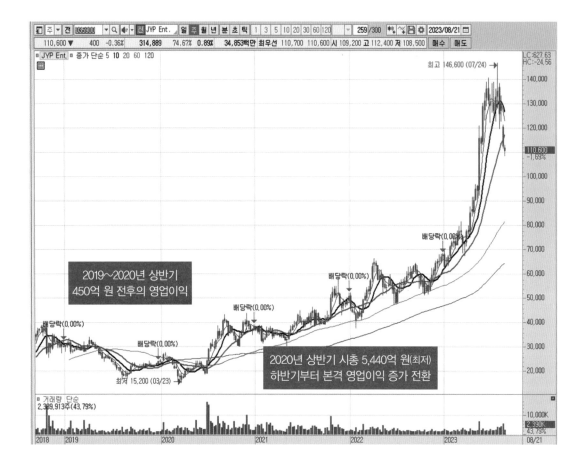

2019~2020년 상반기
450억 원 전후의 영업이익

2020년 상반기 시총 5,440억 원(최저)
하반기부터 본격 영업이익 증가 전환

어지다 보니, 저평가 요인이 작용한 셈이다. 좋지 않은 여건에서도 실적 턴어라운드가

현실화되면서 2020년 하반기 이후 가치 수렴의 급등세를 나타냈다.

사실 펀더멘탈 분석은 기업 수익의 구조적 변화를 반영하는 것이기 때문에 제대로

분석된 주식의 주가는 크게 오르는 경향이 강하다. 워런 버핏 등 투자의 대가들이 돈을

많이 번 이유 중 하나이다.

주가 평가를 위한 지표를 알기

주가를 평가할 수 있는 지표들도 세밀하게 살펴볼 필요가 있다. 흔히 우리가 알고 있는 PER, PBR, EBITDA 등은 기본적으로 이해하고 있어야 한다.

먼저 PER(주가수익비율)를 이용해 저평가 종목을 찾는 법에 대해 살펴보자. 흔히 투자자들은 투자 목돈이 적다보니 싼 주식을 선호하는 경향이 있다. 주가가 싸다고 자신의 사정을 고려해 매수하는 것은 바람직하지 않다. 싼 데는 그만한 이유가 있다. 절대적으로 주가 수준이 낮은 주식은 대체로 PER가 높다. 이익이 작다 보니 가치가 떨어지고, 그러한 이유로 주가 역시 싼 셈이다. PER가 낮다는 것은 이익이 좋은데, 주가가 이를 따라가지 못했다는 뜻이다.

- PER = 주가/EPS

  (EPS = 순이익/주식 수)

달리 해석해 보면,

- PER = 시가총액/순이익

  (주가 = 시가총액/주식 수)

PER는 상대적인 개념으로 분석하는 것이 바람직하다. 산업별 업종 평균 PER가 존재하고, 그 수준에 비해 PER가 낮은 종목이라면 저평가되었다고 볼 수 있다.

거래소에서는 전 업종에 대해 평균 PER를 공개하고 있다. 만약 자신이 분석하는 주식이 저평가되었는지를 확인하려면 해당 업종의 평균 PER와 비교해 보자. 분석하는 종목의 PER가 낮다면 저평가된 셈이다. 물론 소속 업종 내 다른 경쟁 기업과도 상대 비교를 통해 낮은 PER가 유지되고 있는지도 확인해야 한다.

한국의 업종별 PER는 'krx.co.kr'에 들어가서 '정보데이터 시스템 - 기본통계항목 - 주가지수 - 업종/PER/PBR/배당수익률'을 클릭하면 원하는 코스피 업종, 코스닥 업종, 그리고 테마별 데이터를 얻을 수 있다. 그리고 개별 종목에 대한 PER 역시 같은 방식으로 파악할 수 있으며, 요즘은 이용 증권사의 HTS에서도 업종 PER와 개별 PER를 충분히 확인할 수 있으니 조금만 노력해도 데이터는 얼마든지 구할 수 있다. 이를 토대로 관심 종목이 업종 PER 대비 낮은 종목이라면 주목할 필요가 있다.

특별한 부정적인 요인이 없는 한 업종 PER 대비 가장 낮은 PER를 나타내는 종목으로 순이익에 특별 이익이 계상되지 않았다면, 이는 매력적인 종목이 된다. 보유 자산을 매각해 특별이익이 증가하고 이로 인해 PER가 낮은 수준을 보인다면, 이는 1회성 저PER일 뿐이며, 다음 회기에는 높은 PER로 돌변할 수 있으니 주의해야 한다.

PBR을 이용해 저평가 주식을 찾는 법

PBR이란 주가가 기업의 재무제표상 순자산에 비해 어느 수준에 형성되고 있는지를 보여주는 지표다. 주가를 한 주당 순자산(BPS: 자본금, 자본잉여금 그리고 이익잉여금의 합)으로 나눈 값이다.

- PBR = 주가/BPS

    (BPS = 자산/주식 수)

주당 순자산(BPS)이란 기업 청산이 이루어진다는 전제 하에 장부상 주주가 최종적으로 가질 수 있는 몫이다. PBR이 낮을수록 저평가된 것으로 본다. 만약 PBR이 한 배 미만이면, 그 기업은 장부 가치로 청산해도 1주당 현재가 이상의 몫을 챙길 수 있다는 의미다. 다만 웬만한 기업의 PBR은 한 배 이상을 유지하는 경우가 많다. 이는 회계원 칙상 타이트하게 하다 보니 장부상 자산이 시장 가격보다 낮게 계상될 수밖에 없기 때문이다. 또 PBR이 과도하게 높은 경우는 고평가된 셈이지만, 미래 성장주는 대부분 PBR이 높은 특성이 있어 무조건 PBR의 높낮이로 평가하는 데 한계가 있다는 점도 유의해야 한다.

국내 은행 증권주는 대부분 PBR이 0.7배도 안 되는 수준이다. 그렇다고 은행 증권 주들이 한 배 이상으로 상승하기에는 얼마의 세월이 필요할지 모른다. 한 배 미만에 위치해 청산 가치가 높다고 해서 무조건 매수해야 한다는 생각은 무리이고, 업종이나 종목군의 특성을 고려한 적용이 필요하다. 동종의 업종 PBR 대비 낮은 수준을 유지하거나 업종 내 경쟁 기업의 PBR 대비 낮은 종목이면 매력이 있다고 봐야 한다.

현금 창출 능력을 보여주는 EV/EBITDA

EBITDA는 기업이 영업상 벌어들인 현금 창출 능력을 나타내는 지표다. 이자 비용을 이익에 포함하기 때문에 자기 자본과 타인 자본에 대한 기업의 실질적인 이익창출 금액과 현금지출이 없는 비용인 감가상각비를 비용에서 제외한다. 그러니까 법인세, 이자, 감가상각비, 차감전 영업이익을 의미하는 것이다.

이것은 재무 정보에서 감가상각 및 상각비의 영향을 배제해 기업의 내부 운영 성과를 정확하게 파악하는 데 도움을 준다.

EBITDA = 당기순이익 + 이자 비용 + 세금 + 감가상각 + 무형자산상각

예를 들어, 어떤 기업의 재무보고서에서 다음과 같은 내용이 나타났다면, EBITDA 는 이들 모두를 합친 금액인 64억 5,000만 원이 된다.

당기순이익 : 50억 원

이자 비용 : 1억 원

법인세 : 10억 원

감가상각 비용 : 2억 원

무형자산상각 비용 : 1.5억 원

EV(Enterprise Value)는 기업의 총 가치다. 기업 M&A에서 인수자가 지급해야 할 금액으로 자기자본의 가치와 부채의 가치를 더하거나 시가총액에서 순부채를 더해서 산출한다.

EV = 시가총액 + 순차입금(총차입금 − 현금예금)

이것은 미래의 수익 창출 능력을 현재의 가치로 환산한 것이다. 앞으로 벌어들일 총 수익을 금리(이자율: 평균 자본 비용)로 할인해 현재 시점에서 가치를 산출한 값이다. 이 값이 현재가보다 높은 기업은 향후 주가가 오를 것으로 예상하고, 낮다면 주가 상승에 부담이 따른다고 보면 된다. 물론 주가에 미치는 영향은 다양하니까 이것이 절대적인 판단 기준이 될 수는 없다.

EV/EBITDA는 기업의 가치를 측정하는 지표로 활용되는 경우가 많다. 기업의 적정

주가를 판단할 때 매우 중요한 지표이다. 만약 산출된 배수가 두 배로 나온다면, 이는 해당 기업을 지금 가격에 매수했을 때 그 기업이 2년간 벌어들인 이익의 총합이 투자 원금과 같다는 뜻이다. 그러니까 EV/EBITDA는 투자 원금을 회수하는 데 걸리는 시간을 나타내는 셈이다. 이 수치가 낮다는 것은 기업의 주가가 저평가된 상태이고, 영업상 현금 흐름이 양호하다는 뜻으로 해석한다.

증권사들이 내는 보고서를 읽을 때 반드시 필요한 지표이다. 매매의 손익은 자신의 책임이다. 보고서의 정확도를 따지기 전에 스스로 분석 능력을 끌어올려 올바른 판단을 할 수 있도록 실력을 높여야 한다.

재무제표를 활용하기

기업 회계 기준이 정한 일정한 틀을 갖춘 보고서가 재무제표다. 기업의 재무제표는 일정 기간마다 작성해 관련인들에 대해 경영과 투자에 참고하도록 공시하게 되어 있다.

재무제표는 워낙 방대한 내용이라 이를 모두 파악한다는 것이 결코 쉬운 일이 아니다. 여기서는 투자자들이 쉽게 접근할 수 있는 HTS에서 주로 활용하는 내용에 대해 살펴보자.

재무제표에는 연결재무제표와 별도재무제표가 있다. 연결재무제표는 지배기업과 그 기업의 종속기업의 자산, 부채, 자본, 이익, 비용 그리고 현금 흐름 등을 표시하는 재무제표다. 종속기업을 가진 지배 회사라도 '연결재무제표를 작성하지 않는다'라는 지배기업의 입장에 대해 보유 지분(지배기업의 지분) 외 소유 주주들이 반대가 없는 등 특정한 요건이 충족될 때는 연결재무제표를 작성하지 않아도 되지만, 그렇지 않다면 대부분은 작성한다고 보면 된다. 종속기업을 보유하는 지배기업은 본인의 재무제표인 별도재무제표를 작성해야 한다. 작성시 원가법, 공정가치법, 지분법 등 상법이 정한 원칙에 따라 그중 하나를 선택해서 작성한다.

HTS 상 당기순이익을 살펴보자. 당기순이익은 지배주주 순이익에 비지배주주 순이익을 합산한 금액이다.

당기순이익 = 지배주주 순이익 + 비지배주주 순이익

지배주주 순이익은 지배기업이 올린 순이익이고, 비지배주주 순이익은 연결된 자회사에서 벌어들인 순이익의 합이다. 이 두 순이익을 가감해 합산한 금액이 당기순이익이다. 여기서 중요한 것은 지배기업의 비지배기업 지분율로, 보유 지분율 만큼만 지배주주의 순이익으로 본다는 점이다. 지배기업의 비지배기업 지분율이 50%면 50%만큼 계상되고, 70%면 70%만큼만 적용한다. 비지배기업이 적자라면 그 적자액은 지분율만큼 반영된다. 만약 지배주주 당기순이익이 1,000억 원인데 비지배주주 순이익에서 적자가 그 이상으로 났다면 연결재무제표상 당기순이익은 마이너스, 즉 적자가 된다. 이러한 극단적인 경우를 고려하면 자회사의 문제가 지배회사에 불똥이 튀어 주가에 부정적인 영향을 미칠 수 있다. 반대로 지배회사의 당기순이익이 적자인데 비지배주주 순이익에서 흑자 폭이 커서 당기순이익이 흑자로 나올 수도 있다. 잘 둔 자식 덕에 부모가 호강하는 경우로 주가에 긍정적인 영향을 줄 수 있다.

다음 표는 코스모화학의 당기순이익을 나타낸다. 왼쪽 박스는 2020~2022년간의 당기순이익을 나타낸 것으로 2020년에는 지배주주 순이익이 239억 원으로 적자였지만, 비지배주주 순이익이 82억 원으로 흑자를 기록해 가감한 당기순이익은 156억 원 적자로 비지배주주 순이익 흑자에 의해 적자폭이 줄었다. 이후 2021년과 2022년에는 지배주주도 흑자를 기록하고 비지배주주 순이익도 흑자폭이 강화되면서 당기순이익도

Financial Highlight [연결|전체]

단위 : 억원, %, 배, 천주 | 연결 | 별도 | 전체 | 연간 | 분기

IFRS(연결)	Annual				Net Quarter			
	2020/12	2021/12	2022/12	2023/12(E)❓	2022/12	2023/03	2023/06	2023/09(E)❓
매출액	3,555	5,126	7,182		1,899	2,342	2,407	
영업이익	50	305	414		21	23	54	
영업이익(발표기준)	50	305	414		21	23	54	
당기순이익	-156	235	315		23	-33	-12	
지배주주순이익	-239	109	112		11	-55	-52	
비지배주주순이익	82	126	202		12	22	40	

각각 235억 원과 315억 원씩 흑자를 기록한 것은 물론 그 폭도 증가세를 나타내고 있다. 2023년에는 다시 1분기와 2분기(우측) 모두 지배주주에서 적자가 이어지면서 비지배주주 순이익에서 흑자가 유지되는데도 당기순이익은 적자를 기록 중이다. 코스모화학의 최근 수년간 이익 구조는 비지배주주 순이익에 의해 결정되고 있는 셈이다.

Financial Highlight [별도|전체]

단위 : 억원, %, 배, 천주 | 연결 | 별도 | 전체 | 연간 | 분기

IFRS(별도)	Annual				Net Quarter			
	2020/12	2021/12	2022/12	2023/12(E)❓	2022/12	2023/03	2023/06	2023/09(E)❓
매출액	1,128	1,695	2,209		448	411	419	
영업이익	-47	82	85		-5	-40	-44	
영업이익(발표기준)	-47	82	85		-5	-40	-44	
당기순이익	-267	47	36		7	-61	-67	

이를 코스모화학의 별도재무제표로 보면, 표에서 2020년 267억 원의 적자와 2021년과 2022년 각각 47억 원과 36억 원의 흑자폭을 기록했다. 그리고 최근 2023년 1분

기와 2분기에는 각각 61억 원과 67억 원의 적자를 기록하고 있다. 도대체 이 회사의 비지배기업이 어떤 기업인지 궁금하게 만든다.

관계사 현황 [2개 관계사 | 2022/12] 단위 : %

관계사	지분율	관계사	지분율
코스모촉매	70.23	코스모신소재	27.14

연결대상 회사 현황 [2개 연결대상 회사 | 2023/03] 단위 :억원

연결대상회사	주요사업	설립일	자산
코스모신소재(주)	기능성필름, 2차전지용양극활물질, 토...	1967/05	4,513
코스모촉매(주)	유기 및 무기 화학공업 제품제조, 시스...	1987/05	147

위의 표에서 보면, 연결 대상 회사에서 코스모촉매의 지분율이 70.23%이고, 코스모신소재의 지분율은 27.14%이다. 이 두 회사의 자산 규모를 보면 코스모신소재가 4,513억 원이고, 코스모촉매는 147억 원에 불과하다. 그리고 코스모촉매는 비상장기업이고, 코스모신소재는 상장 기업이다.

자산 규모가 큰 코스모신소재의 별도재무제표상 당기순이익 내역을 살펴 보자.

Financial Highlight [별도|전체] 단위 : 억원, %, 배, 천주   연결 **별도** **전체** 연간 분기

IFRS(별도)	Annual				Net Quarter			
	2020/12	2021/12	2022/12	2023/12(E)	2022/12	2023/03	2023/06	2023/09(E)
매출액	2,043	3,059	4,856	8,528	1,418	1,905	1,961	2,167
영업이익	124	218	325	393	25	65	98	111
영업이익(발표기준)	124	218	325		25	65	98	
당기순이익	117	180	277	221	17	31	55	55

확실히 2020년부터 2022년까지 당기순이익이 증가세를 나타내고 있고, 흑자 폭도 좋다. 다만 코스모화학이 보유한 지분율이 27.14% 정도에 불과하다 보니 별도 순이익 중 이 비율 만큼만 코스모화학의 지배주주 순이익에 반영되는 것이다.

연결재무제표를 본다는 것은 이러한 계열사의 이익까지도 동시에 살핀다는 의미이기도 하다. 단순히 겉으로 드러난 연결제무제표 상 순이익을 본다고 해서 그 기업을 평가할 수 없다. 잘 둔 자식 덕에 지배기업이 투자 대상이 될 수도 있지만, 지배주주 기업의 순이익이 비지배기업의 순익에 의해 크게 증가한다면 지배기업보다 비지배 기업에 투자하는 게 바람직하다. 물론 지배기업의 적자가 너무 커서 위험하다면, 비지배기업의 이익이 좋아도 투자하면 안 된다.

당기순이익이 주가를 결정할 절대적인 지표는 아니지만, 확실히 내면을 들여다보고 투자하는 것과 그렇지 않은 경우는 다른 결과를 가져올 수 있다.

기업 매출 살펴보기

매출은 제품이나 상품 등을 팔고 얻는 장부상의 실체다. 회사가 영업 활동을 통해 상품을 판매하거나 서비스 제공을 통해 얻는 결과물을 의미한다. 일반적으로 매출은 순매출액을 뜻한다.

순매출 = 총매출액 – 매출 에누리와 환입 품액 – 매출 할인액

매출 에누리는 상품의 질 등의 문제로 매출액에서 일정 금액을 공제하는 것을 의미한다. 그리고 매출 환입이란 반품에 의한 환불액이다. 총매출액 중 문제가 발생한 부분을 뺀 것이 순매출인 셈이다.

매출이 없으면 영업이익도 없고 순익(특별이익의 경우는 예외)도 없으며, 재무제표의 작성도 필요없다. 그래서 매출은 기업의 경영상 가장 본질적인 지표라고 볼 수 있다.

만약 어떤 기업의 매출이 매년 지속적으로 증가한다면 성장세가 양호하다는 뜻이다. 동시에 매출을 일으키는 제품이나 상품, 서비스가 소비자들에게 어필된다는 의미다. 이를 위해서는 제품이나 서비스의 품질, 경영자의 능력 등이 복합적으로 작용했을 것이다. 반대로 매출이 지속적으로 감소한다면 그 기업은 소비자들에게 외면당한다는 뜻이며, 다른 특별한 변화가 없다면 점차 쇠퇴의 길로 들어설 것이다.

매출이 좋아야 제품이나 서비스의 단가 조정을 통해 영업이익의 증감 전략도 가능하다. 판매를 늘리려면 제품이나 서비스의 가격을 낮추고, 판매 규모를 줄이고 이익을 늘리려면 제품이나 서비스의 가격을 높이는 등 경영자의 전략적 유연성을 가질 수 있다. 하지만 매출이 없으면 이러한 경영 전략에 한계가 따를 수밖에 없다.

주가와 관련해서는 기본적으로 매출의 지속적인 증가가 이루어지는 기업에 주목하는 것은 당연하다. 매출이 매회기마다 줄어들고 있다면, 주가 역시 좋을리가 없으며, 투자자로서는 배제해야 할 대상이다.

기업의 영업이익 살펴보기

영업이익은 글자 그대로 영업을 통해 발생하는 이익을 의미하는 것으로 매출액에서 매출 원가와 관리비, 그리고 판매 비용을 차감한 것이다.

영업이익 = 매출액 − 매출 원가 − (관리비+판매비)

매출 원가는 제조업의 경우 생산 단가, 유통업의 경우 구매 단가가 된다. 관리비와 판매비는 영업 비용이다. 이는 매출 원가를 제외한 모든 비용으로 본다.

관리비는 항목에 관리인건비, 감가상각 비용, 통신비, 사무용품비, 세금 등으로 구성되는데 기업의 운영과 관리에 필요한 모든 비용이 이에 해당된다. 판매비는 인건비, 물류운송비, 광고비 등으로 구성되며, 제품의 생산 이후 판매까지 발생하는 모든 비용이 여기에 해당한다.

영업이익이 중요한 것은 매출 원가를 제외한 생산과 영업 활동으로부터 얻은 순수이익이기 때문이다. 당기순이익은 자산 등의 매각으로 인해 특별이익이 반영되기도 하고, 환율의 변동에 의해 환차손이나 환차익이 생겨 특별손실, 또는 특별이익을 반영하다 보니 갑자기 이익의 변화가 나타날 수 있다는 점에서 투자자 입장에서는 당기순이익보다는 영업이익을 더 우선시하는 경향이 있다.

특별손익이 반영된 당기순이익은 특정 분기나 한 회계연도에 일회성으로 발생하는 경우가 많아, 이를 기반으로 한 주가는 일시적인 호재나 악재에 따라 변동성이 커질 수 있다. 그러나 장기적으로 주가는 기업의 본질적 이익을 반영하는 영업이익을 수렴한다. 그러니 영업이익이 지속적으로 개선되는 기업에 투자하는 것이 합리적이며, 안정적이고 장기적인 수익을 기대할 수 있는 방법이다.

당기순이익 알아보기

당기순이익은 경상이익 중 특별이익과 특별손실의 차이만큼 더하고, 법인세를 차감한다.

경상이익 = 영업이익 + (영업외수익 − 영업외비용)

당기순이익 = 경상이익 + (특별이익 − 특별손실) − 법인세

영업외수익은 환율 변동으로 인한 수익, 주식 매매, 건물 임대료 등 영업활동 외에서 발생하는 수익을 의미한다. 반대로, 영업외비용은 이러한 영업외수익이 마이너스가 되는 금액을 뜻한다.

특별이익은 정상적인 기업 활동에서 발생하는 수익이 아닌, 기타 활동을 통해 얻은 수익을 의미하며, 특별손실은 특별이익이 마이너스가 되는 경우를 말한다. 결과적으로, 당기순이익은 매출액에서 모든 비용, 손실, 이익을 가감한 최종 금액이다.

앞서 연결재무제표에서 당기순이익에 대해 간략히 언급했지만, 투자자로서 주목해야 할 점은 당기순이익이 EPS(주당순이익)와 더 나아가 PER(주가수익비율)을 구성하는 핵심 지표라는 사실이다.

주가는 기본적으로 순수한 영업이익을 반영하는 것이 핵심이지만, 기업의 정상적인 활동에서 발생하지 않는 특별손익 역시 주가에 영향을 미치므로 이를 간과할 수 없다. 특별이익이나 손실이 없을 경우 당기순이익은 영업이익에 우선하는 지표로 볼 수 있다. EPS나 PER를 활용한 주가 분석에서는 특별손익을 포함한 더욱 정교한 분석이 필요하다.

영업이익과 당기순이익 모두 기업의 수익 가치를 평가할 때 모두 중요한 지표로 작용한다. 특히 매출, 영업이익, 당기순이익이 매 회계 기간마다 꾸준히 높은 증가율을 기록한다면, 이는 기업의 외형 성장과 이익 성장이 우수하다는 신호로 받아들여져 매력적인 투자 대상으로 평가할 수 있다.

ROE(자기자본이익률) 알아보기

회사가 투입한 자금 중 벌어들인 이익을 백분율한 것이 ROE(자기자본이익률)다.

ROE(자기자본이익률) = 당기순이익/자기자본 × 100

자기자본은 자본금에 그동안 영업에서 벌어들인 돈을 합한 것이다. 설립하는 데 든 비용이 100억 원이었고, 영업으로 벌어들인 이익이 10억 원이라면 자기자본은 총 110억 원이 된다. 기업의 전 투하자본인 총자산에서 부채를 차감한 금액으로 보면 된다. 재무제표상으로는 자본금, 법정준비금(자본준비금, 이익준비금)에 잉여금을 합한 것이다.

어떤 기업이 1,000억 원의 자기자본을 투입해 100억 원의 당기순이익을 냈다면 ROE는 10%인 셈이다. 통상적으로 ROE가 15% 수준이면 양호한 기업으로 평가하고, 그 이상이면 매우 우수한 이익을 낸 것으로 평가한다. 10% 수준이면 적정 규모로 볼 수 있다.

국내 기업들 중 ROE가 10% 이하인 기업들이 많다. 우리가 기업을 평가할 때는 해당 업종에 소속된 기업 중 ROE가 가장 높은 기업을 중심으로 투자하는 것이 바람직하다. 2024년 9월 밸류업 공시 기준에 ROE 지표가 들어간 것은 그 중요성이 매우 높기 때문이다. 기업 가치 제고의 핵심 선결 조건 중 하나가 ROE 극대화이기 때문이다. 조금 힘이 들더라도 업종에 소속된 기업들의 ROE를 순위별로 파악해 두고, 그 수준이 높거나 장기적으로 지속해서 향상하는 기업을 중심으로 투자하는 것이 바람직하다.

예시로, 피부 미용 의료(에스테틱) 관련 기업인 클래시스와 하이로닉의 ROE를 비교해 보자. 이 두 기업은 성격이 다르지만, 에스테틱 관련 사업을 영위하는 기업들이다.

아래의 표는 클래시스의 ROE를 표시한 것이고, 다음 페이지의 표는 하이로닉의
ROE를 나타낸다. 붉은색으로 표시된 것은 ROE의 연간 추이를 나타낸 것이다.

클래시스 ROE 동향

IFRS(연결)	Annual				Net Quarter		
	2020/12	2021/12	2022/12	2023/12(E)	2022/12	2023/03	2023/0
매출액	765	1,006	1,418	1,816	405	390	
영업이익	406	517	689	930	194	199	
영업이익(발표기준)	406	517	689		194	199	
당기순이익	382	438	754	783	300	188	
지배주주순이익	382	438	754	783	300	188	
비지배주주순이익							
자산총계	1,375	2,164	3,314	4,135	3,314	3,524	
부채총계	138	526	1,019	1,135	1,019	1,115	
자본총계	1,238	1,637	2,296	3,000	2,296	2,409	
지배주주지분	1,238	1,637	2,296	3,023	2,296	2,409	
비지배주주지분	0	0	0	-23	0	0	
자본금	65	65	65	63	65	65	
부채비율	11.13	32.14	44.37	37.83	44.37	46.27	
유보율	1,812.51	2,430.17	3,527.47		3,527.47	3,702.74	3,9
영업이익률	53.11	51.41	48.57	51.19	48.01	51.04	
지배주주순이익률	49.91	43.54	53.16	43.12	74.23	48.17	
ROA	30.39	24.76	27.52	21.03	36.10	21.97	
ROE	36.06	30.47	38.33	29.45	55.72	31.93	

하이로닉 ROE 동향

IFRS(연결)	Annual				Net Quarter		
	2020/12	2021/12	2022/12	2023/12(E)❓	2022/09	2022/12	2023/0
매출액	130	218	276	454	85	58	
영업이익	12	46	36	133	18	-1	
영업이익(발표기준)	12	46	36		18	-1	
당기순이익	32	68	29	100	22	-19	
지배주주순이익	32	68	29	100	22	-19	
비지배주주순이익	0	-0	-0		0	-0	
자산총계	448	637	675	788	693	675	
부채총계	31	77	88	101	84	88	
자본총계	416	560	587	687	609	587	
지배주주지분	416	560	587	687	609	587	
비지배주주지분	0	0	0	0	0	0	
자본금	14	14	14	14	14	14	
부채비율❓	7.49	13.74	15.02	14.70	13.76	15.02	
유보율❓	3,841.43	4,858.99	5,050.66		5,205.24	5,050.66	4,6
영업이익률❓	9.51	21.26	12.99	29.30	21.39	-2.25	
지배주주순이익률❓	24.47	31.11	10.64	22.03	25.51	-33.29	
ROA❓	7.02	12.48	4.47	13.67	12.77	-11.40	
ROE❓	7.72	13.89	5.12	15.70	14.49	-13.03	

클래시스는 2020년 이후 평균 34%의 ROE를 보여준다. 그리고 30% 이하로 내려선 적이 없다. 2023년 예상치는 30% 이하이지만 29.45% 수준이다. 이는 매우 높은 수준의 ROE를 보여준다. 그런가 하면 하이로닉은 수년간 평균 ROE가 10% 전후 수준이다. 기복도 심해 14%에 육박할 때도 있고, 5% 수준일 때도 있다.

다음 클래시스의 월봉을 보면 2018년까지는 5,000~7,000원대에서 움직이다가 2019년부터 상승 트랜드로 바뀐 후 2023년에는 3만 9,000원대로 급등했다. 특히 2023년에 강한 탄력을 받는 모습이다.

30%대의 기복 없고 높은 ROE는 주가 역시
높은 수준을 향해 상승 트랜드를 나타낸다.

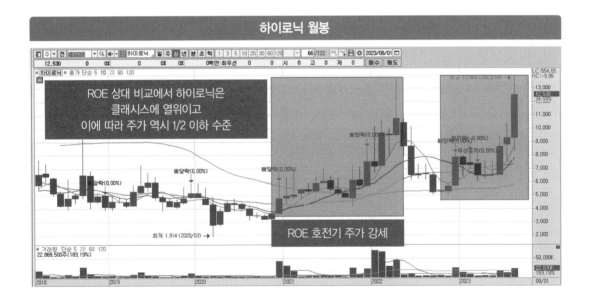

ROE 상대 비교에서 하이로닉은
클래시스에 열위이고
이에 따라 주가 역시 1/2 이하 수준

ROE 호전기 주가 강세

하이로닉은 2020년까지 5,000원 전후에서 움직이다가 2021년부터 2년 상반기 중 1만 3,000원대로 급등한 후 2022년 중에는 다시 5,000원 전후로 급락하는 등 불안한 모습을 보이다가 다시 2023년 강한 상승으로 1만 3,000원대로 오르기도 했다.

클래시스는 ROE가 30% 이상의 지속적인 호전으로 안정적 상승 트랜드를 유지할 수 있었지만, 하이로닉은 2022년 ROE가 갑자기 5% 수준을 위협할 정도로 급락하다 보니 주가 역시 흔들림이 심했다고 볼 수 있다. 상대적 ROE에서 클래시스가 훨씬 높기 때문에 주가 역시 클래시스가 하이로닉의 두 배 이상에서 거래되고 있으며, 안정적인 ROE 수준을 유지하면서 주가의 기복도 크지 않은 특징을 보여 준다.

종목을 선택할 때 이러한 상대비교를 통해 주가를 분석할 수 있고, 안정적인 투자를 위해서는 어떤 종목을 선택해야 할지도 어렵지 않게 판단할 수 있다.

부채율과 유보율의 안정성 지표를 알아보기

부채율과 유보율은 기업의 안정성을 판단하기 위해 기본적으로 살펴야 할 지표다. 안정성 지표라는 것은 기업의 내외적인 환경 변화에 얼마나 안정적으로 경영할 수 있는가를 나타내는 지표다. 투자자로서 이러한 안정성 지표를 배제한 채 소중한 자금을 투입할 수는 없다.

예를 들어, 한 소액투자자가 투자 자금이 적어 저가주를 중심으로 매매를 이어간다고 가정해 보자. 그의 눈에 들어온 주식은 부채율이 200% 이상으로 매우 높고, 유보율이 45%에 불과한 저가 주식이다. 그는 고민 끝에, 기복은 있지만 순이익 면에서 적자가 자본금 이상으로 발생하는 주식을 매수했다고 가정해 보자.

이 기업은 수익이 없으니 부채에 대한 이자조차 갚지 못하고, 지속적인 적자로 인해 다음 회기에는 유보율이 거의 바닥날 것이다. 이런 상황에서 이 기업이 온전할 수 있을까? 결국 이 기업이 선택할 수 있는 방법은 생존을 위한 유상증자나 전환사채(CB) 발행을 시도하는 것이다. 하지만 자금 조달이 쉽지 않다.

이 과정에서 기업은 '미래가 밝은 사업'을 하겠다는 거창한 명분을 내세워 투자자들의 관심을 끌며 유상증자에 참여하도록 유도한다. 이러한 발표에 순간적으로 투자자들이 유혹을 느껴 투자하기도 한다. 하지만 대부분 이러한 기업들은 자금 조달에 실패하고 관리 종목으로 지정된 후 오랜 기간 거래 정지 상태에 놓이게 된다. 드물게 복귀에 성공하는 기업도 있지만, 그렇지 못한 기업은 파산의 길로 들어선다.

물론 저가주라고 해서 반드시 나쁜 것은 아니다. 하지만 이러한 주식에 투자할 때는 기업의 재무 상태와 미래 성장 가능성을 철저히 검토해야 한다. 피땀 흘려 번 소중한 돈을 한순간의 잘못된 판단으로 잃는다면, 그 절망감과 황당함은 이루 말할 수 없을 것이다. 투자 전 신중함과 분석은 필수다. 먼저 안정성 지표에는 부채 비율이 있다.

부채 비율 = 부채 총계/자본 총계 × 100

여기서 부채 총계는 기업이 갖고 있는 빚이다. 자본 총계는 자산 총계에서 부채 총계를 뺀 것으로 순자산, 또는 자기자본이라고도 한다. 부채 비율은 자기자본 대비 타인자본의 비율이라는 점에서 기업의 재무건전성을 파악할 수 있는 대표적인 지표이다. 기업이 사업을 영위할 때 레버리지를 활용해 더 큰 매출과 이익을 올리려다보니 웬만한 기업들은 부채를 끌어다 쓴다. 하지만 사업이란 꼭 성공한다는 보장이 없다. 투자를 했는데 성과가 미미하다면, 그 기업은 끌어 쓴 부채에 대한 이자 부담으로 경영에 큰 타격을 입을 수도 있다.

지나친 부채가 문제가 될 수 있지만, 탁월한 안목을 가진 경영자가 업황 호전을 통한 미래 경영 성과를 높이기 위해 부채를 활용했다면, 단순히 부채가 많다고 부정적으로 볼 필요는 없다.

부채도 잘못되었을 때를 가정해 적정 수준 이상이면 주의해야 한다. 통상적으로 부채율이 50% 이하면, 무차입경영 상태로 해석해 매우 안정성이 높은 상황으로 간주한다. 80% 수준 이하면 우수, 100% 이하면 그런대로 양호하다고 볼 수 있다. 하지만 150% 이상이면 위험 단계에 이른 것으로 판단해 투자에 유의해야 한다. 벌어들이는 수익도 없는데 부채를 감당할 수준이 아닌 기업이라면 당연히 피해야 한다.

유보율은 유보액을 자본금으로 나누어 백분률한 것이다. 기업의 잉여금을 납입자본금으로 나눈 비율이다. 잉여금은 영업활동에서 발생한 이익인 이익잉여금과 자본 거래에서 획득한 이익을 합친 금액이다. 그러니까 이익잉여금과 자본잉여금을 합친 것이 유보액이다. 그리고 납입자본금은 주주가 실제로 법인에 출자한 자금이다.

- **유보율 = 유보액/자본금 × 100**
- **유보율 = 잉여금(이익잉여금 + 자본잉여금)/납입자본금 × 100**

유보율의 의미는 사내에 얼마나 많은 자금을 축적하고 있는지를 보여주는 지표이다. 그러니까 기업이 동원할 수 있는 자금의 총량을 나타낸다고 볼 수 있다. 기업이 시설 확장이나 재무구조의 안정을 위해 유보율이 어느 정도 되는지를 나타내는 것이다. 유보율이 높으면 불황에 대한 대응 능력이 높고, 주주들에게는 무상증자의 재원으로 활용되어 주가에도 긍정적이다.

유보율이 높은 기업은 안정성이 높고 유보율이 낮을수록 위험성은 크다. 통상적으로 유보율이 1,000%가 넘는다면 재무적 안정성이 높다고 보고, 100% 이하면 안정성 면에서는 좋은 기업이라고 보기 어렵다.

한국 기업들 중에는 유보율이 수만 %에 달하는 기업도 있고, 유보율이 마이너스인 기업들도 수두룩하다. 단순하게 평가할 수 있는 지표는 아니지만, 투자자 입장에서 보면 그 수치가 높은 기업에 투자하는 것이 바람직하고 동종 업종에서 가장 높은 유보율을 지닌 기업을 중심으로 투자해야 위험으로부터 자신을 지킬 수 있다.

예를 들어, 부채율이란 부채총액을 자본총액으로 나누어 백분율한 것으로, 우리가 생각하는 단순한 부채 규모와는 차원이 다른 액수이다.

아래의 표와 같이 어떤 기업의 안정성 지표를 살펴보면, 부채비율이 지난 2022년 226%까지 급증하는가 하면 상반기에 무려 460%까지 치솟고 있다. 2020년 500%가

IFRS(연결)	Annual				Net Quarter			
	2020/12	2021/12	2022/12	2023/12(E) ?	2022/12	2023/03	2023/06	2023/09(E) ?
매출액	457	303	161		9	15	14	
영업이익	35	-109	-259		-54	-35	-56	
영업이익(발표기준)	35	-109	-259		-54	-35	-56	
당기순이익	-58	-106	-389		-182	-48	-51	
지배주주순이익	-58	-106	-389		-182	-48	-51	
비지배주주순이익	0	-0	-0		-0	0	-0	
자산총계	710	887	575		575	509	461	
부채총계	150	364	399		399	377	379	
자본총계	559	522	176		176	132	82	
지배주주지분	560	523	177		177	132	82	
비지배주주지분	-0	-0	-1		-1	-0	-0	
자본금	91	91	92		92	92	92	
부채비율 ?	26.84	69.77	226.04		226.04	285.54	460.72	
유보율 ?	516.81	471.45	93.43		93.43	44.62	N/A	

넘었던 유보율이 2022년 93%까지 급감했음은 물론 2분기에 마이너스로 전환했다. 당기순이익은 2020년 58억 원 적자에서 2021년 389억 원 적자로 한 해 동안 자본총계의 2배를 웃도는 적자를 기록 중이다.

여기서 중요한 것은 부채총계에서 자본총계를 뺀 부채가 176억 원에 달한다는 점이다. 이 중 순부채(빚 총액에서 현금자산을 뺀 금액)는 다소 적을 수 있지만 벌어들이는 수익이 없으니 부채에 대한 이자를 상환할 능력이 안 된다. 이러한 기업은 더 이상 사업을 영위하기가 어렵다. 파산의 길로 들어설 수도 있는 상황인 셈이다. 생존을 위해서는 유상증자를 할 수밖에 없다. 유상증자를 추진해도 열악한 재무구조로 인해 실권이 발생할 가능성이 높다. 유상증자에 성공하더라도 주당 가치가 훼손되기 때문에 주가는 부정적일 것이다.

아니나 다를까, 자본금이 92억 원인 이 기업은 생존을 위해 이후 480억 원(최대주주 포함)의 유증을 발표했다. 유상증자 이유는 운영 자금과 채무 상환 자금 조달이다. 운영 자금을 조달한다는 것은 자금이 고갈 상태라는 의미이고, 채무 상환 자금을 조달한다는 것은 부채(CB나 BW 등 포함) 상환 압박 등 위험 요인이 코앞에 닥쳤다는 의미이다. 이 자금이 제대로 조달되면 이 기업은 한동안은 안정될 것이지만, 그렇지 못하면 매우 위험한 상황에 처할 수도 있다.

재무 상황이 열악해지는 사이 주가는 상장 당시 6만 원대까지 오르기도 했지만, 지금은 동전주 수준으로 떨어진 상황이다. 재무적 상황이 크게 악화되기 직전에는 2만 원대를 기록했지만, 이후 추락하는 데 걸리는 기간은 불과 3년에 불과했다. 물론 개인적인 입장에서는 유상증자에 성공하고 사업 성공에 의한 우량 기업으로 거듭나기를 바란다.

이처럼 위험 요인을 안고 있는 기업은 투자를 삼가야 한다. 만약 공개 당시 고가에

매수했거나 2만 원 전후에서 투자를 했다고 가정해 보자. 이러한 기업에 투자한다는 것이 얼마나 위험한 행위인지를 실감할 수 있다. 투자 금액이 적다고 해서 부실 저가주를 매수하는 투자는 지양해야 한다. 다만 저가주라고 해서 무조건 나쁜 주식은 아니다. 안정성이 낮은 저가주는 피하는 것이 상책이다. 안정성이 높다고 해서 꼭 주가가 오르는 것도 아니니, 한 측면만을 보지 말고 입체적으로 분석하는 것이 중요하다.

110

카카오를 예로 들어 보자.

카카오는 2020년 부채 비율이 60.94%이고, 유보율은 1만 4,000%를 웃돌아 안정성이 매우 높았다. 이후에도 부채 비율의 특별한 증가가 없었고, 유보율은 21년 22,268%, 2022년에는 22,321%까지 높아졌다. 안정성 면에서 전혀 문제가 없었으며, 앞서 공부했던 영업이익이나 당기순이익의 감소도 없었고, 2021년 이후에는 부채의 증가도 별로 없었다. 자본총계는 2020년 이후 거의 두 배 가까이 증가했다.

카카오는 이론상 주가가 하락할 이유가 없다. 그런데도 카카오 주가는 2021년 6월 17만 3,000원의 최고가를 찍은 후 2023년까지 줄곧 하락해서 5만 원이 무너지는 치욕적인 하락세를 나타내고 있다. 그 이유를 분석하자면, 2021년 당시 정치권은 플랫폼 기업들의 문어발 경영 확장에 대해 규제 의지를 보였고, 정부도 금융소비자보호를

Financial Highlight [연결|전체]   단위 : 억원, %, 배, 천주   연결   별도   전체   연간   분기

IFRS(연결)	Annual				Net Quarter			
	2020/12	2021/12	2022/12	2023/12(E)	2022/12	2023/03	2023/06	2023/09(E)
매출액	41,568	61,367	71,068	83,949	17,741	17,403	20,425	22,440
영업이익	4,559	5,949	5,803	5,084	1,003	711	1,135	1,489
영업이익(발표기준)	4,559	5,949	5,803		1,003	711	1,135	
당기순이익	1,734	16,462	10,626	3,901	-4,979	638	560	1,166
지배주주순이익	1,556	13,922	13,529	3,734	-1,241	775	570	1,198
비지배주주순이익	177	2,540	-2,904		-3,738	-137	-10	
자산총계	119,540	227,796	229,635	249,950	229,635	255,864	260,519	
부채총계	45,262	91,896	94,316	104,327	94,316	102,841	106,051	
자본총계	74,277	135,900	135,319	145,623	135,319	153,023	154,468	
지배주주지분	62,989	99,844	99,973	106,001	99,973	106,618	106,164	
비지배주주지분	11,288	36,056	35,346	39,623	35,346	46,405	48,304	
자본금	443	446	446	447	446	446	445	
부채비율	60.94	67.62	69.70	71.64	69.70	67.21	68.66	
유보율	14,120.79	22,268.46	22,321.57		22,321.57	23,799.22	23,877.67	
영업이익률	10.97	9.69	8.17	6.06	5.65	4.09	5.56	6.64
지배주주순이익률	3.74	22.69	19.04	4.45	-7.00	4.45	2.79	5.34

위해 인터넷 플랫폼에 대해 금융 상품 광고와 판매를 중지할 뜻을 내비췄다. 하지만 그 이후 특별한 규제는 추진되지 않았다. 이는 곧 카카오의 문어발식 사업 확장을 더욱 심화하는 계기가 되었다

다음 카카오의 소유지분도를 보면 웬만한 전문가도 제대로 분석하기 어려울 정도로, 엄청난 기업들의 소유지분을 보유하고 있음을 알 수 있다. 현재 카카오게임즈, 카카오

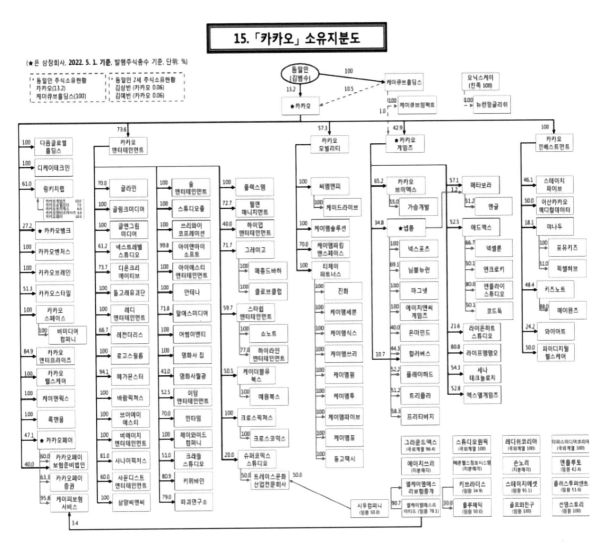

15. 「카카오」 소유지분도

엔터테인먼트, 카카오페이, 카카오뱅크, 카카오모빌리티, 카카오G의 6대 계열사를 두고 있고, 엄청난 수의 자회사를 두었다. 이러한 방대한 사업 확장은 매년 정치권의 입방아에 오르내리고 있고 경영진의 교체도 빈번해지고 있다.

이러한 경영 형태가 결코 투자자들에게 좋게 보일 리가 없다. 수많은 계열사 중에는 문제가 발생할 소지가 있고, 그 불똥이 카카오그룹 전체에 부정적인 영향을 미칠 수 있기 때문이다. 그리고 언제라도 이 같은 사업 형태에 대해 정부의 규제가 강화될 수 있다는 점도 부담일 것이다. 이상의 내용도 중요하지만 재무제표상 주가 하락 요인을 판단한다면, 성장성의 문제라고 봐야 한다.

<table>
<tr><td>TIP</td><td align="right">성장성과 주가의 관계</td></tr>
</table>

성장성은 매년 매출과 영업이익 등의 증가율을 의미한다. 이를테면 성장성이 좋다고 한다면 매출과 영업이익률이 각각 20% 이상씩 증가하는 기업들이다. 절대적인 것은 아니지만, 이러한 조건을 충족시키는 기업들의 주가가 비교적 안정적인 상승세를 이루는 것으로 나타난다. 만약 이러한 기업이면서도 주가가 오르지 못한다면, 그 외의 변수에 영향을 받는다고 보면 된다.

카카오의 매출은 2021년 전까지는 호조세를 보이며 주가 상승에 우호적으로 작용했지만 2021년 이후부터는 매출 증가세가 현저히 둔화되었다. 영업이익도 2021년 이후 줄곧 5,000억 원대를 벗어나지 못하고 있다. 당기순이익은 2021년 1만 6,462억 원의 정점을 찍은 후 급감세가 이어지고 있다.

기업이 성장하지 못한다는 것은 성장 정체 상태라는 의미이다. 정체는 경쟁사에 점유율을 빼앗겨 고전하고 있다는 의미이기도 하고, 경제적 여건이 좋지 않아서 그럴 수도 있다. 후자라면 여건이 좋아지면 호전될 수 있는 문제이지만, 전자라면 동일한 여건 하에서는 사실상 퇴보로 봐야 한다. 매년 높아지는 임금과 각종 비용 상승 요인 등을 고려하면 성장의 정체는 곧 후퇴를 의미한다.

그래서 성장하지 못하는 기업은 주식시장에서 환영받지 못한다. 주식시장은 냉혹하다. 조금이라도 주가 하락 요인이 발생하면 매도세가 기다렸다는 듯이 팔아치운다. 공매도의 주된 타깃이 되면서 주가 악화의 속도가 가파르게 나타난다.

한 가지 더 보면, 2022년 당기순이익에서 비지배주주 순이익이 2,900억 원 적자이고, 이것이 당기순이익을 감소시킨 요인이라는 점이다. 이후 순이익이 급감하고 있을 뿐만 아니라 비지배주주 순이익은 적자를 지속하고 있다. 이유야 어떻든 다양한 계열사와 자회사를 두고 있다 보니 그 속에서 발생하는 영업상의 손실이든, 아니면 특별손실이든 주가에 부정적인 영향을 미칠 수 있다는 점도 유의해야 한다.

이 외에도 카카오의 뒷배경에 숨어 있는 중국계 자본도 신경이 쓰이는 부분이다. 카카오에 텐센트가 6.35% 자리하고, 카카오페이에는 알리페이(엔터파이낸셜)가 43.9%, 카카오뱅크는 텐센트 3.74%와 앵커에쿼티가 2.61%, 카카오페이지에는 앵커에쿼티 20.3%와 텐센트 6.8%, 그리고 카카오M에 앵커에쿼티 12.9%가 진입해 있다. 중국의 경제 상황이 가변적이라 이들 중 어느 한 곳에서라도 과거 셀트리온에 대한 테마섹(싱가폴 투자청)의 지분 매각과 같은 일이 벌어지지 않으리라는 법이 없다. 이처럼 주가를 분석할 때는 가능한 한 입체적이고 다양한 측면에서 접근해 정확히 분석하는 것이 중요하다.

재무구조상 좋은 주식 찾기

복잡하게 접근하기보다는 앞서 공부한 쉬운 내용을 토대로 알아보자. 다시 미용 의료 기기 기업인 클래시스의 주가를 살펴보자.

이 기업의 주가는 2022년 9월 저점을 기록한 이후 2023년까지 3배나 올랐다. 그리고 이후에 얼마까지 오를지 지켜볼 일이다. 이렇게 오르고 있는 데는 그만한 이유가 있다.

저점 대비 3배의 상승률을 보이고 있지만
아직도 상승 진행형이다.

배당락(0.00%)

최고 39,350 (08/22) →

최저 13,200(09/07) →

이 기업의 재무제표를 보면, 매출액은 2020년 765억 원에서 이후 2023년(추청치)
1,816억 원까지 증가했다. 이 기간 동안 137%가 증가했고, 연평균 45% 이상의 성장
률을 보였다. 영업이익도 2020년 406억 원에서 2023년 933억 원까지 130% 증가했
고, 연평균 43%씩 증가했다. 매출과 이익이 좋고, 그 성장세가 두드러지며 기세가 꺾
이지 않고 있다. 부채율은 평균 30% 수준에 불과하고, 유보율은 계속되는 당기순이익

Financial Highlight [연결|전체]

단위 : 억원, %, 배, 천주　[연결] 별도　[전체] 연간 분기

IFRS(연결)	Annual				Net Quarter			
	2020/12	2021/12	2022/12	2023/12(E) ?	2022/12	2023/03	2023/06	2023/09(E) ?
매출액	765	1,006	1,418	1,816	405	390	459	462
영업이익	406	517	689	933	194	199	231	237
영업이익(발표기준)	406	517	689		194	199	231	
당기순이익	382	438	754	790	300	188	186	
지배주주순이익	382	438	754	789	300	188	186	193
비지배주주순이익								
자산총계	1,375	2,164	3,314	4,108	3,314	3,524	3,595	
부채총계	138	526	1,019	1,106	1,019	1,115	996	
자본총계	1,238	1,637	2,296	3,002	2,296	2,409	2,600	
지배주주지분	1,238	1,637	2,296	3,016	2,296	2,409	2,600	
비지배주주지분	0	0	0	-14	0	0	0	
자본금	65	65	65	63	65	65	65	
부채비율 ?	11.13	32.14	44.37	36.84	44.37	46.27	38.29	
유보율 ?	1,812.51	2,430.17	3,527.47		3,527.47	3,702.74	3,997.19	
영업이익률 ?	53.11	51.41	48.57	51.40	48.01	51.04	50.43	51.25

의 증가속에 3,500%가 넘고 2024년 경이면 4,000%를 크게 넘을 것으로 보인다.

　이 기업은 미용 목적의 의료기기와 미용기기, 그리고 뷰티 디바이스 및 화장품 사업을 영위하고 있다. 코로나 팬데믹 상황에도 영향을 받지 않고 성장세를 지속하고 있다. 아름답고 젊어지고 싶어하는 것이 인간의 욕망이다 보니, 이변이 없는 한 이 회사의 성장세는 앞으로도 이어질 전망이다. 2021년 상장 이후 오르고 내리기를 반복한 후 2022년 9월 저점을 고비로 주가가 오르기 시작했다. 이는 팬데믹의 종료 시점이 다가오면서 리오프닝에 의한 기대 심리가 촉매 역할을 한 것으로 보인다. 좋은 내용을 지닌 종목은 주가 압박 요인이 제거되면 폭등한다는 사실을 알 수 있다.

스토리를 쓰고
유추하자

미국과 중국, 러시아 간의 관계 그리고 우크라이나 전쟁까지, 2022년부터 우리는 신냉전 시대를 맞이했다. 이러한 상황을 두고 일부 투자자들은 단순히 남북 관계를 포함한 컨트리 리스크의 관점으로 축소하여 해석했을 것이다. '컨트리 리스크는 이미 한국 증시에 반영된 오래된 재료다'라며 그 중요성을 간과했을지도 모른다. 하지만 이런 사고방식은 투자자로서 빵점짜리 평가를 받을 수밖에 없다.

신냉전 시대라는 단어 하나가 시장에 끼친 영향은 엄청났다. 이는 글로벌 공급망의 재편, 지정학적 갈등의 심화, 군비 증강과 같은 변화로 이어지며, 다양한 산업과 투자에 엄청난 파장을 일으켰다. 신냉전 시대의 배경은 급성장하는 중국이 미래에 군사적, 경제적으로 미국을 앞설 수 있다는 미국의 우려에서 출발한다. 중국은 일국양제가 아닌 하나의 중국(대만 통합) 정책을 통해 남중국해 영역 확대를 추진하고 있으며, 이는 주변 국들과의 갈등을 심화시키고 있다. 여기에 나토의 동진에 대한 러시아의 대응, 즉 러시아-우크라이나 전쟁 또한 이러한 신냉전 시대를 더욱 가속화시키는 중요한 요인이다.

이 상황에서 미국은 중국을 견제하기 위해 강도 높은 경제적, 기술적 제재를 시행하고 있다. 대표적인 사례로, 중국 최대 IT 기업인 화웨이에 대한 규제를 단행했으며, 그 범위를 급속도로 확대하고 있다. 현재 미국은 중국산 원자재를 사용한 기업이나 제품을 수용하지 않겠다는 입장을 고수한다. 또한, 첨단 반도체와 양자 기술 등 첨단기술의 중국 수출을 제한하고, IRA 법안 등을 통해 중국산 제품과 기술 공급을 배제하는 정책을 강화하고 있다. 이는 중국의 경제 성장에 치명상을 가함으로써, 미국에 대한 도전을 원천적으로 봉쇄하려는 의도가 엿보인다. 그 결과, 중국 경제는 생산, 소비, 투자, 고용 등 거의 모든 측면에서 위축되고 있으며, 부동산과 부채를 기반으로 성장해온 중국 경제가 앞으로 과거와 같은 고성장을 유지하기는 어려울 것으로 보인다.

미국은 러시아—우크라이나 전쟁으로 인해 무기 수출로 직접적인 혜택을 누리고 있으며, 전쟁 종료 후 재건 사업에서 얻을 이익도 염두에 두고 있을 것이다. 한편, 양안(중국과 대만) 전쟁 우려가 커지는 가운데, 미국은 대만의 대표적 반도체 기업인 TSMC의 생산 시설을 미국으로 이전하는 데 총력을 기울이고 있다. 이는 전시 상황에서 무기 판매와 같은 경제적 이익을 고려한 포석일지도 모른다.

중요한 것은 이러한 상황이 초래할 파장이다. 한국은 중국과 미국이라는 두 경제 대국과 밀접하게 연결된 상황에서 미국의 중국 압박과 중국의 한국 견제 사이에 놓여 있다. 중국은 동북공정, 한한령 등으로 한국에 대한 견제를 강화하고 있으며, 이러한 갈등은 한국의 수출 구조에도 큰 영향을 미치고 있다.

실제로, 한국의 대중국 수출 비중은 2018년 26.8%에서 최근 19.5%로 크게 줄어든 반면, 미국에 대한 수출 비중은 11%에서 17.7%로 증가했다. 이는 한국의 수출 전선에 커다란 변화를 불러일으키고 있으며, 앞으로도 양국 간 갈등의 심화와 세계 경제의 재편 과정에서 한국이 어떤 전략을 취할지가 중요해지고 있다. 이에 따라 산업 부문별 수

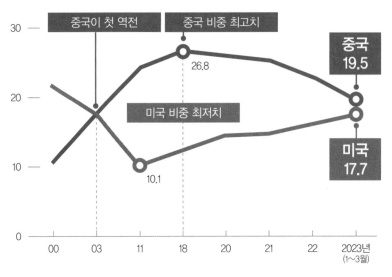

한국 총수출의 중국·미국 시장 비중 추이

중국이 첫 역전   중국 비중 최고치

중국 19.5

26.8

미국 비중 최저치

미국 17.7

10.1

00   03   11   18   20   21   22   2023년 (1~3월)

(단위: %) 자료: 산업통상자원부

출 내역을 보면, 항상 1위를 기록했던 반도체는 2위로 밀려난 상황이고, 중간재가 수출의 중심인 상황에서 중국의 자국산 대체가 빨라지면서 힘든 상황에 직면해 있다. 중국에서 인기가 많았던 소비재인 화장품도 중국에서 밀려나는 추세다.

이러한 신냉전 시대에도 유리한 면은 있다. 한국은 북한과의 대치 속에서 무기 현대화를 가속화하며, 질적인 측면에서도 큰 발전을 이루어냈다. 이러한 배경은 신냉전 시대에 한국이 방산 분야에서 큰 수혜를 볼 수밖에 없는 상황을 만들어 주었다. 특히, 러시아의 우크라이나 침공으로 인해 폴란드를 비롯한 동유럽 국가들이 군사적 위협을 실감하면서 무기 수입을 대폭 확대하는 과정에서, 한국산 무기가 주목받으며 중심으로 부상했다. 이미 북유럽, 중동, 아프리카 등지에서 방산 시장 입지를 다져온 한국은 폴란드와의 협력을 통해 무기 수출 세계 5위권 진입을 넘볼 수 있게 되었다.

그 결과, K9 자주포, FA-50 경공격기, 천무 다연장로켓, K2 전차 등을 제조하는 관련 기업들은 매출과 이익이 크게 증가하며 새로운 성장 동력을 확보했다. 이러한 성과는 한국 방산 산업이 글로벌 시장에서 강자로 자리 잡는 데 중요한 계기가 되고 있다. 주가도 희비가 갈려 중국과 관련한 산업 분야는 어려움을 겪는 반면 무기와 관련한 기업들은 큰 폭의 상승세를 이어나가기도 했다. 신냉전 시대의 도래는 군사적 충돌 위험을 동반하다는 사실, 이는 전 세계적으로 무기 수요가 증가할 수밖에 없는 환경을 의미한다. 특히, 남북한 대치 상황 속에서 무기 산업을 꾸준히 발전시켜 온 한국은 이러한 수요 증가의 중심에서 수혜를 입는 국가로 자리 잡고 있다. 이를 고려하면, 방산업계에 투자하는 것은 시대적 흐름에 부합하는 전략적 선택이 된다.

지금까지의 사례는 단지 이해를 돕기 위해 당면한 현실을 활용한 하나의 예일 뿐이다. 중요한 것은 특정 이슈가 부각되었을 때 이를 단순히 흘려보지 않고 논리적으로 접근하며, 그 이슈가 주가 상승의 이유로 이어지는 스토리를 명확히 이해하는 것이다. 이러한 과정이 뒷받침된다면, 자신감 있게 대응할 수 있다.

무엇보다 이러한 분석과 유추가 신냉전 시대라는 글로벌 이슈에 조금만 관심을 기울인다면 충분히 가능하다는 것이다. 그리고 앞으로 새롭게 부상할 이슈들도 이러한 유추와 논리 전개를 통해 투자 스토리를 만들어갈 수 있어야 한다.

물론 시간이 지나고 나면 이런 스토리는 당연하게 보일 수 있지만, 막상 당시에는 이러한 전개가 단순히 '소설'처럼 여겨질 수도 있다. 그러나 중요한 것은 누구나 다 자신과 동일하게 판단할 것이라고 착각하지 않는 점이다.

부각된 이슈에 대한 확장 해석은 당사자의 해석 능력에 따라 그 질적 수위가 달라진다. 평소에 다양한 지식을 쌓고 그 깊이를 심화시켜야 한다. 스토리의 확장은 지식의 폭에 비례하기 때문이다.

예정된 일정과 관련한 종목에 주목하기

투자자 모두가 정보를 접하는 시간이 같고 이를 바탕으로 합리적 판단을 통해 매매한다고 가정한다면 주가는 정상적인 가격을 형성할 것이다.

'합리적 기대가설론(Rational Expectations Hypothesis)'은 투자자들이 이익을 위해 최적의 투자 행위를 하는 과정에서 합리적으로 기대를 형성한다는 이론이다. 하지만 투자자들은 완벽하지가 않다. 불확실성이 존재하고, 인간의 지식도 한계가 있기 때문에 이러한 합리적 기대에 의한 판단은 항상 부정확하다. 갑작스런 돌발 악재가 튀어 나왔을 때 투자자들이 취하는 행동을 생각해 보면 금방 이해가 된다. 이러한 돌발 악재에 대해 투자자들은 손절 매도를 하는가 하면, 또 다른 투자자들은 이를 저가 매수의 기회로 삼는다. 인간의 판단은 합리적일 수도 있고, 그렇지 않을 수도 있다.

'효율적 시장가설론(Efficient Markets Hypothesis)'도 있다. 효율적인 시장이란 다음의 상황을 뜻한다.

첫째, 주가가 기업의 내재 가치를 정확하게 반영한다.

둘째, 내재 가치에 변화를 줄 수 있는 호재가 생성되면, 주가는 이를 제대로 반영한다.

효율적 시장이란 주가가 모든 관련 정보를 정확히 반영하여 결정되는 시장이다. 이를 위해서는 대부분 투자자가 합리적이어야 하며, 만약 비합리적인 투자자가 주가에 영향을 미친다 하더라도 시장은 내재 가치로 회귀한다. 이는 비합리적인 투자자의 상대편에 이러한 왜곡을 이용해 차익을 추구하는 투자자가 존재하기 때문이다. 결국, 이익을 추구하는 매매자들의 대응을 통해 시장은 내재 가치를 반영하며 효율적으로 작동하게 된다.

효율적 시장가설론은 약형, 준강형 그리고 강형으로 나뉜다. 약형은 과거의 모든 정보가 주가에 반영되어 있어 지난 정보를 이용해 분석하는 것은 의미가 없다고 본다. 준강형은 과거와 현재의 정보도 이미 발표되는 순간 반영되어 주가 분석에 쓸모가 없다는 것이다. 강형은 현재의 정보나 내부 정보로도 미래 주가 변동에 영향을 주지 못한다고 본다. 그러나 이러한 합리적 기대가설이나 효율적 시장가설이 실제로 설득력이 있는지는 의문이다. 인간의 욕망은 무한하고, 투자자들이 항상 합리적이지 않기 때문에 시장도 효율적이지 않은 경우가 많다.

주가는 원래 예측하기 어려운 대상이다. 하락할 때는 내재 가치 이하로 떨어지고, 상승할 때는 내재 가치를 초과하여 거품이 형성되기도 한다. 또한, 내재 가치 자체도 모호하다. 증권사 보고서만 보더라도, 동일한 기업의 주가 목표치에 대해 서로 다른 의견이 존재한다. 한 증권사는 매도 의견을 내놓는 반면, 다른 증권사는 매수 의견을 제시하기도 한다.

이렇듯 서로 다른 의견이 있기 때문에 투자자들 사이에 판단의 차이가 생기고, 이로 인해 호가창에서는 현재가를 기준으로 매도와 매수가 공존한다. 이는 투자자들이 합리적이지 않고, 시장 역시 효율적이지 않음을 보여주는 사례이다.

그래서 나타난 것이 '행동재무학(Behavioral Finance)'이다. 이 학문은 인간의 심리와 행동 패턴을 분석하여 주가 결정에 영향을 미치는 요인을 연구한다. 기존 가설이 주장하는 것처럼 투자자들이 항상 합리적 의사결정을 하고 시장이 효율적으로 작동한다는 전제와는 달리, 이 이론은 투자자들이 종종 비합리적이며 다양한 인지 편향에 의해 잘못된 결정을 내린다고 본다. 대표적인 인지 편향으로는 다음과 같은 것들이 있다.

- 과신 편향 : 자신의 능력을 과대평가하고 지나치게 자신하는 경향
- 확증 편향 : 자신의 의견을 뒷받침할 정보를 선택적으로 찾는 경향
- 손실 회피 편향 : 손실을 방어하기 위해 지나치게 리스크를 관리하는 경향
- 대표성 편향 : 과거 경험을 바탕으로 판단하는 경향
- 앵커링 편향(Anchoring Bias) : 초기 정보나 경험에 지나치게 의존하는 경향

행동재무학은 이러한 인지 편향을 극복하고 투자 판단의 합리성을 높이기 위해 다양한 접근법을 제시한다. 알고리즘을 이용한 최적화된 포트폴리오 구성, 인지 편향 체크리스트 활용, 명상이나 운동을 통한 감정 조절 등이 대표적인 예다. 그러나 이러한 이론들이 실제 투자에 얼마나 도움이 될지는 불확실하다. 어떤 투자자에게는 효과적일 수 있지만, 다른 투자자에게는 단지 공허한 말에 그칠 수도 있다.

그래서 각종 이론이나 가설에 치우치기보다는 시장의 틈새를 노리는 전략을 병행하는 것이 중요하다. 이는 실질적인 투자 환경에서 더 유연하고 현실적인 대응 방안이 될 수 있다.

앞으로 예정된 일정을 바탕으로 한 투자, 즉 '일정 매매'는 유효한 투자 전략 중 하나다. 이는 가까운 미래에 예상되는 일정과 이벤트를 기반으로 매매 전략을 수립하는 방식이다. 일정 매매란 정부 정책 일정, 정치적 일정, 대통령이나 주요 부처의 정책 발표 일정, 기업 대표의 주요 일정, 산업별 예정된 이벤트, 분기 실적 발표, 미국의 FOMC 회의, 그리고 미국 대통령이나 주요 부처 장관의 일정 등을 주의 깊게 관찰하고 활용하는 것이다. 이를 통해 이슈가 되기 전 선취매하고, 일정이 공개되어 주가가 상승하면 매도하는 방식으로 대응한다.

이 전략을 성공적으로 수행하려면 노력이 필수적이다. 투자자는 정치, 경제, 사회, 문화, 군사 등 다양한 영역에서 주가와 연계될 수 있는 정보를 수집하고, 국내뿐만 아니라 미국이나 주요 해외 국가의 고위 인사 동향 및 이벤트에도 관심을 기울여야 한다. 이러한 정보를 메모하며 정리하는 습관도 중요하다. 예를 들어, 2023년 5월 12일 일본 정부가 원전 오염수를 해양에 방류하겠다고 발표한 사례를 들 수 있다. 이후 일본은 국제 여론을 조성하고 방류 일정을 구체화하며 시장의 주목을 받았다. 이러한 일정은 일정 매매를 고려하는 투자자에게 중요한 정보로 활용되었다.

일정 매매의 장점은 노력에 대한 보상이 비교적 명확하다는 점이다. 그러나 단순히 일정만 파악한다고 해서 수익이 보장되지는 않는다. 가장 중요한 것은 해당 일정이 실제로 관련 주가에 영향을 미칠 가능성을 분석하고 판단하는 것이다. 정보 수집과 분석, 그리고 이를 바탕으로 한 전략적 대응이 일정 매매의 핵심이다.

이러한 일본 정부의 일련의 행동은 6월 관련주인 소금, 육계, 원양 어업, 심지어는 필터 기업까지 강세를 유발하는 계기가 되었다. 특히 인산가(소금 관련주)는 당시 1,750원 하던 주가가 4,395원까지 급등했는데 그 상승 기간은 불과 한 달도 걸리지 않았다. 그리고 잊혀져 가나 싶었지만 8월에 진입한 후 다시 점차 오르기 시작하더니 8월 말

~9월 초 방류 가능성에 대해 유추하는 투자자들이 매수하면서 2,000원 전후의 주가

가 다시 4,330원까지 올랐다.

　　인산가가 당시 유독 돋보였던 것은 해상 오염에 따른 소금 생산이 위축되면서 공급

부족에 따른 가격 상승 때문이다. 실제로 5월 31일~6월 6일 100%에서 6월 7일~6월

13일에는 917%까지 소금 거래가 폭증했음을 알 수 있다. 이 시기에 소금 가격은 온라

인상 천일염 20kg의 평균 거래 가격이 57,840원으로 5월 평균 거래 가격 31,540원

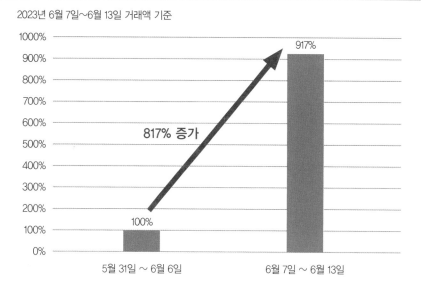

온라인에서 '소금' 거래액 급증

2023년 6월 7일~6월 13일 거래액 기준

817% 증가

917%

100%

5월 31일 ~ 6월 6일　　　　　6월 7일 ~ 6월 13일

자료: 커넥트웨이브 다나와

보다 무려 83%나 급등했다. 소금 사재기가 극심했다는 의미다.

　중요한 것은 일본의 해양 오염수 방류 문제가 두 번이나 반영되었다는 사실이다. 이러한 사실을 고려하면 위에서 언급한 과거의 정보는 이미 반영되어 더 이상의 가치가 없다는 효율적 시장가설론은 설득력을 잃는다. 그러니까 시계를 거꾸로 되돌려 도움이 될 만한 내용은 취해서 현시점에서 매수하고 매도해서 수익으로 연결하면 된다.

　하지만 너무 오래 우려먹은 재료는 소용 가치가 없다. 예를 들면 무더위가 시작 되기 전 선풍기, 에어컨, 아이스크림, 맥주나 탄산음료 등 여름 특수를 누릴 수 있는 종목군은 과거에는 통했지만 지금은 별 효과가 없다. 이러한 주식을 여름이 시작되면서 선취 매입한다고 해서 성과를 기대하는 것은 무리이다.

　일본의 해양 오염수 방류 사례처럼 중요한 정보가 등장했을 때, 투자자는 관련 뉴스를 주의 깊게 살피며 매수 타이밍을 포착해야 한다. 정확한 매수 시점을 맞추는 것에 집착하기보다는, 주가가 오르기 전이나 상승 초기에 선취매를 해두는 것이 중요하다. 예를 들어, 5월에 매수 타이밍을 잡아 선취매를 하고, 8월 초 다시 매수한 뒤, 이슈가 본격적으로 노출되어 주가가 오른 시점에 매도하는 전략이 이상적일 수 있다.

이처럼 정보를 바탕으로 선취매를 하고, 이슈화 시점에 매도하는 방식은 안전한 투자 방법이다. 하지만 단순히 정보를 수집하는 것만으로는 부족하다. 그 정보가 산업과 종목에 미치는 영향력을 분석하고 가치를 평가해야 한다. 수집된 정보가 산업 전반에 큰 파장을 미칠 것인지, 혹은 특정 종목에 강한 영향을 줄 것인지에 따라 투자 비중을 조정할 필요가 있다. 영향력이 크다면 비중을 높게 가져갈 수 있지만, 반대로 작다면 리스크를 줄이기 위해 투자 비중을 낮춰야 한다.

또한, 정보가 어떤 기업에 가장 큰 영향을 미칠지 판단하는 것이 중요하다. 예를 들어, 소금 관련주로 인산가가 주목받는 상황에서 관련성이 떨어지는 종목에 투자했다면 별다른 수익을 얻기 어려웠을 것이다. 정보를 분석한 뒤, 가장 영향을 크게 받을 종목을 미리 리스트화하고 준비하는 것이 바람직하다. 특히 업종이나 테마의 대장주를 사전에 파악해두면 적절한 대응이 가능하다.

매수 타이밍을 잡는 것도 신중해야 한다. 수집된 정보가 있다고 해서 곧바로 매수하는 것은 위험할 수 있다. 정보가 현실화되기까지 주가가 하락세를 보일 가능성도 있기 때문이다. 다급한 정보라면 빠르게 대응해야겠지만, 그렇지 않다면 언론 보도와 일정의 구체화를 살피며 적절한 매수 타이밍을 기다리는 것이 현명하다. 저점이 확인되어 차트상 더 이상 하락하지 않는 상황이라면, 점진적인 분할 매수를 통해 리스크를 분산하고 기다림의 피로도를 줄일 수 있다.

무엇보다 정보의 신뢰성에 주의해야 한다. 예를 들어, 바이오 기업의 신약 개발과 관련해 FDA 3상 승인 여부가 임박했다는 정보는 지금까지의 선례나 재료의 성격을 고려하면 성공을 보장할 수 없기 때문에 신뢰도가 떨어진다. 만약 실패로 끝난다면 주가는 급락할 수 있으며, 이 경우 매도조차 어려워질 수 있다. 그러나 불명확한 정보라 하더라도 매수세가 몰려 발표 전에 주가가 일정 수준 상승한다면, 재료가 노출되기 전에 차익을 실현하는 것이 안전한 투자 방법이다. 이처럼 정보를 분석하고 리스크를 관리하며 유연하게 대응하는 것이 성공적인 투자 전략의 핵심이다.

PART 4

수익을 만드는
최적의 타이밍 전략

하루가 멀다 하고 종목을 선택해야 하는 투자자로서는 선택을 잘하고 못하느냐에 따라 그날의 성적표가 달라지고, 얼굴 색깔도 달라질 수밖에 없다. 이 만만치 않은 일과를 쉼 없이 되풀이해야 하는 우리로서는 그리스 신화에 나오는 시지프스의 업보(바위)를 짊어진 셈이다. 그러니 수익과 손실을 반복하는 업보를 하루빨리 벗어 던질 수 있는 해법을 찾아야 한다.

투자는 첫 번째 선택하고, 두 번째 매수하며, 세 번째 보유하고, 끝으로 매도한다.

선택을 해도 매수하지 않으면 손익은 없다. 하지만 선택 없는 매수는 없다는 점에서 선택의 순간부터 손익의 도마 위에 오르게 된다. 선택은 운명을 결정하는 잠재적 투자의 한 부분이기 때문에 중요할 수밖에 없다.

투자는 매수 행위부터가 시작이다. 매수를 하면 보유하게 되고 일정 시점에서 매도함으로써 손실과 이익으로 귀결된다. 그러니까 매수한 후 오르면 이익으로 이어지고 매도를 통해 차익을 취할 수 있는 반면, 매수한 후 밀리면 손절해야 하는 상황에 처할 수밖에 없다.

결국 첫 단추인 매수를 잘해야 손절이 없고 팔기도 쉽다. 그리고 매도도 잘해야 이익을 잘 굳히거나 손절을 최소화할 수 있다. 매매 타이밍을 포착한다는 것은 결코 쉬운 일이 아니다. 투자자들이 주식 투자에서 성공하지 못하는 이유는 트레이딩의 실패 때문이다.

"매수 타이밍이 좋으면 손절이 없다."

이 말은 매수를 잘할 정도면 매도도 잘할 것이라는 뜻이다. 사실 말이 쉽지 실제로 매매하다 보면 매수가 그리 만만치가 않다. 수익이 나더라도 더 큰 욕심에 매도를 하지 않고 있다가 매수가 이하로 떨어져 곤란한 상황에 처하는 경험은 누구나 있을 것이다. 욕심도 욕심이지만 손절하는 것도 쉽지 않은 일이다. 매수부터 시작해 보유하고 매도하기까지, 어디 하나 쉬운 것이 하나도 없다. 그러니 투자가 어렵다는 말이 나올 수밖에 없다.

매수를 하고자 할 때는 필터 기법(일정 수준 상승으로 주가의 방향이 상승으로 전환한 후 매수)과 원초적 매수(하방 경직성으로 바닥이 확인될 때 매수) 두 가지 중 자신의 취향에 맞는 것을 선택해서 판단하고 행동하는 것이 바람직하다.

추세 전환을 포착하는
필터 기법

필터 기법은 우리가 흔히 사용하는 적삼병, 5일 평균선과 20일 평균선의 골든크로스, 상승 추세 전환, 일목균형표 구름대 상향 돌파 등이 대표적인 기법들로 일정 수준 주가가 올라야 상승 궤도에 진입한 것으로 해석해 매수하는 기법이다.

이러한 기법은 맞을 때도 많지만 틀릴 때도 많기 때문에 결코 정답일 리는 없다. 어떤 경우에는 이러한 기법들을 완성하고서도 주가가 떨어져 매수 타이밍이 상투가 되는 경우가 허다하다. 기술적 분석도 중요하지만, 당시의 시장 상황이나 여건을 고려해서 매수 여부를 판단해야 한다. 지금부터 필터 기법들에 대해 살펴 보자.

● 적삼병 ●

적삼병은 저점에서 양봉캔들(시가보다 종가가 높은 빨간색 캔들)이 연속해서 3개가 출현하는 경우를 의미한다. 분봉에서 출현하면 단기 상승 궤도에 진입했음을 의미하고, 일봉에서 출현했다면 중기 상승 추세로 이어질 수 있음을 뜻한다. 그리고 주봉이나 월봉에서 출현했다면, 장기 상승 트랜드(강세장)에 진입하고 있음을 의미한다.

원형에서 양봉캔들 3개의 출현은 적삼병으로, 이전의 하락세가 종료되고 상승 전환의 의미와 함께 매수 시그널이다.

적삼병 이후 주가 급등

이전까지 하락 기조를 크게 이어오다가 이러한 적삼병이 출현했다면, 주가의 방향이

바뀐다는 의미로 당연히 매수 시그널로 받아들여야 한다.

그런데 위의 그림을 보면 큰 하락 후 동그라미 안의 적삼병 출현 이후 재하락하는 모

습이다. 적삼병이 출현했으면 상승 기조로 전환되어야 하는데 오히려 하락하는 것은

무슨 경우일까? 적삼병이란 시가보다 높은 종가가 하루 이틀도 아니고 3일간 이어진

다는 것으로, 매수세가 이 세 개의 캔들이 진행되는 동안에 하락을 멈추게 할 정도의 힘으로 강한 에너지를 쏟아부었다는 의미이다. 그래서 상승 전환으로 인식할 수 있다. 그렇지만 이러한 시그널이 맞지 않은 경우도 제법 많다는 것을 쉽게 찾아볼 수 있다. 그림과 같은 상황이라면, 적삼병을 매수 신호로 받아들이기 힘들다.

그렇다고 해서 이를 완전히 무시할 수도 없다. 이를 활용해 매수를 하려면 신호가 출현했을 때 섣불리 매수하기보다는 이 종목에 해당하는 주변 여건을 살펴야 한다. 악재가 될 만한 요인은 없는지, 메이저들의 매도 전환은 없는지 등 부정적인 내용을 파악하는 것이 중요하다. 또한 주가가 상승할 만한 동인은 없는지도 따져서 신호에 대한 신뢰성을 확보하는 게 중요하다.

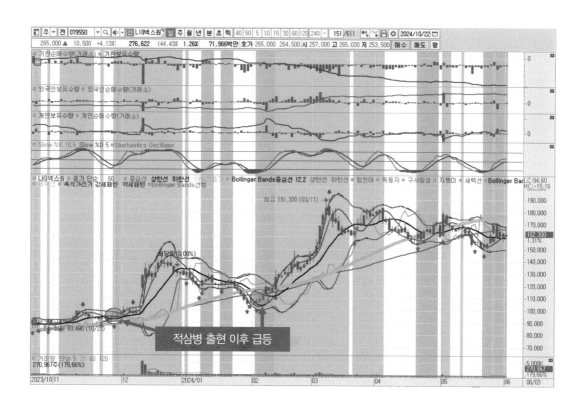

적삼병 출현 이후 급등

137

앞의 그림은 LIG넥스원으로 적삼병 출현 이후 강세를 보였음을 알 수 있다. 이는 러시아-우크라이나 전쟁으로 폴란드를 비롯한 동유럽 국가들이 러시아로부터의 위협에 대비한 한국산 무기 수입이 주요 이슈로 부각된 상황이다. 이 정도의 상승 요인이라면 주도주로 부상할 정도의 무게감을 지닌 강력한 호재다. 이러한 환경에서 나타난 적삼병은 유효성이 높다고 봐야 한다. 시장 흐름이 양호한 상황에서 적삼병을 활용한 매수는 효과적이다. 즉, 시장 환경이나 해당 종목의 우호적인 여건이 뒷받침될 경우, 적삼병은 신뢰할 수 있는 매수 지표로 활용할 수 있다.

• 이동평균선 골든크로스 •

5일 평균선은 주가보다 다소 후행성을 보이면서 움직이는 선이고, 20일 평균선은 이보다는 한결 뒤늦게 움직이는 선이다. 1주일 중 거래일 수가 통상 5일이다 보니 5일 평균선을 주로 이용하고, 20일 평균선은 한 달 중 거래일 수가 20일에서 22일 정도이다 보니 나름의 이유가 있는 지표들이다. 그래서 5일선은 자체 생명줄이고, 20일선은 구조용 밧줄로 여기기도 한다.

그랜빌은 이러한 5일의 단기선(20일의 중기선)과 중기선(75일, 120일, 또는 240일 장기선) 간의 관계가 중요하다는 생각에 단기선(중기선)이 중기선(장기선)을 치고 오르는 경우를 '골든크로스'라고 명명하고 매수 타이밍으로 삼았다. 물론 단기선이 중기선을 치고 오르는 골든크로스보다는, 중기선이 장기선을 치고 오르는 골든크로스가 더 신뢰성이 있다고 본다. "상승 기조로 전환하는 과정에서는 반드시 이 과정을 거친다."라는 말에 동의하지 않을 투자자는 없을 것이다. 그렇다면 이 명제에 대해 우리는 믿음과 신뢰를 보

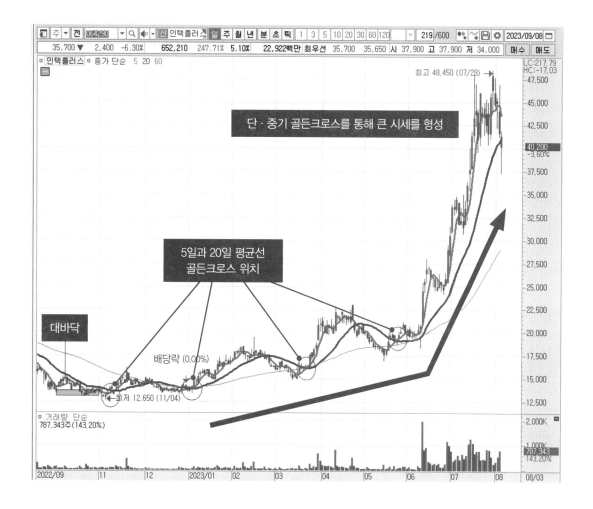

내고 매수하는 데 거침이 없어야 한다.

 위의 차트를 보면. 이전의 일방적인 하락을 종료한 후 대바닥을 굳힌 상황에서 5일
선과 20일선이 골든크로스를 보이면서 저점을 탈출한 모습이다. 이후 저점의 수위를
높여가면서 수차례에 걸친 크로스와 함께 결국 폭등세를 나타냈다. 20일선과 60일선
간 골든크로스(중기 골든크로스)로 표현해도 타이밍이 늦을 뿐 매수 타이밍은 성공적임
을 알 수 있다.

이 차트는 골든크로스의 중요성을 시각적으로 쉽게 이해할 수 있도록 제시한 것이
며, 해당 기법이 특별히 우수하다고 주장할 수는 없다. 우리가 간과하고 있는 것은 첫
번째 골든크로스 후 다시 데드크로스(5일선이 20일선을 하향 돌파하는 현상)가 있었다는 사
실이다. 데드크로스를 보고 지속적으로 홀딩할 수 있는지 의문이 드는 것도 사실이다.
혹자는 단기 골든크로스보다는 중기 골든크로스를 중요시해 단기 매수 시그널의 오류
를 피해야 한다고 주장한다. 하지만 오랜 기간 시장을 지켜본 바에 의하면 중기도 마찬
가지다. 지표란 일관성이 있어야 신뢰할 수 있는 것이지 그렇지 못한 지표를 바탕으로
투자할 수는 없다.

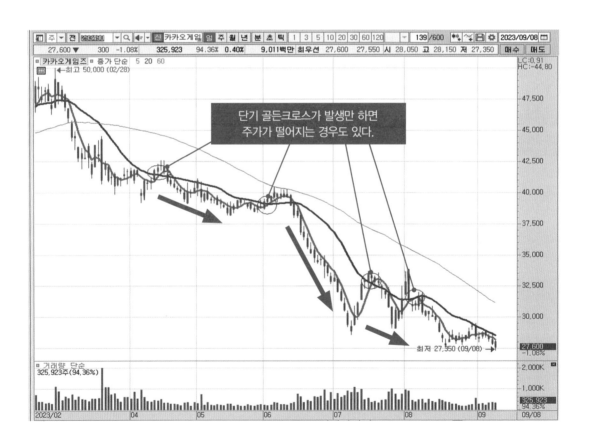

앞의 차트를 보면, 골든크로스에 대한 환상이 깨질 것이다. 단기 골든크로스가 발생만 하면 이후 일방적인 하락세를 나타낸다. 하락 트랜드이기 때문에 그렇다고 하겠지만 하락 초반(좌측) 골든크로스에서는 하락 트랜드로 진입했는지 분간이 안 되는 것이 현실이다. 이후 전개된 상황을 보고 하락 트랜드로 전환한 것으로 인식하지만, 냉정하게 보면 그림의 우측 두 번의 골든크로스 정도로는 상승 전환에 대한 믿음이 강할 수 있다. 하지만 이후 주가는 내리막길을 보이면서 매수한 투자자를 한숨 쉬게 한다.

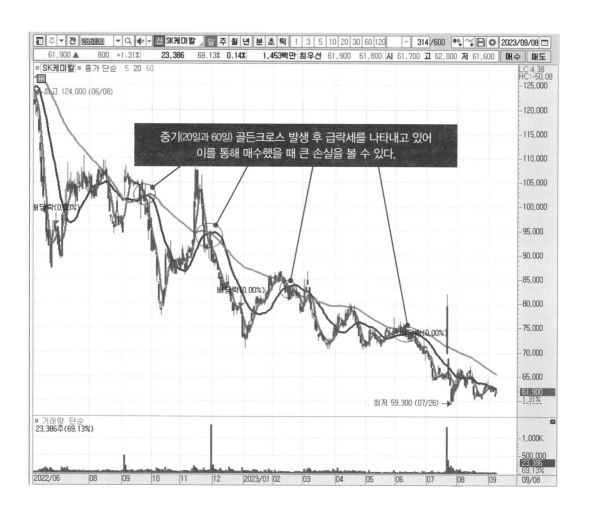

이 차트는 중기 골든크로스 시그널의 실패에 관한 것이다. 이를 보면 20일선의 60일 선과의 골든크로스도 못 믿을 지표임을 보여 주고 있다. 그러니까 단기가 안 맞으면 중기도 안 맞을 수도 있다. 어느 하나가 안 맞는다고, 잘 맞는 다른 경우의 예를 들어 핑곗거리를 만들 수는 없다.

지표가 안 맞으면 그대로 받아들여야 한다. 그 어떤 주가 분석에 관한 기술적 지표나 펀더멘탈 지표라도 모두 정확할 수는 없다. 만약 정확한 지표가 있다면, 시장은 존재하지도 않을 것이다.

하락을 하고 매수 시그널이 오류를 보이는 데는 그만한 이유가 있을 것이다. 우리는 그러한 이유를 알아내고 그 합당한 이유를 더 우선시해야 한다. 골든크로스가 아니라 그 할아버지라도 신뢰해서는 안 될 일이다. 그러니까 어쩌면 기술적 분석상의 매수 시그널보다는 자신의 시황관이나 오랜 기간 투자 경험으로 얻어지는 노하우가 더 우선되어야 할지도 모른다. 그렇지만 냉정한 분석으로 뚜렷한 하락의 이유가 없고, 우호적인 여건이 조성된다고 판단되면, 이러한 골든크로스의 신호가 유효한 것으로 받아들이면 된다.

• 추세 전환 •

추세 전환은 필터 기법의 대표적인 분석법 중 하나다. 주가는 방향을 타면 그 방향으로 계속 진행하려는 성격을 갖는다는 입장을 기본으로 한다. 주가의 움직임은 취보와 같다(Random Walk). 하지만 이러한 움직임 속에 질서가 있다고 본다. 주가는 오르고 내리는 것이고, 그 과정에서 추세를 타면 그 방향대로 지속하려는 성질이 있다. 그러니까 하락에서 상승으로 추세가 바뀔 경우 중요한 매수 타이밍이 되고, 이후 수익으로 연결될 수 있다.

추세는 상승도 있고, 하락도 있다. 그렇지 않은 것은 비추세 구간이다. 상승 추세 전환이 확인되면 매수하고, 하락 추세 전환이 확인되면 매도하면 된다. 비추세 구간은 그냥 일정한 진폭의 등락이 있을 뿐이기 때문에 단기 매매를 통해 치고 빠지는 전략을 구사하면 된다.

이번 장은 매수 타이밍에 관한 것을 알아보는 것인 만큼 추세보다는 전환점에서의 매수 타이밍에 대해 살펴보자.

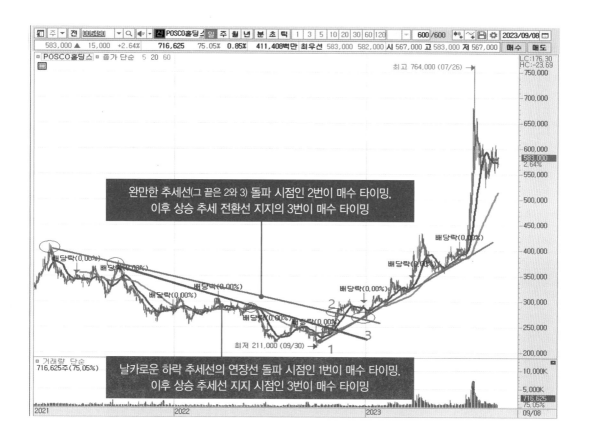

143

차트를 보면, 각각의 고점을 잇는 하락 추세의 두 선이 존재하고, 저점과 저점을 잇는 새로운 상승 추세선이 존재한다. 첫 번째 매수는 하락 기울기가 강한 하락 추세선을 돌파하는 1번이 매수 타이밍이고, 완만한 하락 추세선을 돌파하는 2번이 매수 타이밍이다. 그리고 3번은 새롭게 형성되는 상승 추세선의 지지가 확인되면서 매수 타이밍이 된다. 추세의 변화 시점을 분석할 때는 이전의 하락 추세에서 정확도가 높은 상승 전환점을 찾아 매수해야 하기 때문에 가능한 한 완만한 하락 추세선을 돌파하는 2번이 심화된 기울기의 하락 추세선을 돌파하는 1번에 비해 더 신뢰성을 갖는다. 그리고 3번은 이전의 하락 추세에서 상승 추세로의 전환을 알리는 의미 있는 시점이다. 이것이 확인되면 적극적인 매수 타이밍으로 본다.

추세 전환점을 고려한 매수 실행까지는 주가 저점에서 시간과 가격 차가 발생한다. 최저점에서 매수한다면 가장 이상적인 매수 타이밍이겠지만, 필터 기법은 이러한 갭을 버려야 하는 것이다. 추세 전환이 이루어지지 않은 상황에서 매수했다가 기존 하락 추세선에 얻어 맞고 떨어질 수도 있기 때문이다. 하락 기조에서 상승으로 전환할 때는 필터링이 필요하고 추세 전환 이후 상승분을 이익으로 갖자. 그 필터링의 기준이 되는 것이 바로 이전 하락 추세선의 돌파 여부인 셈이다. 하지만 추세를 돌파한다고 해서 매수하면 무조건 성공할 것이라고 확신하는 것도 잘못이다.

다음 그림에서 장기 하락의 저항 추세선 1번을 돌파하거나 보다 완만한 2번 하락 저항 추세선을 돌파할 때가 매수 타이밍이지만, 두 경우 모두 소폭 상승 후 일방적으로 하락하는 것은 물론 이전 저점마저 붕괴되는 양상으로 이어지고 있음을 볼 수 있다.

사실 추세 돌파 후 속임수도 많다는 점을 염두에 둬야 한다. 특히 우리가 인식해야 할 것은 장기 하락 후 추세선의 저항선을 돌파하고 추가 상승하면 추세 전환에 대한 믿음이 배가된다는 점이다. 이를 맹신하고 필요 이상의 매수 비중을 높여 큰 손실로 이어

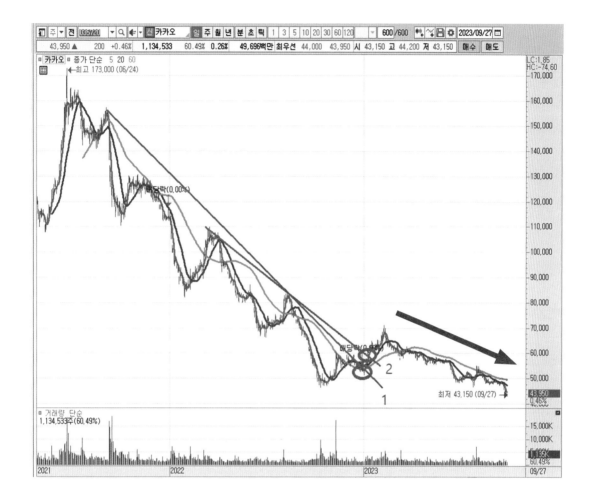

지는 경우도 많다.

　사실 카카오의 경우 2023년에는 미국의 금리 인상과 챗GPT의 핫한 부상, 한국 경
제의 위축과 증시 내부의 수급 악화 등이 겹치면서 상황이 매우 좋지 않은 시기였다.
그리고 2021년 이후 카카오의 순익이 급격하게 감소(2021년 순익 1조 6,462억 원에서
2023년 순익 4,000억 원 이하로 급감)하고 특별한 개선 기미도 없는 상황에서 주가의 추세
변화로만 유지되기는 어려웠다.

차트 하나만으로 주가 분석이 제대로 이루어졌다고 봐서는 오산이다. 분석 대상 기업의 내용이나 산업의 동향, 그리고 증시 여건 등을 종합적으로 분석하고 판단해서 결정해야 한다. 이를 바탕으로 추세 전환의 매수 시그널이 포착되었을 때 믿음을 가지고 매수하는 것이 합리적이다.

일목균형표의
한계와 중요성

　일목균형표는 1935년 일본의 유명한 차트 분석가인 일목산인(一目山人)이 창안한 것으로 주가의 중간값으로 주가의 균형을 파악해 미래 주가 방향을 예측하는 기법이다. 중간값이라는 것은 이동평균선과 같은 평균의 개념이 아니라 일정 기간의 고점과 저점을 합해 2로 나눈 중간값이다. 일정 기간이란 전환선(9개 캔들 간의 고가와 저가의 중간값), 기준선(26개 캔들 간의 고가와 저가의 중간값)을 확장해 각각 중간값을 그려낸 선행스팬1(26일 간의 고가와 저가의 중간값), 선행스팬2(52일 간의 고가와 저가의 중간값), 그리고 현재가를 26일 후에 그려가는 후행스팬 등을 한 차트에 그려낸다.

　여기서는 그 중요성과 문제점을 동시에 살펴본다. 일목균형표도 한계가 존재하지만 중요성도 높다. 객관적 입장에서 냉정하게 판단하고 해석해야 자신의 계좌를 잘 지킬 수도 있고, 잘 불려 나갈 수 있다.

　일목균형표는 전환선이 기준선을 상향돌파하면 호전, 하향돌파하면 역전이라는 표현을 쓴다. 마치 이동평균선의 골든크로스와 데드크로스와 유사하다. 다만 이동평균선은 평균 개념이고 일목균형표는 중간값의 개념이라는 것이 차이다.

여기서 우리가 알아야 할 것은 이동평균선은 주가의 변화에 따라 선의 변화가 즉각 반영되는 반면, 일목균형표는 주가가 고가와 저가의 사이에서 움직이는 동안에는 선의 변화가 일어나지 않는다는 사실이다. 이는 어쩌면 속임을 줄일 수 있다는 점에서 긍정적인 의미가 숨겨져 있을 수 있지만, 변화가 느려 시세의 흐름을 제대로 반영하지 못한다는 단점도 있다.

일목균형표는 또한 현시점에서 현재가를 26일 뒤에 그려나가는 후생스팬이 과거에 그려진 주가를 상향 돌파하면 '호전', 하향 돌파하면 '역전'이라는 표현을 쓴다. 호전의 경우 현재의 주가가 이전 주가에 비해 한결 안정적으로 움직인다는 의미이고, 역전의 경우 이전 주가에 비해 매우 안 좋은 움직임을 보인다는 뜻이다. 그러니 나름의 의미가 있다고 봐야 한다. 주가가 방향을 잡을 때 반드시 거쳐야 하는 과정이라는 점에서 중요하다.

주가가 쉽게 방향을 잡고 나간다면야 아무런 문제가 없다. 하지만 현실은 그렇지 않을 때가 많다. 여느 차트와 같은 입장인 셈이다. 특히 호전과 역전이 있은 후 어떤 이유에 의해 반대로 움직일 경우 뒤늦게 발생한 시그널로 인해 자칫 손절의 위험을 안을 수 있음은 유의해야 할 부분이다.

일목균형표가 가장 중요시하는 것 중 하나는 구름대다. 구름대는 선행스팬1과 2간의 공간을 말한다. 선행스팬1이 2를 치고 오른 이후를 '양운', 치고 내린 이후를 '음운'으로 표현해 각각의 구간을 붉은색, 파란색으로 표현한다.

양운으로 전환하는 시점을 매수, 음운으로 전환하는 시점을 매도로 해석한다. 그리고 주가가 구름대를 상향 돌파할 경우 매수, 구름대 이상에서 이를 하향 돌파할 경우 매도 신호로 본다. 가능한 한 두터운 구름대를 상향 돌파(쉽지 않음)하거나 하향 돌파(쉽지 않음)하는 경우보다는 얇아진 구름대를 상향 돌파(쉬움)하거나 하향 돌파(쉬움)할 때 더 신뢰성이 높다고 본다. 그리고 시간론은 더 복잡한 해석이 필요하다. 기본수치(9, 17, 26)와 복합수치(33, 42, 65, 76, 129, 172, 226)를 이용해 더 긴 기간의 수치가 만들어질 수 있고, 또 대등수치(같은 수치의 반복)도 있다. 이러한 시간론은 수없이 많은 수치가 만들어지고 이를 통해 변화일을 예측할 수 있다는 것이 일목산인의 주장이다.

앞에서 언급한 호전과 역전에 기본과 복합 수치, 그리고 대등 수치, 격의(분석 기간 중 중간에 불규칙 파동을 거친 후 다시 대등 수치가 재현되는 경우), 중의(격의와는 달리 대등 수치가 중첩되 경우) 등을 고려하면 그중 한 지표는 맞을 수 있다. 마치 벌과 나비가 촘촘하게 짜여진 거미줄을 통과하다가 걸리는 것과 같은 상황인 셈이다.

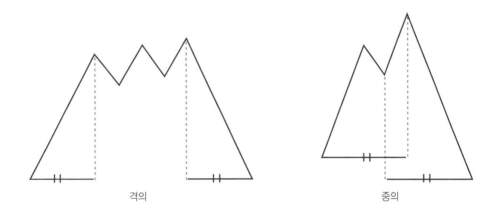

격의   중의

적용해야 할 지표가 사슬처럼 복잡하게 얽혀 있다 보니 같은 상황에서도 다른 해석을 해야 하는 자가당착에 빠져들 수도 있음을 유의해야 한다.

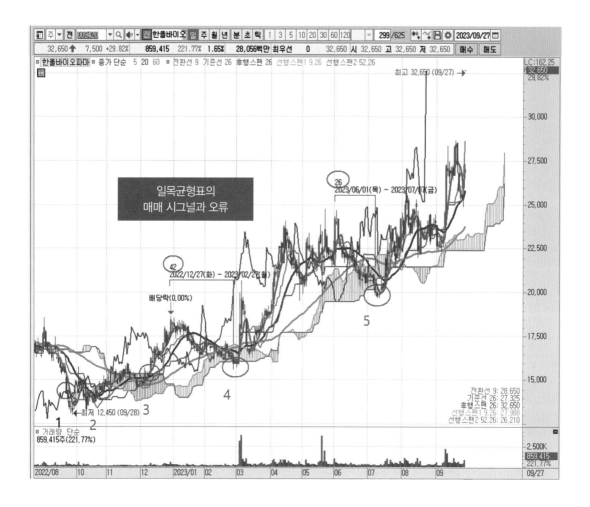

위의 그림은 1번의 후행스팬의 주가 상향 돌파의 매수 시그널과 2번의 하향 돌파의

매도 시그널을 보여주는 것으로 투자자의 입장에서는 성과가 없음을 보여주고 있다.

그리고 3번의 경우 구름대를 상향 돌파하면서 좋은 매수 타이밍을 제시해주어 분석의

의미를 더해 준다. 다만 아쉬운 것은 바로 직후 후행스팬이 주가를 하향 돌파하면서 매

수 시그널에 자신감을 떨어뜨린다는 점이다. 이후 4번은 구름대를 하향 돌파해 강력한

매도 시그널인 반면, 직전 고점 이후 복합수치 42일로 변화일의 매수 시그널을 나타내

분석에 혼선을 가져올 수 있다. 5번의 경우도 구름대를 하향 돌파해 속임이 발생할 수 있었던 상황에서 직전 고점으로부터 26일 기본 수치가 변화일의 매수 신호를 보여줌에 따라 역시 혼란스럽기는 마찬가지다.

매매 오류에 대해 파동론, 가격론 등을 내세울 수도 있지만, 분석 지표에 있어 일관성이 없다면 여느 지표와 다를 바가 없다. 물론 이러한 현상은 일목균형표만의 문제가 아니고 모든 분석 지표에 해당한다.

확률과 통계로 읽는 볼린저밴드

국내 볼린저밴드의 대중화를 주도했던 필자는 볼린저밴드에 대해서도 같은 입장이다(《한옥석의 볼린저밴드 실전투자법》 참고). 다만 볼린저밴드는 단순하고 이현령 비현령식의 모호한 해석이 아니라 매수, 또는 매도 중 확실한 한 가지 방향만을 제시한다. 또한, 다른 조건이 일치한다면 선택된 매수나 매도의 정확성이 다른 지표에 비해 높다는 점이 차이라고 본다. 그 이유는 볼린저밴드의 기본적인 알고리즘이 확률과 통계에 기반하고 있기 때문이다.

투자를 판단하고 결정함에 있어 과정은 매우 중요하다. 과정이 논리적이지 못하면 수익을 달성했다고 하더라도 우연일 뿐이며 실력에 의한 성과가 아니다. 다음 투자에 성공하리라는 보장이 없는 셈이다. 논리적 분석 과정을 통해 투자를 하고 수익을 낸다면 이는 성공횟수가 많아질 것이며, 여건의 이상 변화가 없다면 실력자로 자리매김할 수 있을 것이다.

$$2 + (3 \times 3) - 1 = ?$$

이러한 연산식을 푸는 과정을 모르는 사람과 아는 사람의 값은 달라야 한다. A는 2+3은 5가 되고, 5 곱하기 3은 15, 그리고 1을 빼어 그 값은 14가 나왔다. 틀린 답이다. 그런데 A가 답으로 10을 제시했다면 푸는 논리는 틀리고, 결과값만 맞은 셈이다. 논리적인 B는 곱셈과 더하기와 빼기 순으로 답을 구해 정답 10이라는 수를 얻었다. 분명 A가 B의 답을 커닝했거나 우연히 맞췄을 가능성이 높다. 그리고 다음 비슷한 시험 문항을 접하고 감독이 엄격하다면 A는 틀릴 것이고, B는 정답을 쓸 것이다. 그러니까 문제를 푸는 과정이 맞아야 하는 것이다.

주식 투자도 마찬가지다. 예가 지나치게 단순하지만, 여기서 이야기하고자 하는 것은 논리적일수록 확실히 성과도 좋을 뿐만 아니라 실력을 갖춤으로써 성공적인 투자를 이어나갈 수 있다는 점이다. 그리고 분석의 도구가 과학적이고 수학적이라면 이를 완벽하게 이해한 투자자에 한해 단순한 평균 개념을 통한 분석자보다는 한결 높은 정확도를 기대할 수 있다. 분석의 고도화는 투자의 필수 사항이다. 익숙한 이동평균선이나 캔들 등에 근거해 매매하는 투자자들이 많다. 이런 지표에 대해서 해박한 지식을 갖추고 있겠지만, 그것만으로 투자할 준비가 다 되었다고 보는 것은 편협한 사고다.

기존의 지표에 대한 높은 이해도를 바탕으로 볼린저밴드에 대한 공부를 더해 기술적 분석의 정확도를 높이는 것이 중요하다. 볼린저밴드는 확률에 근거한 분석법인 만큼 이를 뒤집는 '팻 테일 리스크(Fat Tail Risk, 돌발호 악재)' 즉 돼지꼬리 위험이 없다면 매우 성공률이 높은 지표다. 돼지꼬리는 우리가 보기에는 별로 쓸모가 없을 것 같다. 너무 짧고 털도 없어 부끄러운 부분을 가리기도 어렵고, 그렇다고 자신을 괴롭히는 파리와 같은 해충을 쫓는 데도 실용적이지 않다. 하지만 꼬리에 아픔을 가하면 돼지는 기겁

한다. 하찮고 대수롭지 않지만, 발작을 일으키는 경우가 '팻 테일 리스크'다. 사실 이러한 갑작스런 호재와 악재를 예측할 수 있는 도구는 없다. 그러니 이러한 현상 앞에서는 별수 없이 당할 수밖에 없다. 여기에 무슨 기술적 분석이나 기본적 분석이 통하겠는가? 모든 분석 도구는 이러한 돌발 상황이 없다는 전제하에 유효성을 갖는 것이지 이러한 돌발 상황 앞에서는 무용 지물이라는 점도 유념해야 한다.

볼린저밴드는 확률에서 정규 분포도를 기반으로 만들어진 지표다. 이는 위에서 언급한 평균(이동평균선)의 개념이나 고가와 저가의 중간값(일목균형표. 일목균형표의 경우 시간론 등이 이를 커버해 주기도 한다)을 토대로 한 분석 기법과는 다르다. 평균이나 중간값을 무시하는 것이 아니라 평균과 중간값을 고려하면 이치상 후행성을 면하기가 어렵다는 단점이 있다. 주가가 파행적으로 움직일 경우 후행성 지표는 매수 타이밍이 고점이 될 우려가 있다는 점도 유의해야 할 부분이다. 우리가 자주 당하는 경우이기도 하다.

볼린저밴드 살펴보기

볼린저밴드도 중심축은 이동평균선이다. 볼린저밴드는 3개의 선으로 이루어지는데 가운데 선이 중심선이고 이는 이동평균선이다. 이 중심선을 존 볼린저(John A. Bollinger)는 20선을 사용하고, 필자는 12선을 사용한다(《한옥석의 볼린저밴드 실전투자법》 참고). 내가 12선을 사용하는 이유에 대해 명쾌한 답변은 없지만, 국내 유수의 기업, 미국 등 글로벌 기업들은 물론 지수, 파생, 환율 등에 대해 꽤 많은 대상에 대한 검증과 매매 타이밍의 정확도를 거쳐서 나온 수치라는 점을 밝혀두고 싶다. 그리고 실전 검증을 거친 것보다 더 명확한 답변은 없다.

매수나 매도에 정확성을 높이려면 중심선 설정을 '20선'보다는 '12선'으로 두는 것이 더 낫다고 본다. 존 볼린저는 한 달 거래 일수를 따져 '20선'을 고려한 것으로 보이지

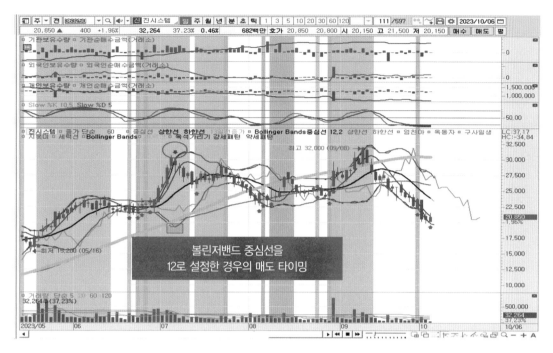

볼린저밴드 중심선을
12로 설정한 경우의 매도 타이밍

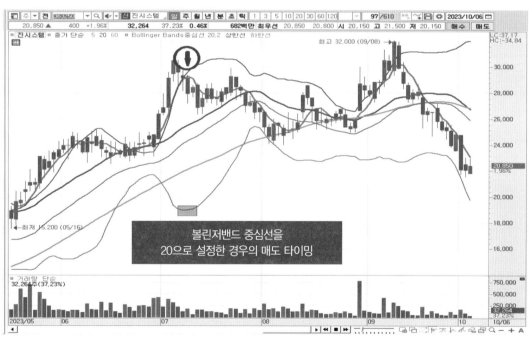

볼린저밴드 중심선을
20으로 설정한 경우의 매도 타이밍

만, 필자는 통계적 결과치를 바탕으로 매매의 정확도를 고려해 '12선'를 사용한다.

앞 페이지의 그림은 동일한 종목, 같은 시점에서 볼린저밴드의 중심선을 12선과 20선으로 설정하고 매도 타이밍을 비교한 것이다. 12의 중심선(앞 그림)을 토대로 한 하한선의 상승 반전 시점에서의 매도가 20의 중심선(뒷 그림)을 바탕으로 한 하한선의 상승 반전 시점에 비해 한발 먼저 매도 타이밍이 주어졌음을 알 수 있다. 물론 이는 하나의 예시에 불과하지만, 주봉이나 월봉 등 다양한 지표에서도 중심선 설정값에 따라 매매 타이밍의 확연한 차이가 있음에 주목하자. 그리고 이 중심선을 축으로 상하 2σ씩 동일한 밴드를 구성한 것이 볼린저밴드다.

'중심선+2σ'를 한 것이 상한선이며, '중심선−2σ'를 한 것이 하한선이다.

상한선 = 중심선(12) + 2σ

하한선 = 중심선(12) − 2σ

여기서 σ는 정규 분포도의 표준편차를 뜻하며, 통계 집단의 분산 정도를 나타낸다. 골치 아프게 수학을 공부하는 게 아니라 일반적으로 사용하는 통계학적인 수치를 빌려 이를 매매에 활용하면 된다.

볼린저밴드는 중심선으로부터 아래위로 2σ씩 동일한 간격의 밴드를 구성하는 것이다. 그리고 그 밴드 내에 주가가 위치할 확률은 95.44%이고 밴드 밖으로 나갈 확률은 4.56%이다. 그러니까 주가는 평균(12선)을 중심으로 주로 상하로 움직이고 밴드 내부에서 움직이지만 밖으로 나갈 경우도 있다.

정규 분포도가 종 모양으로 이루어지면 정확도가 높아지겠지만, 그렇지 않은 때도 있는데, 바로 '팻 테일 리스크(Fat Tail Risk)'의 경우다. 이것은 정상적인 정규분포도가 아니라 기형의 정규분포도를 갖는다. 정규분포도의 꼬리가 더 커지며 밴드 밖, 그러니까 상한선이나 하한선 위아래에서 큰 주가 변화가 나타난다.

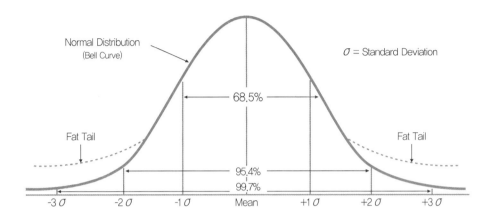

위의 그림에서 +2σ 우측의 점선과 −2σ의 좌측 점선이 정규분포도의 실선을 각각 웃돌고 있다. 정규분포도 선이 정상적인 예측선이라면 점선은 예측 불가의 변동성(돌발 변수)이 야기되는 부분인 셈이다.

대형 호재가 터져 주가의 이상 급등이 이루어질 경우나 체계적 리스크(피할 수 없는 시장 전체의 위험)이 발생할 경우에 나타나는 현상이다. 그러니까 시장의 분위기가 극단의 낙관이나 비관론이 지배하면서 예상치를 벗어나는 경우가 팻 테일 리스크이다. 이 시기는 시장을 예측한다는 것이 무의미하며, 그 어떤 유능한 시장 전문가나 이코노미스트들도 별 볼 일 없는 존재로 만들어 버린다.

팻 테일 리스크는 밴드 밖의 4.56%에서 발생하는 것, 그러니까 예측 불가의 영역에서 주가의 파행적 움직임이다. 발생 확률이 높지 않지만 발생하면 이상 급등락이 이루어지는 만큼 해당 시점에서의 증시 주변 상황을 잘 이해하는 것이 중요하다. 의심이 간다면 분산이나 바벨 전략이 바람직하지만, 가능한 한 주식 비중을 낮추고 현금 비중을 높이는 전략이 안전하다. 볼린저밴드가 아무리 뛰어난 분석 지표라고 해도 이러한 한계성은 있다. 그러면 팻 테일 리스크 발생 이후 매매 대응은 어떻게 해야 할까?

기회를 노리는 측면에서 팻 테일 리스크가 호재로 작용할 경우, 적절한 매도 타이밍이 중요하다. 반대로 악재로 작용할 때는 매수 타이밍을 적절히 포착하는 것이 핵심이다. 무엇보다 정확성이 필수라는 점은 두말할 필요가 없다.

팻 테일 리스크가 발생하면, 호재로 인한 경우에는 매수가 집중되면서 단기간에 급등할 가능성이 크다. 하지만 과도한 매수로 인해 현금 소모가 커질 수 있으므로, 고점에 대한 경계심을 가져야 한다. 반면, 악재로 인한 경우라면 매물이 대량으로 쏟아지며 단기간에 급락할 수 있으나, 과도한 매도세로 인해 저가 매수의 기회가 될 수도 있다. 실제 사례로 과거 이라크 전쟁 당시에도 비슷한 흐름이 나타난 바 있다.

• 팻 테일 리스크에 의한 매도 타이밍 •

대형 호재에 의한 '돼지꼬리위험'은 볼린저밴드 상 주가가 상한선 위에서 강세 행진을 이어나가는 경우로 이때의 볼린저밴드의 등식은 다음과 같다.

주가 > 상한선 > 중심선 > 하한선(급등 패턴)

(단, 주가, 상한선, 중심선의 기울기는 상승하고 하한선의 기울기는 하락)

그러니까 볼린저밴드 상 주가 급등을 동반한 밴드 확장이 심화된다. 이럴 경우에는

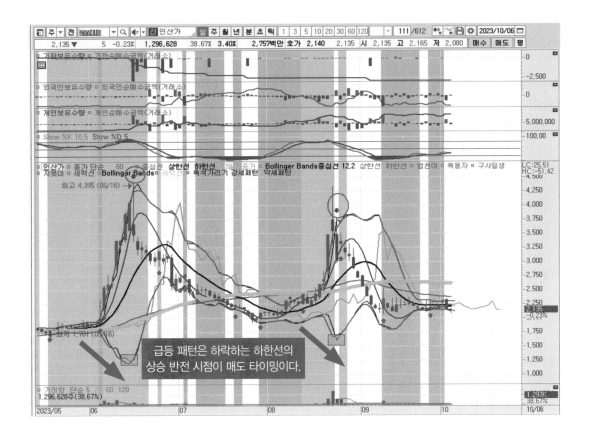

수축 전환의 첫 신호인 하한선의 상승 반전 시점을 매도 타이밍으로 본다.

위의 그림은 인산가로 소금 관련주의 대표 종목이다. 일본의 방사능 오염수 방류와 관련해 쇼킹한 호재에 의한 팻 테일 리스크의 전형을 보여준다. 주가는 상승하는 상한선 위에서 급등하고, 주가 급등은 중심선의 상승은 물론 하한선을 급락시키면서 밴드 확장을 심화시킨다. 이는 주가가 밴드 내에 위치한 확률 95.44%를 벗어난 팻 테일 리스크다.

그림의 좌측과 우측 모두 확장된 밴드로 하한선의 상승 반전 시점에서 효과적인 매도 타이밍을 보여준다. 이러한 분석법은 일봉만이 아닌 분봉이나 주봉 등에도 동일한 분석법이 적용된다. 다만 분봉은 단타 투자에, 주봉은 중장기 투자에 적용한다.

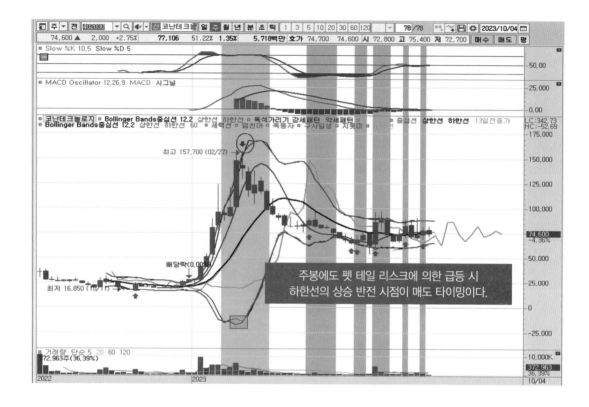

위의 그림은 팻 테일 리스크에 의한 급등 패턴에서 하한선의 상승 전환 시점이 매도 타이밍임을 보여준다. 원래 주가가 조용한 움직임을 보일 때는 안정적인 수익을 추구할 수는 있지만, 팻 테일 리스크가 발생하면서 큰 변동성을 보일 때 높은 수익과 큰 손실이 따르는 법이다. 다만 이를 잘 활용하는 것이 중요하다.

팻 테일 리스크가 진행되는 동안은 하한선이 하락하는 구간으로 이러한 급등 기간에서는 매도할 필요가 없다. 끝까지 홀딩하여 하한선의 상승 반전 시점에서 매도해야 한다. 참고로 위의 매도 타이밍은 필자가 조건을 적용해 매매 타이밍을 자동 매도 신호화한 것(옥석 가리기 주가 분석 프로그램)으로 장 마감 후 발생하는 것이 아니라 실시간 매도 신호(고점 화살표)이다. 그리고 경우에 따라 고점을 치는 날 높은 가격에서 매도 시그널이 출현할 때도 있고, 한발 먼저 고점 직전에 출현하기도 하며, 고점 직후 하루 늦게 출현하기도 한다.

팻 테일 리스크에 의한 매수 타이밍

대형 악재가 출현했을 때 팻 테일 리스크에 의한 볼린저밴드 공식은 다음과 같다.

주가 < 하한선 < 중심선 < 상한선(급락 패턴)

(단 주가, 하한선, 중심선의 기울기는 하락하고 상한선의 기울기는 상승)

이때 주가, 하한선, 중심선의 기울기가 하락하고 상한선의 기울기가 상승하면서 볼린저밴드의 형태가 크게 확장되는 모양이다. 이럴 때는 밴드 수축 전환의 첫 변화가 상한선의 하락 반전이다. 동시에 이 시점이 매수 타이밍이다. 그러나 이때는 급락에 따른 반등으로 해석해 단기 반등의 성격을 갖는다. 매수가 이루어졌다면 단기 반등할 때 매도 후 다시 기회를 노려야 한다.

다음 그림에서 보면 주가 급락이 진행되는 팻 테일 리스크 하에서 확장된 밴드는 상한선이 상승하다가 하락 전환할 때가 매수 타이밍이다. 이 시점이 주가의 저점이지만 투자자들의 입장에서는 추락하는 상황에서 매수할 엄두를 내지 못한다. 하지만 생각보다 안정적인 방법이고 매수 타점이 좋다. 다만 모든 것이 다 완벽할 수 없는 만큼 효율성을 높이기 위해서는 가능한 한 상승 기조(60일이나 240일 평균선이 상승 과정)일 때 적용하면 신뢰성이 높다.

팻 테일 리스크에 대해 볼린저밴드를 활용해 매매하는 기술은 통계적 특성을 고려해 상하선의 변화 시점을 활용한 매매법으로 필자가 최초로 제시한 매매법이다.

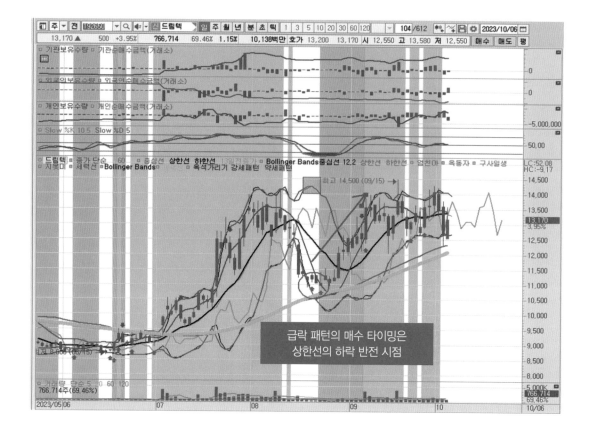

급락 패턴의 매수 타이밍은
상한선의 하락 반전 시점

일반적인 볼린저밴드 매매 기법

볼린저밴드는 정규 분포도를 기초로 만들어진 통계와 확률 분석 기법이다. 그래서 이에 준해 매매 전략을 구사하는 것은 기본이다. 주가는 볼린저밴드 내에 위치할 확률이 95.44%이고, 상한선의 상향 돌파와 하한선의 하향 돌파 확률이 각각 2.28%씩 합쳐서 4.56%(편의상)이다. 팻 테일 리스크 상황이 아니면 상한선과 하한선을 이탈한 주가는 밴드 내부로 되돌아올 확률이 95.44%로 높다. 이 의미는 상한선과 하한선에서 중요한 매도, 또는 매수 전략이 존재할 수 있음을 의미한다. 주식 투자는 확률 게임이다. 높은 확률이 존재하는 방향으로 베팅하는 것은 당연하다.

먼저, 주가가 하한선 이하로 첫 진입했을 때의 매수 타이밍이다. 이때 팻 테일 리스크가 아니라면 하한선 이하 진입 시점이 매수 타이밍이다. 그 이하로 이탈할 확률은 4.56%에 해당하며, 이후 낙폭을 줄이거나 반등하면서 하한선 위로 복귀할 확률은 95.44%로 높은 성공률을 갖기 때문이다. 물론 이러한 분석법은 주로 단타로 활용하는 기법이다.

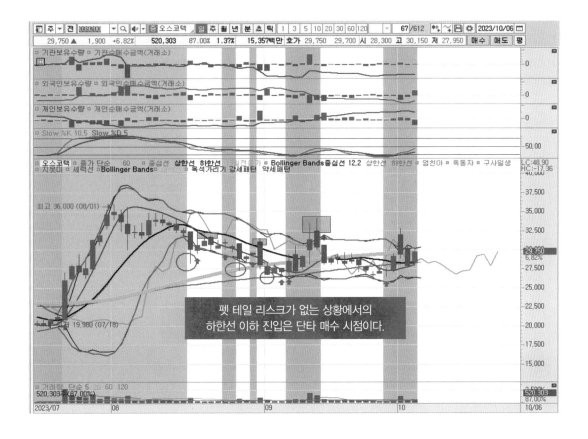

펫 테일 리스크가 없는 상황에서의 하한선 이하 진입은 단타 매수 시점이다.

위의 그림을 보면, 고점 이후 약세 국면을 보이지만, 하한선 이하로 진입하면 높은 확률로써 단타 수익으로 연결된다는 사실을 알 수 있다. 이는 팻 테일 리스크 상황이 아니면 95.44%의 확률로 정확하다. 즉 하락하는 주식을 후행적 매수가 아닌 선취 매입해서 수익을 얻는다는 것인데, 막상 하락하는 주식을 매수한다는 것이 쉽지 않다. 무엇이든 정확하고 논리적이지 않으면 접근하기가 어렵다.

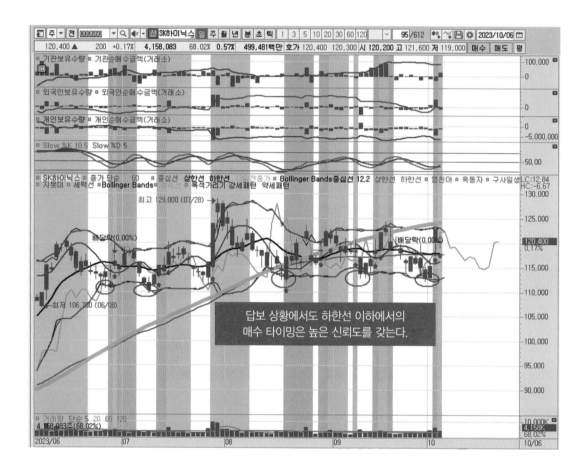

위의 그림에서 보면 하한선 이하로 진입하는 순간 여지없이 반등세로 이어지고 있음을 알 수 있다. 그러니까 투자자들이 두려워하는 하락 시점이 하한선 이하의 위치이고, 이때가 매수 타이밍인 셈이다. 중요한 사실은 이전 저점을 붕괴시키는 순간(추세 붕괴)

에서도 여지없이 오른다는 것이다. 하물며 밴드 하한선이 상승으로 진행되는 경우는 두말할 필요가 없다. 내용이 좋거나 추세적 상승이 이루어지는 상황에서 일시 조정을 보이는 경우 유용하게 쓰일 수 있는 분석 기법이다.

그런데 하한선 이하로 진입한다고 무조건 매수할 수 있을까?

여기서 중요한 사실은 하한선 이하로 진입하는 데 있어서 기준이 필요하다는 점이다. 급락 패턴과 명확히 구분하기 위해 필요한 조건을 갖추어야 한다. 지금부터 두 가지 관점을 살펴보자.

첫째, 하한선 이하로 진입하는 (현재의)캔들 이전에 2개의 캔들이 하한선 위에 존재해야 한다.

현재의 캔들이 하한선 이하이면 매수 타이밍이 유효한 것으로 해석한다. 하한선 이하 연속되는 것은 급락 패턴에 해당하기 때문에 이러한 충분 조건이 필요하다.

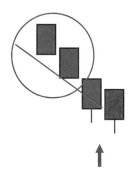

하한선 하락에도 이전 두 개의 캔들
(동그라미 내)이 하한선 위에 위치한 후
당일 캔들이 하한선 이하 진입 시 매수(화살표)

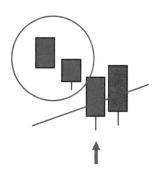

하한선이 상승일 때도
하한선 이하 진입 시 매수

둘째, 하한선 이하 진입한 캔들이 1개가 아닌 2개가 연달아 나타나서는 안 된다.

이 경우는 급락 패턴으로 해석해 상한선이 꺾일 때를 매수하는 시점으로 보기 때문이다. 매수를 했더라도 이러한 현상이 이어진다면 즉각 손절하는 것이 바람직하다.

이를 정교하게 매수하고 싶을 때는 하위 지표의 움직임을 참고해 매수 타이밍을 포착하면 된다. 일봉에 대한 하위지표는 30분봉, 60분봉, 240분봉이고, 주봉에 대한 하위지표는 일봉이며, 월봉에 대한 하위지표는 주봉이 된다.

이들 하위 지표는 그 상위 지표가 하한선 이하로 진입 시점에서 급락의 팻 테일 리스크 형태(급락 패턴의 형태)로 나타난다. 이때 매수 타이밍은 앞서 설명한 대로 상한선이 아래로 꺾일 시점이다. 현재의 캔들에서 저가선 하단에서 매수하는 게 좋다.

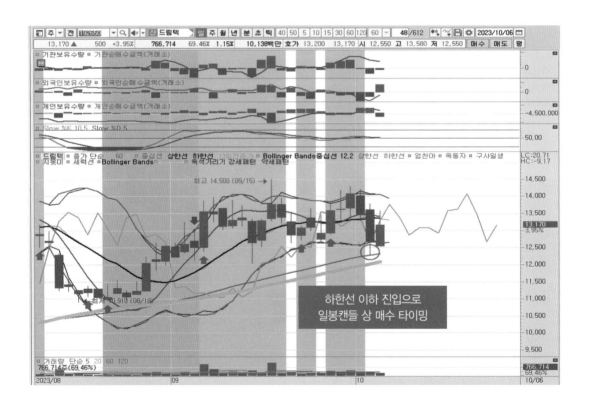

일봉의 매수 타이밍을 더 정교하게 포착하려면 하위 지표인 30분봉이나 60분봉 등을 통해 상승하는 상한선이 하락 전환할 때 매수 타이밍으로 포착한다.

앞의 일봉 그림을 하위 지표인 30분봉으로 보면 다음 그림과 같다. 일봉에서 95.44%의 높은 확률로 매수 타이밍이 포착되고 이에 더해 진행 중인 30분봉이나 60분봉에서의 급락 상황에서 상한선이 아래로 꺾이는 정교한 매수 타이밍을 포착한다는 것은 거의 예술에 가깝다. 이러한 방식의 투자는 단기투자자에게 적합하지만 수익을 내기 위해서는 장기든 단기든 가장 좋은 타이밍을 포착해야 한다는 사실은 변함없다.

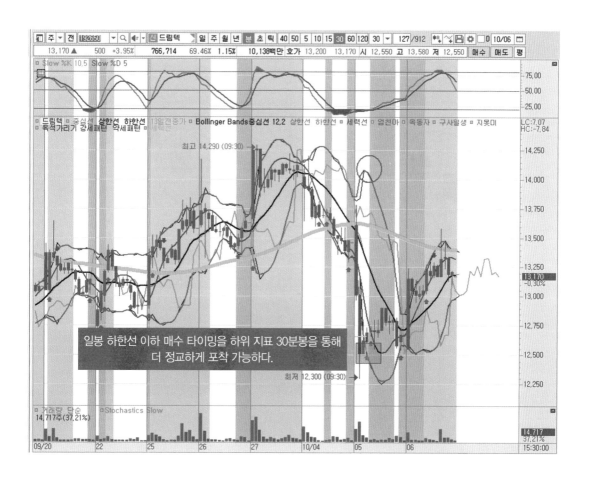

일봉 하한선 이하 매수 타이밍을 하위 지표 30분봉을 통해 더 정교하게 포착 가능하다.

상한선을 상향 돌파할 경우 매도 타이밍

상한선을 상향 돌파할 때는 대형 호재로 인한 팻 테일 리스크가 없는 정상적인 흐름을 고려할 때의 매매법이다.

당연히 상한선을 상향 돌파하는 순간은 매도 타이밍이다. 이전 두 개의 캔들이 상한선 이하에 위치하고 있다가 현재의 캔들이 상한선을 갑자기 돌파할 경우 매도 타이밍으로 본다. 이는 상한선을 돌파활 확률 4.56%에 불과하고 밴드 내부로 재진입할 확률이 95.44%로 매우 높기 때문이다.

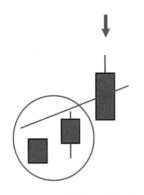

상한선 상승에서 이전 두 개의 캔들이
하한선 이하에 위치하고
현재 캔들이 상한선을 돌파 시 매도

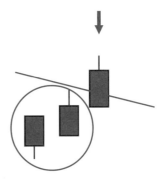

상한선 하락에도 이전 두 개의 캔들이
하한선 이하에 위치하고
현재 캔들이 상한선 돌파 시 매도

캔들 두 개가 상한선 이하에 위치해야 하는 것은 상한선 위로 지속적으로 치솟아 오르는 급등 패턴과 구분하기 위함이다. 단타 매도할 때는 이 조건을 반드시 충족한 상태에서 현재의 캔들이 상한선을 치고 오를 때를 매도 타이밍으로 포착한다.

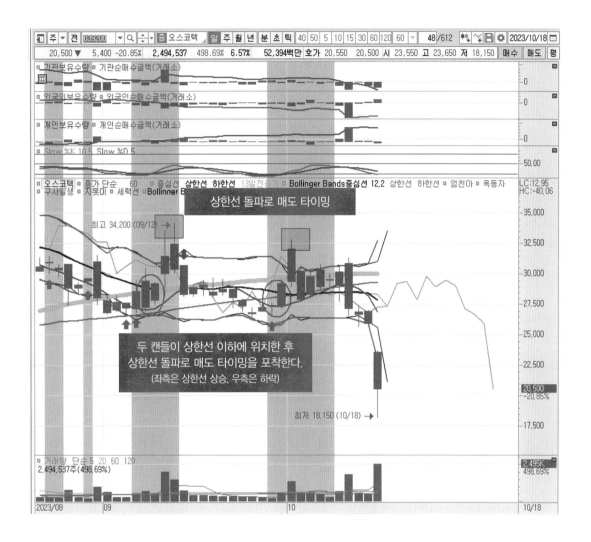

위의 그림은 좌측에서 상한선이 상승의 기울기를 나타내는 가운데 이전 두 개의 캔들(원내)이 상한선 아래에 위치하고, 우측의 경우 상한선이 하락하는 가운데 이전 두 개의 캔들(원내)이 상한선 이하에 위치한 상황에서 각각 상한선을 돌파했을 때 매도함으로써 매도 타이밍의 정확성을 보여주고 있다.

이러한 방식의 투자는 팻 테일 리스크가 없는 상황에서 주가가 볼린저밴드 내에 위치할 확률 95.44%를 활용한 대응법이다. 앞서 설명한 하한선 이하의 경우도 마찬가지다.

그러면 일봉상 밴드 상한선을 상향 돌파하는 시점에서 매도의 정확도를 높이려면 어떻게 해야 할까? 바로 일봉의 하위 지표인 30분봉이나 60분봉(초단타의 경우 5분봉)에서 확장된 밴드에서 하락하는 하한선이 상승 반전할 때 매도 타이밍을 포착하면 된다. 바로 앞서 설명한 급등 급락 패턴의 밴드 확장기의 매매 전략을 활용하는 것이다.

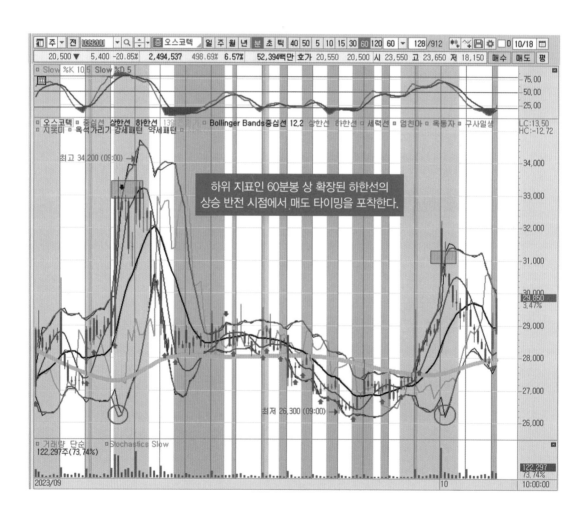

하위 지표인 60분봉 상 확장된 하한선의
상승 반전 시점에서 매도 타이밍을 포착한다.

앞의 그림은 직전 일봉 차트의 매도 타이밍을 하위 지표인 60분봉의 볼린저밴드 하한선의 상승 반전 시점(확장된 밴드의 수축 전환 시점)을 통해 정확한 매도 타이밍을 보여준다. 하지만 예외가 있다는 점도 잊지 말아야 한다. 주가가 충분히 하락한 후 바닥을 확인하는 과정에서 상당 기간 저점에서 머물다보면 볼린저밴드 상 수축 현상이 극도로 심화되는 경우가 많다. '바닥 시세 100일'이라는 말이 있듯이 그만큼 바닥을 확인하는 과정은 지루하게 이어진다.

볼린저밴드 상 바닥 확인은 밴드 수축 기간이 꽤 길게 지속된다는 것이다. 이러한 수축 현상이 심화되고 나면 언젠가는 다시 확장으로 이어지게 된다. 볼린저밴드의 특성이 수축과 확장의 반복이기 때문에 언제까지나 수축 과정을 이어나갈 수는 없다.

주가가 바닥을 탈출하면 일단 볼린저밴드 상한선을 돌파할 수밖에 없다. 주가가 바닥을 찍고 탈출할 때 일반적인 현상이다. 지루한 수출 국면 후 상한선을 돌파는 순간이 확장의 첫 신호인 셈이다. 이때는 주가가 더 이상의 등락을 반복하는 것이 아니라 방향성을 갖는다는 의미로 해석하며, 상승 쪽으로 방향을 정한 것이다.

그래서 이 순간에서는 상한선을 돌파했다고 해서 매도해서는 안 된다. 오히려 매수를 고려해야 한다. 특히 거래량의 증가가 강화되면 더욱 그렇다. "보합은 무너지는 쪽으로 붙어라"라는 시장의 격언이 이에 해당한다. 바닥의 기간, 그러니까 볼린저밴드 수축 기간이 길면 길수록 상승폭도 커지는 경향이 강하다. 주가가 계곡을 이루고 나면 큰 산을 형성하는 최초의 순간일 수도 있다.

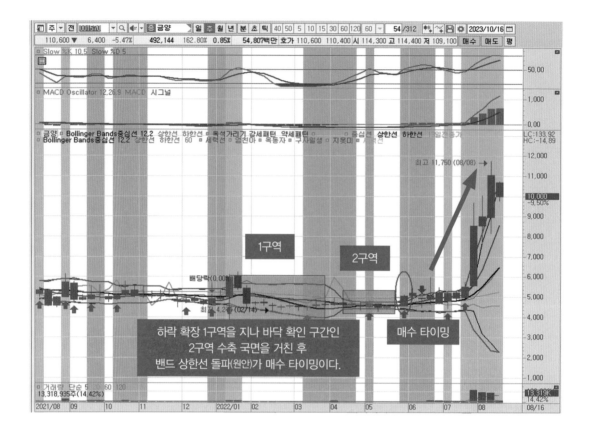

위의 그림은 주봉으로 볼린저밴드 확장의 1구역을 지나 수축 국면의 바닥 확인 과정 (2구역)을 거의 1개월 가량 소요하고 완성한 후 원안과 같이 밴드 상한선을 돌파함에 따라 밴드 확장의 초기 단계에 진입하고 있다. 상한선을 돌파했다고 해서 매도 타이밍으로 인식해서는 안 된다. 대바닥을 확인하는 밴드 수축이 이루어진 후 첫 상한선 돌파는 오히려 매수 타이밍이다. 이는 바닥에서 상승 탈출의 방향을 갖는 첫 시그널이다. 이후 반락할 확률로 진통은 있겠지만, 이와는 관계없이 매수해서 길게 승부하는 것이 바람직하다. 그리고 대바닥이 아니더라도 주도주로서 상승 트랜드를 이어나가는 종목이 밴드 수축을 거친 후 상한선을 돌파하면 같은 해석과 대응을 고려할 수 있다.

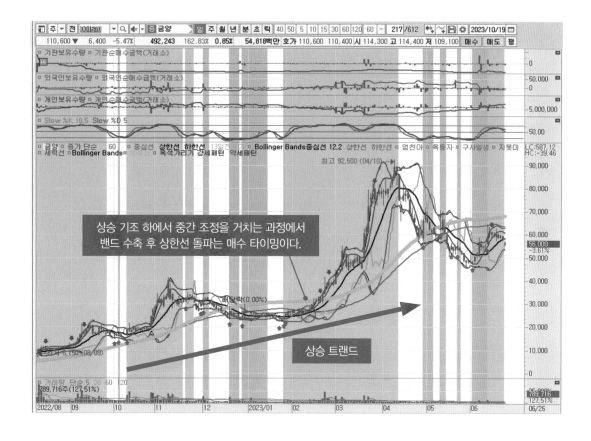

상승 트랜드

위의 그림을 보면, 상승 기조 하에서 조정을 거치며 밴드 수축 과정이 나타나고 이후 상한선을 상향 돌파하면서 매수 타이밍을 제시한다. 이후 밴드 확장을 통해 큰 폭의 상승세로 매수 타이밍이 유효했음을 보여준다. 이 상한선을 돌파할 때 메이저의 매수에 의한 거래 증가를 수반하면 그 의미가 더욱 크다.

이러한 볼린저밴드 해석법은 매도 타이밍을 포착할 때도 유용하게 쓰인다. 주가가 일정 수준 오르거나 하락 후 밴드 수축 과정을 거친 후 하한선을 붕괴시켰다면, 매도 타이밍으로 해석한다. 이때 중심선의 기울기는 하향으로 꺾이며, 이는 곧 시세의 방향이 하향으로 꺾였음을 의미한다. 하한선을 붕괴시키면 반등할 확률이 95.44%로 일시

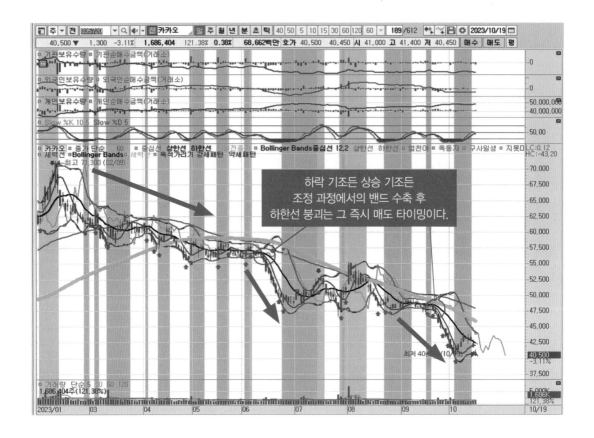

하락 기조든 상승 기조든
조정 과정에서의 밴드 수축 후
하한선 붕괴는 그 즉시 매도 타이밍이다.

적 반등이 나타날 수 있지만 확장으로 진입한 밴드는 지속성을 갖기 때문에 반등 후 다시 밀릴 가능성이 높다.

위의 그림을 보면, 하락 기조를 진행하는 과정에서 밴드 수축이 이루어지면 바닥으로 오인하는 경우가 일반적이다. 하지만 볼린저밴드 상으로 수축 후 주가가 하한선을 붕괴시키는 순간은 매도 타이밍이다. 동그라미 안의 두 경우는 밴드 하한선을 붕괴시키는 경우로 매도를 단행해야 한다. 만약 하지 않았다면 주가 함몰이 일어나면서 큰 손실로 이어질 수 있음을 보여준다.

그러니까 밴드가 수축된 후 방향을 갖는 초기 과정에서 중심선 기울기의 상승을 동반한 채 주가가 밴드 상한선을 치고 나가면 매수하고, 중심선 기울기 하락을 동반한 채 하한선을 치고 내려가면 매도하는 전략이다.

지금까지 볼린저밴드에 대해 공부해 왔지만 이를 응용하는 것도 중요하다. 분봉도 중요하고 일봉도 중요한 것은 맞지만, 이용하는 투자자의 투자 성향에 맞게 이용하면 된다. 초단타로 매매하려면 30분봉, 60분봉을 활용해 매수하면 되고 매도는 3분봉이나 5분봉을 통해 매도하면 된다. 그리고 스윙이나 1주일의 단기투자자는 일봉을 보고 매수하고 60분봉을 이용해 매도하면 된다.

정확하게 매매하는 습관이 중요하다. 높은 정확도는 의사 결정의 과정에서 신념을 강화해준다. 얼떨결에 수익을 내는 것과는 달리 논리성이 중요하다는 의미이기도 하다. 과정이 맞아야 판단에 자신감이 생기는 법이다. 매매에서 정확성을 높이려면 월봉, 주봉, 일봉, 분봉 순으로 디테일하게 분석하고 판단해서 결정해야 한다.

일봉과 주봉, 월봉으로 수익내기

먼저 주봉이 특별한 불안 요인(충격적인 악재 등 체계적인 리스크) 없이 지금까지의 상황(하한선 이상에서 약세. 이전 캔들 두 개가 하한선 이상에서 유지된 상황)과는 달리 금주의 캔들이 갑자기 하한선 이하로 깊숙이 떨어질 경우를 가정해 보자.

이런 때는 금주 중 낙폭을 줄이거나 늦어도 다음 주 중에는 반등이 일어나게 된다. 밴드 하한선 이하로 떨어질 확률이 4.56%에 불과하고 하한선 이상으로 반등할 확률이 95.44%이기 때문이다. 하지만 이를 수익으로 연결하려면 떨어지는 주가를 어느 날에 매수할지를 비교적 정확하게 포착하는 것이 중요하며, 매도 또한 잘 포착해야 한다.

앞서 이야기했듯이 이는 주봉의 하위 지표인 일봉을 통해 매수함으로서 해결할 수 있다. 금주 주봉이 처음 하한선 이하로 떨어지는 동안에 일봉은 급락 패턴(주가, 하한선,

중심선은 떨어지고 상한선은 상승하는 양상)으로 진행된다. 이때 매수 타이밍은 상한선의 하락 전환이 이루어지는 시점이 된다. 이 시점은 주봉의 저가선 하단이며 매수 타이밍에 있어 만족감이 크다.

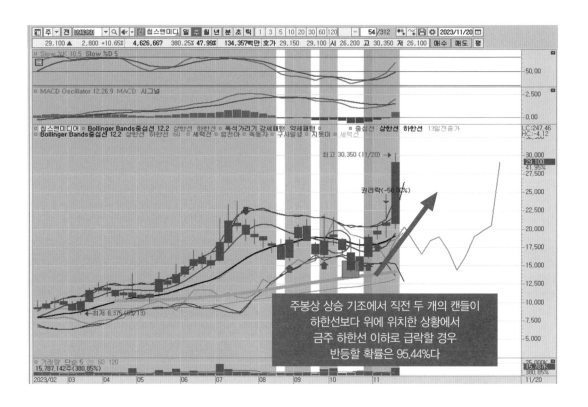

위의 그림은 주봉으로서 녹색선(60주 평균선)이 상승 기울기를 나타내는 상승 패턴의 차트다. 볼린저밴드를 활용한 매수 타이밍의 정수를 보여준다. 동그라미 부분을 보면, 사각형 직전 두 개의 주봉 캔들이 하한선보다 위에 위치하고 있음을 확인할 수 있고, 사각형은 금주의 주가가 볼린저밴드 하한선 이하로 진입한 상황에서 중요한 매수 포인트라는 점을 나타내고 있다. 이 위치는 이후 지수가 반등할 확률이 95.44%로 높기 때문이다. 그리고 이후 주가는 급등으로 이어졌음을 알 수 있다.

그런데 주봉은 일봉의 캔들 5개를 하나로 표현한 것으로 주봉상 하한선 이하로 진입해도 월에서 금요일 중 어느 시점에서 사야 할지 알 수 없다. 투자자 입장에서는 정확하게 분석하고 저점을 찍는 정확한 요일에 매수하는 것이 과제다. 이때는 주봉의 하위 지표인 일봉을 보고 매수 타이밍을 명확하게 포착한다. 하위 지표를 본다는 것은 매우 정확한 매수 포인트를 포착하는 행위다.

일봉은 주봉이 하한선 이하로 진입(앞 그림의 사각형)한 상황에서 주가, 하한선, 중심선

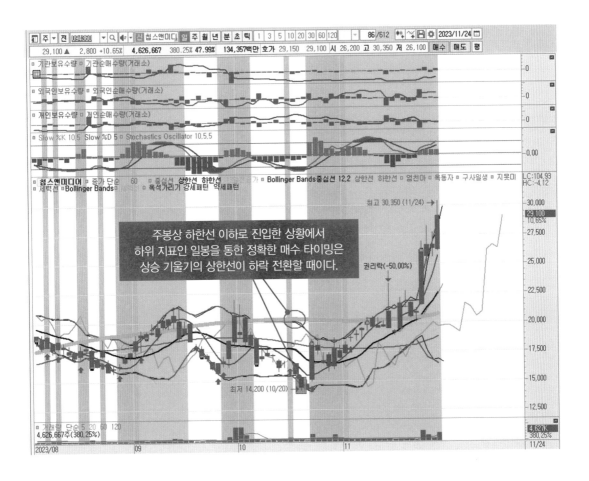

순으로 하락하고 상한선은 상승하면서 밴드가 확장되는 모습으로 나타난다. 이때 우리는 상한선이 꺾이는 순간을 기다려 매수 일자를 포착하면 된다.

앞 페이지의 그림은 현재의 주봉이 첫 하한선 이하 진입(이전 두 개의 캔들은 하한선 위에 위치)한 매수 타이밍(반등 확률 95.44%)에서 일봉을 통해 더 정확한 매수 타이밍을 포착할 수 있음을 보여준다. 주봉이 음봉 캔들로 하한선 이하로 진입하고 있을 때 일봉은 밴드 확장이 이루어지고 상승 기울기의 상한선이 하락 반전하는 날 매수 타이밍을 포착(사각형)하는 것이다. 이 그림은 이 매수 타이밍 이후 급등했음을 보여주고 있다.

하지만 이것은 주봉이 상승 트랜드(60주 평균선이 상승 기울기)를 유지할 때 유효성이 높고, 하락 기울기(하락기조)를 진행할 때는 시장 여건을 고려해 신중히 적용해야 한다. 여건이 여의치 않고 불안 기운이 돌면 매수를 피하는 것은 당연하다.

월봉과 주봉을 이용한 매수 타이밍

역시 월봉상 상승 기조 하에서 이전 캔들 두 개가 하한선 위에 위치하고 이번 달 캔들이 하한선 이하로 떨어지고 있다면 매수 타이밍을 노려야 할 시기다. 다만 우리가 한 달 중 어느 시점에서 매수해야 할지를 정확히 아는 것은 매우 중요하다.

이때 매수 타이밍은 월봉의 하위 지표인 주봉을 통해 매수하는 것이다. 주봉상 상승하는 상한선이 아래로 꺾이는 때가 매수 시점이 된다.

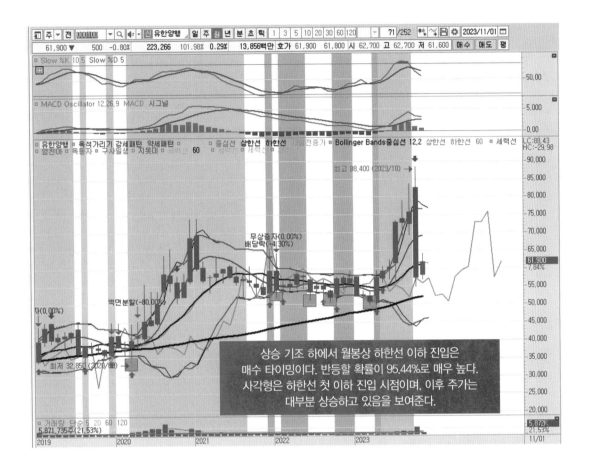

상승 기조 하에서 월봉상 하한선 이하 진입은
매수 타이밍이다. 반등할 확률이 95.44%로 매우 높다.
사각형은 하한선 첫 이하 진입 시점이며, 이후 주가는
대부분 상승하고 있음을 보여준다.

위의 그림은 월봉상 직전 캔들 두 개가 하한선 위에 위치한 상황에서 금월 하한선 이

하에서 매수할 경우 상승을 통해 수익을 낼 수 있음을 보여준다. 월봉의 60개월선(굵은

검은선)이 상승 기울기를 가지면서 주가의 장기적 흐름이 상승 기조임을 보여준다. 무

엇이든 다 그렇듯이 상승 기조일 때 적용하는 것이 하락 기조일 때 적용하는 것보다 더

욱 신뢰도가 높다. 같은 종목을 주봉으로 보면 다음과 같다.

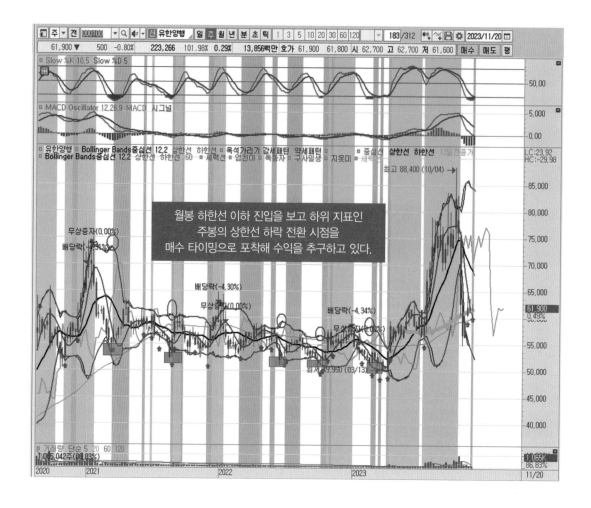

월봉 하한선 이하 진입을 보고 하위 지표인
주봉의 상한선 하락 전환 시점을
매수 타이밍으로 포착해 수익을 추구하고 있다.

주봉 자체만으로도 매수 타이밍을 포착할 수도 있지만, 월봉을 통해 매수 영역에 진입한 사실을 확인하고 하위 지표인 주봉을 통해 정확하게 매수 타이밍을 포착하는 세밀한 전략을 짜는 것이 중요하다. 대충 매수하다 보면 이후 주가가 크게 떨어져 고생하는 경우가 많기 때문에 이러한 하위 지표를 이용한 정확한 매수 타이밍 포착 기술이 필요하다. 이것도 확률성 지표이기 때문에 가능하며, 다른 일반적인 보조 지표로는 신뢰성을 가지기가 어렵다.

주도주의 매도 타이밍 잡기

주도주는 시대상을 반영하는 것이기에 상승 기간도 길고 그만큼 상승폭도 크다. 그렇기에 주도주를 놓친다는 것은 상상할 수 없다. 시장은 주도주가 아니면 비참할 정도로 소외감을 느끼게 한다. 그래서 주도주가 부상하면 투자 자금의 절대치를 집중하는 전략이 필요하다. 설령 다른 보유 종목에서 손실이 발생해도 특별한 의미가 있는 종목이 아니라면 손절을 하고 주도주로 교체하는 전략이 필요하다. 투자의 승자와 패자는 결단력을 발휘해 주도주로의 교체를 서슴없이 하는 투자자와 미련을 못 버리고 하염없이 기다리는 투자자로 나뉜다. 당연히 전자가 성공하고 후자는 실패할 수밖에 없다.

주도주를 인지하고 포트폴리오를 제대로 구성했다면 주도주에 대한 매도 타이밍을 포착하는 것도 매우 중요하다. 주가는 마냥 오르기만 하는 것도 아니고 하염없이 빠지기만 하는 것도 아니기 때문에 적절한 시점에서 매수와 매도를 해야 효과적인 결과를 맞이할 수 있다. 다만 정확성이 중요하기 때문에 지금까지 매매 타이밍에 시간을 할애해 온 것이다.

지금부터 주도주로 부상한 종목에 대해 매도 타이밍을 포착하는 법을 살펴보자. 주도주는 상승 기간이 길고 상승폭도 크다. 그래서 주도주를 일봉이나 분봉으로 매도 타이밍을 포착하는 것은 적절한 매매 전략이라 할 수 없다. 되도록 주봉이나 월봉을 통해 매도 타이밍을 포착하는 것이 바람직하다.

이 세상에 정확한 매매 타이밍을 갖는 지표는 없다. 그렇기에 시장이 존재하는 것이다. 호가창에서 모든 종목에 걸쳐 일정한 가격을 전후로 매수와 매도로 나뉘어져 있는 것만 봐도 알 수 있다. 같은 종목에서 나와 의견이 같은 투자자들은 매수 타이밍에 매수하지만, 반대로 어떤 이유에서인지 나의 반대편에는 매도 주문을 내는 투자자들이 부지기수다. 똑같은 종목을 두고 이처럼 서로 다른 견해를 가지고 행동한다고 보면 주가를 판단한다는 것이 얼마나 어려운지를 알 수 있다. 주문한 매도나 매수 가격도 천차만별이다.

그만큼 정확한 타이밍을 포착한다는 것이 쉽지 않다.

주도주에 대해 매도 타이밍을 정확하게 갖는다면 텐배거(Ten Bagger, 10배의 가격 상승)의 수익을 가질 수도 있을 것이다. 이러한 수익은 개별 종목에서도 가능하겠지만 주로 주도주를 잘 매수하고 매도해야 가능하다. 주도주에 대한 매도 타이밍의 기본은 주봉과 월봉의 볼린저밴드에서 하한선이 상승 반전할 때까지 홀딩하다가 반전 현상이 발생할 때 매도(급등 패턴)하는 것과 끝까지 홀딩하다가 상한선이 하락 반전할 때 매도(조정과 상승을 반복하면서 오르는 완만한 상승 패턴)하는 방법으로 두 가지다.

주가가 상승하는 것도 일률적이지 않다. 그나마 단순화한다면 쉬지 않고 오르는 경우와 쉬어가면서 오르는 두 가지로 나눌 수 있다. 전자는 단기에 상승 폭이 크고 고점도 빨리 오게 마련이고, 후자는 상승의 속도가 느린 반면, 상승 기간이 긴 특징을 보인다. 단기에 급등하는 주식인 급등 패턴(주가, 상한선, 중심선 순으로 오르고, 하한선은 하락하면서 밴드 확장이 심화되는 경우)은 하한선이 상승 반전할 때 매도하면 되고, 더디게 오르는 종목인 완만 상승 패턴(상한선, 주가, 중심선, 그리고 하한선이 모두 상승 기울기를 갖는 경우)은 상한선이 하락 전환할 때 매도하면 된다. 다만 적용하는 지표가 일봉이나 분봉이 아니라 주봉이나 월봉이라는 것이다. 주도주에 대해 일봉을 가지고 적용해서 매도 타이밍을 포착한다면, 이는 과도하게 이른 시점에서 매도하고 재매수가 쉽지 않아 매도 이후 더 큰 차익을 놓친다. 그만큼 주도주는 주도주에 걸맞는 중장기 지표가 제격이다.

금양은 지난 2022년 7월 이후 2023년 7월까지 2차전지주의 대표주자로 주도주 역할을 맡았었다. 금양의 일봉 차트를 보면 단기변동성이 심하다 보니 보유한 투자자들은 굳은 신념을 갖고 있지 않는 한 일정 수준이 오를 때 매도하고, 이후 매도 가격 이상에서 주식을 매수하기가 어려웠을 것이다. 그만큼 단기 지표를 통해 주도주를 대응하다 보면 큰 기회를 잃는 경우가 빈번할 수밖에 없다.

보통 일봉에 익숙한 투자자들이 매도하는 방법으로는 5일선 붕괴, 20일선 붕괴, 하락 장악형(전일 종가 위에서 시초가가 형성된 후 금일 종가가 전일 시가를 하향 붕괴), 급등 후 도지(갭 상승 후 시가와 종가가 일치하고 위아래로 저가와 종가가 형성된 + 형), 유성형(고가선을 길게 단 음봉 캔들), 직전 저점 붕괴(추세 붕괴), 하락하는 중장기 평균선에서의 저항 등 다양한 방법이 존재하지만 이를 충족시켜 매도하고 후회하는 경우가 적지 않다.

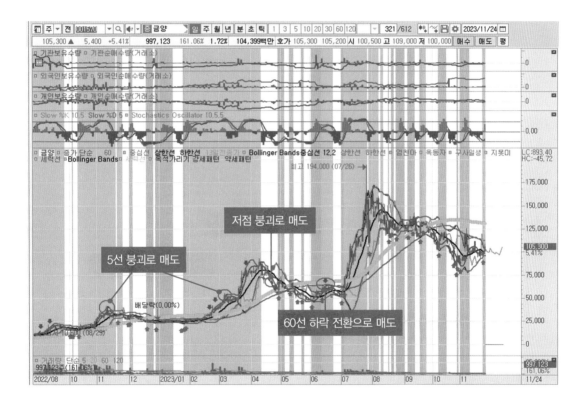

주도주에 대한 확고한 인식을 가진 투자자가 전통적인 방식으로 일봉을 통해 매도 타이밍을 포착하다 보면 위의 그림처럼 초기에 매도함으로써 더 큰 기회를 놓친다. 어쩌면 단기 차트를 보는 데 익숙하다 보니 주도주에 대한 확고한 인식을 가졌더라도 자

신의 매도 기준에서 자유로울 수 없고, 그러다 보면 중간에 하차하는 오류를 범한다.

동일한 차트를 주봉이나 월봉으로 보면, 매도 타이밍이 훨씬 확고하고 뚜렷해지면서 매도의 정확성을 꽤할 수 있다. 볼린저밴드 상 매도의 하이라이트는 급등 패턴에서의 매도 타이밍인 만큼 이를 활용해 타이밍을 포착하면 훨씬 높은 수익률을 올릴 수 있다.

동일한 종목을 중기 지표인 주봉으로 보면 일봉에서의 초기 매도 시그널의 오류를 제어해준다. 그리고 볼린저밴드의 정수인 급등 패턴에 의한 상승으로 급락하는 하한선의 상승 반전 시점을 통해 매우 신뢰할 만한 매도 타이밍을 제공해 준다.

다음 그림에서는 중기 지표인 주봉의 급등 패턴으로 확장된 밴드에서 하한선의 상승

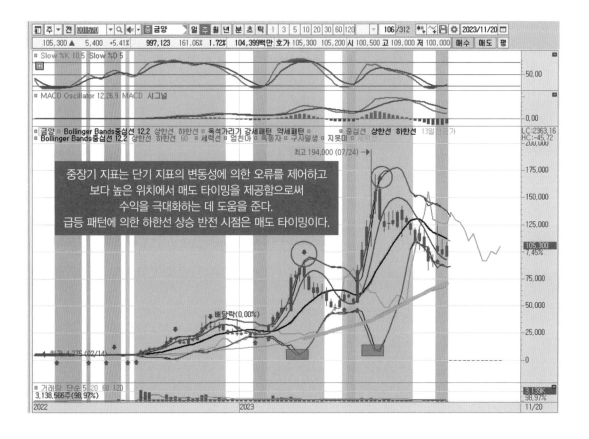

반전 시점을 매도 타이밍으로 삼는다. 이를 고려했을 때 일봉상 비효율적인 매도 타이밍을 크게 개선해주고, 고점 매도의 정확성을 보여 준다.

그러면 급등 패턴이 아닌 완만한 상승 패턴에는 매도 타이밍을 언제로 잡아야 할까?

주도주라도 주가가 순탄하고 평탄한 상승세를 보인다면 매매도 쉽겠지만, 현실은 그렇지 않다. 상승할 것 같다가도 하락하고, 하락할 것 같다가도 오르기도 한다. 투자자 입장에서는 상승에 대한 믿음을 갖기가 쉽지 않다. 초반 단기지표상 매도 시그널을 통해 매도하거나 중간에 다시 매수했다가도 또다시 매도 시그널로 매도하다 보니 결국 진정한 상승기에는 포트폴리오에 없을 때가 많다.

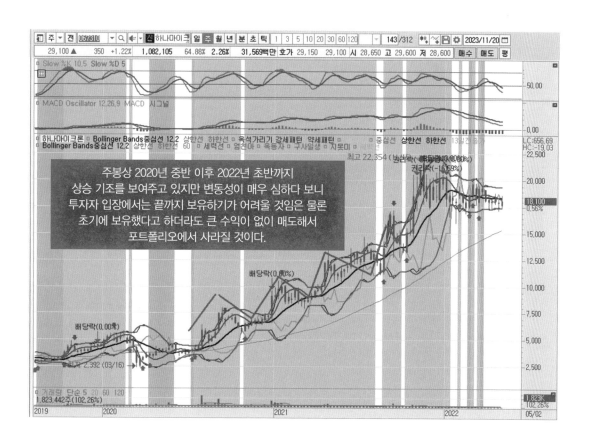

앞 페이지의 그림은 반도체 주도 시기에 하나마이크론의 주봉 상승 패턴을 보여주고 있다. 오를 듯 말 듯하면서 꾸준하게 상승 기조를 이어 나간 모습이다. 아무리 주도주라도 이렇게 움직이면 길게 끌고 갈 투자자는 몇 안 된다. 초반에서 중반 사이에 이미 보유했던 주식은 포트폴리오에서 사라질 것이다. 그리고 진정 큰 시세는 놓치고 만다.

이를 극복하기 위해 상위 지표인 월봉을 통해 중간에 흔들림 없이 끝까지 홀딩해서 크게 수익을 추구하는 전략이 필요하다. 다음 그림은 앞의 주봉상 혼란스러운 주가 움직임에서 발생할 수 있는 매매의 오류를 상위 지표인 월봉상 완만한 상승 패턴을 통해 끝까지 보유하고 매도해서 수익을 극대화하게 한다. 매도 타이밍은 그림에서와 같이 상한선이 하락 반전할 때다.

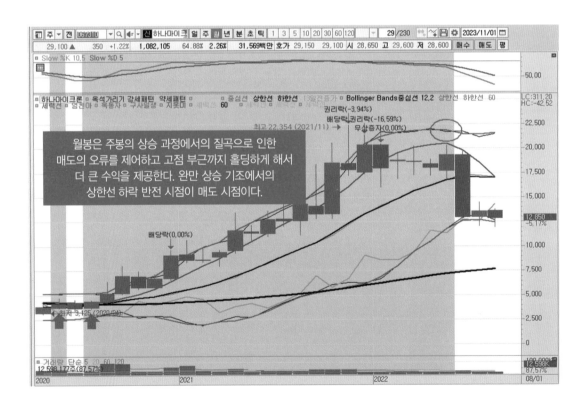

완만한 상승 패턴

상한선 > 주가 > 중심선 > 하한선 순으로 배열

(상한선, 주가, 중심선, 하한선 모두 상승의 기울기)

완만한 상승은 상한선이 가장 위에 위치하고 그 아래에 주가, 중심선 그리고 하한선 순으로 배열되며 모두 상승 기울기를 갖는다. 이러한 패턴을 갖는다면 매도 타이밍은 상한선이 꺾일 때(원안)다. 사실 주도주가 부상하는 초기에는 대부분 투자자가 반신반의할 수밖에 없다. 그래서 초기 매도를 통해 큰 기회를 잃는 경우가 많다. 그리고 급등 중에는 마냥 상승할 것 같은 착각에 휩쓸리기도 한다. 심지어는 주도주를 잡지 못해 전전긍긍한 투자자들도 장기 소외주를 매도해 급등한 주도주로 교체하는 경우도 많다. 전문가들은 물론 각종 매체에서도 오르는 것에만 주목하지 앞으로 밀릴 것에 대해서는 언급하지 않는다. 매도에 대해 방심하는 차에 주가는 심각할 정도로 하락하면서 손실을 심화시킨다.

주도주에 대한 확고한 믿음이 있다면, 그때부터는 일봉을 보지 말고 주봉이나 월봉을 통해 보다 높은 위치에서 매도 타이밍을 잡는 것이 바람직하다.

선행적 매수 타이밍 스토캐스틱

기술적 보조 지표들은 대부분 후행성이다. 기술적 보조 지표를 사용한다는 것 자체가 이미 후행적으로 대응하겠다는 의미이기도 하다. 후행적인 지표라고 해서 부정적인 입장을 취할 필요는 없다. 매수 시그널이 발현된 후 지속적으로 상승하면 될 일이고, 또한 매도 시그널이 출현한 후 지속적으로 하락하면 될 일이다.

문제는 단타를 하는 입장에서는 매수하고 나면 하락하고, 매도하고 나면 올라서 손실을 볼 수도 있다. 우리나라의 경우 매매 회전율이 세계 최고 수준이라서 그야말로 단타 천국이라고 해도 과언이 아니다. 그래서 매매 타이밍에 있어 한발 빠른 기술적 기법을 공부하는 것도 중요하다.

여기서는 간단하게 설명하기 위해 한 가지 예를 살펴본다. 이를 통해 폭넓게 해석해 보고 매매에 활용해 보자.

스토캐스틱 지표 활용법

기술적 보조 지표 중 가장 많이 사용하는 것 중 하나가 스토캐스틱 지표이다. 스토캐스틱 지표는 표준화된 것이 기간값 10, %K 5, 그리고 %D 5(Slow)다. 투자자들에 따라 수치를 변경해 사용하는 경우도 있다. 그렇지만 어떤 경우든 해당 지표는 후행성이다.

여기서는 표준화된 수치(10, 5, 5)를 기준으로 선행적으로 활용하는 방법에 대해 알아보자. 그리고 단타에 기준을 두고 설명하지만, 이를 확대 해석하면 중장기로도 얼마든지 활용이 가능하다.

지표를 선행 해석하려면 우선 지표의 변곡점이 주가의 변곡점과 유사한 지표를 찾아야 한다. 어떤 것은 30분봉의 스토캐스틱이 주가의 변곡점과 유사할 수도 있고, 또 다른 것은 60분봉이나 240분봉 등과 유사할 수도 있다. 30분, 40분, 50분, 60분, 70분, 80분, 90분, 100분…… 240분 등으로 얼마든지 값을 조정해 상승 전환의 유사 지표를 찾으면 된다. 그래서 과거 10~20일간을 되돌아보면서 변곡점(상승 전환점)이 일치하는 지표를 찾는 것이 우선이다.

어떨 때는 일치하고, 또 다른 어떨 때는 일치하지 않는다면 쓸모가 없다. 또한 진폭이 강해야 수익을 취할 기회도 생긴다. 그리고 성공률을 더욱 높이기 위해 가능한 한 상승 기조에 있는 종목 중에서 선택하는 것이 바람직하다.

만약 지난날의 주가와 스토캐스틱 %K의 상승 반전의 변곡점이 유사한 종목을 찾았다면, 우리는 절반의 성공적인 매수 타이밍을 찾은 것이나 다름없다. 그 이유를 차트를 통해 직접 살펴보자.

다음 그림은 90분봉으로 지난날 주가의 변곡점(상승 전환점)과 스토캐스틱의 상승 반전 시점이 유사하다는 점을 알 수 있다.

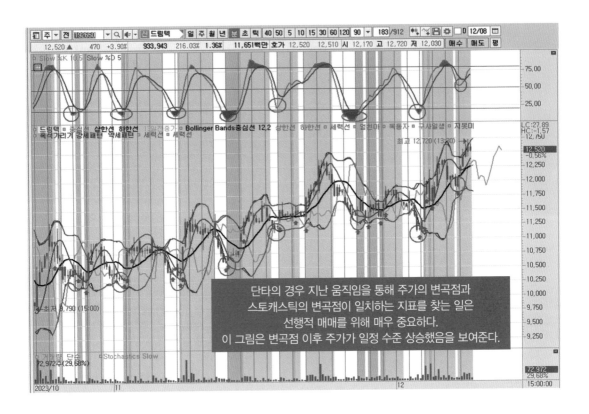

위의 그림을 보면 스토캐스틱 지표의 저점과 주가의 저점이 대략 비슷하다는 것을 알 수 있다. 하지만 자세히 들여다보면 주가가 상승 반전한 후 뒤따라 스토캐스틱지표의 %K가 상승 전환하고 있음을 알 수 있다. 스토캐스틱 지표의 %K가 선행했다면 이대로 활용하면 될 일이지만 후행적이다 보니 이를 그대로 활용할 수가 없다.

그러니 이를 선행적으로 활용하는 방법을 알아보자. 선행적으로 활용하는 방법은 90분봉이기 때문에 주가의 변화에 앞서 50분봉부터 10분봉 간격으로 스토캐스틱의

%K의 변곡점을 차례대로 확인해 나가면 된다. 그러다가 90분봉의 변곡점에 앞서 70분봉이나 80분봉에서 상승 전환의 변곡점이 나타나면 이때를 선행적 매수 기회로 삼는 것이다. 90분봉 스토캐스틱 %K는 하락 중에 있다. 90분봉 %K가 상승하기 전에 이전 지표의 변곡점이 단계적으로 이루어지는 과정을 확인해 간다. 그리고 90분봉 %K가 상승 전환하기 직전을 매수 타이밍으로 노리는 것이 핵심이다. 90분봉 바로 직전인 70분봉이나 80분봉 %K의 전환점이 매수 타이밍인 셈이다.

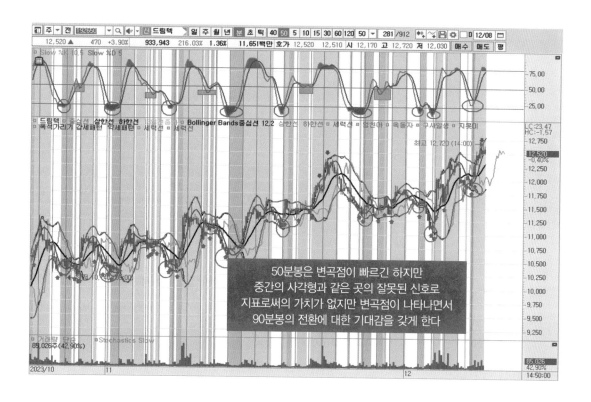

위의 그림은 50분봉으로 스토캐스틱 20% 이하 변곡점에서 가끔 오류가 발생하기도 하지만 나름의 유효성도 갖고 있음을 알 수 있다. 하지만 중간 사각형에서는 자칫 손실

로 이어지는 변곡점이라 지표로서의 가치가 약하다. 우리가 이 지표를 보는 것은 90분
%K의 전환점을 순차적으로 파악하기 위한 1차적 관점으로 볼 수 있다는 점에서 의미
를 부여하는 것이다.

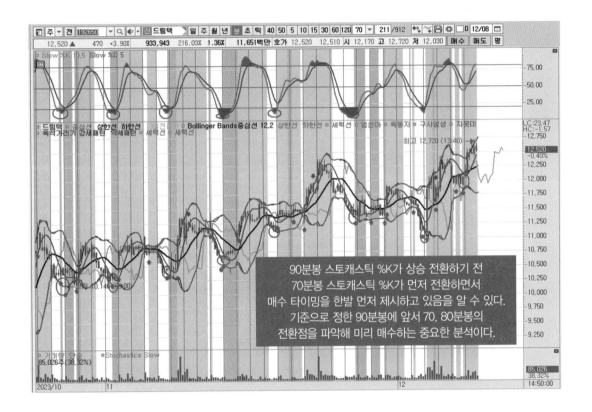

이 그림은 주가와 유사한 전환점을 보여 기준으로 삼았던 90분봉 스토캐스틱 %K의
상승 전환 시점이 후행적이라 70분봉 스토캐스틱의 %K 전환점을 선행적으로 활용해
선취매입을 할 수 있음을 보여주고 있다. 경우에 따라 좀 더 하위 지표인 65분봉을 활
용해 좀 더 빠른 타이밍을 포착해 매수할 수도 있다.

중요한 것은 90분봉이 속임수가 없어 기준을 잡은 것이고, 이를 기준으로 선행적으

로 타이밍을 포착하기 위해 70분봉의 %K 전환점을 활용했다(그 전에 50분봉 상승 전환, 60분봉 상승 전환, 65분봉 상승 전환 등으로 이어지는 변곡점을 추적해 온 상황)는 점이다. 80분봉과 90분봉은 주가가 이미 상승해 선행적 매수가 어려운 시점으로 70분봉의 상승 반전에서 미리 매수해 기다리는 타이밍으로 본다. 이러한 방식이 선행적 매수 타이밍을 포착하는 기술인 셈이다.

논리적으로 본다면 타당성이 있어 이를 확대 적용해 볼 수 있다. 만약 240분봉 스토캐스틱의 %K가 주가 변곡점과 유사하다면, 그 하위 지표인 150, 180, 200분봉의 %K의 순차적 전환점을 추적해 240분봉에 앞서 180분봉이나 200분봉의 %K의 전환점을 매수 타이밍으로 삼으면 된다.

이 같은 분석법은 후행적 매수로 인해 만족감을 느끼지 못하는 투자자들에게는 신기에 가까울지 모르지만, 기본적으로 시장은 예기치 못한 변수가 날아들어 정형화된 분석 기법들을 왜곡시키기 때문에 안정적인 여건에서 적용하는 것이 바람직하다. 사실 기본적이든, 기술적이든 모든 분석이 대부분 그렇다.

PART 5

미래 성장 테마주와
핵심 종목 분석

테마주는 시장에 영향을 미치는 변수가 발생할 때 해당 내용과 관련한 주식이 무리를 지어 일시적인 상승세를 보이는 주식군을 의미한다. 예를 들면, 코로나 사태가 발생하니 진단 키트 주가 오르기도 하고 나아가 유사성을 가진 백신 개발 관련 주, 코로나 치료제 관련 주 등이 무리를 지어 오르며 상승 대상이 확장되기도 한다. 시장을 둘러싼 변수가 워낙 많다 보니 수시로 재료가 부각되고, 관련한 종목군이 무리를 지어 오르는 강세 현상이 나타난다.

테마주는 주도주가 뚜렷할 때는 이슈가 부각되더라도 상승하기 쉽지 않다는 특징이 있다. 이는 주도주에 대한 시장의 집중도가 강해서 투자자들이 웬만한 다른 이슈에는 관심을 갖지 않기 때문이다. 그래서 테마주의 부각은 시장의 내용이 부진하거나 주도주가 상승하다가 조정을 거치는 동안에 오르는 경향이 강하다. 때로는 내용의 경중과는 상관없이 투기 세력에 의해 터무니 없는 시세를 형성하기도 한다.

테마주는 잘 이용하면 수익이 되기도 하지만, 잘못하면 희생양이 될 수도 있다는 점에 유의해야 한다. 때로는 순환매가 빠르게 나타나면서 하루 이틀 간격으로 다른 종목군으로 이동하는 양상을 보일 수도 있다. 이러한 상황에서는 추격 매수하는 시점이 단기 상투일 수 있어 주의하지 않으면 안 된다. 사실 시장에서는 이런 사례가 많다는 점에 더욱 조심스럽기도 하다. 이슈가 부각되면 해당 내용에 대해 어느 정도 지식을 갖추고 대응해야 할지, 말지를 판단해야 한다. 그렇지 않고 오르는 주가에 정신이 팔려 뇌동 매매한다면 애써 벌어 둔 이익이 순식간에 사라질 뿐만 아니라 원금까지 날릴 수도 있다.

시장 내 테마주는 헤아리기 어려울 정도로 많다. 주식시장에는 우리의 일상생활과 관련한 수많은 기업이 상장되어 무리를 이루고 있기 때문이다. 테마주는 그 속성상 호재가 터졌을 때나 주도주가 조정에 진입할 때 주로 형성된다. 호재가 터지면 그 경중에 따라 길게 가기도 하지만 짧게 종료되는 경우도 있다. 또한 주도주 조정기의 경우 특별한 호재 없이 다수의 종목군으로 1~3일의 단기 순환매가 형성되는 경향이 강하다.

정보가 주어지면 우선 정보의 경중을 따져야 하고, 무게감이 크면 관심을 높이고, 작으면 가벼운 마음으로 접근해야 한다. 그리고 어떤 테마주가 관련성이 있고, 관련된 종목들이 무엇인지를 사전에 인지해야 한다. 더욱 중요한 것은 해당 테마주 중에서도 무엇이 대장인지를 미리 파악해야 한다. 대장주는 오를 때는 더 오르고, 내릴 때는 뒤늦게 내리는 경향이 강해 이를 중심으로 매매하는 것이 후발주를 중심으로 한 매매보다 한결 효율적이다. 단기 테마 순환 투자에 자신이 없거나 자신의 투자 성향과 맞지 않는다면, 투자하지 않는 것이 바람직하다.

헬스케어

글로벌산업분류기준(GICS)에 의하면, 헬스케어 산업은 헬스케어 장비 및 서비스와 제약, 생명공학 및 생명과학으로 대분류하고 있다. 헬스 장비 및 서비스 분야는 셀스케어 헬스케어 장비와 헬스케어 용품, 의료 공급자 및 서비스 그리고 헬스케어 테크놀로지로 중간 분류된다. 그리고 최종적으로 도표에서처럼 의료 장비, 의료 용품, 의료 유통 업체, 보건의료 서비스, 의료 시설, 관리 의료 서비스, 의료 관리 기술로 구분된다. 그리고 제약, 생명공학 및 생명과학 분야는 바이오기술, 제약사, 생명과학 도구 및 서비스로 분류된다.

바이오헬스 산업은 유전자 교환이나 세포융합 등으로 새로운 생명체를 만들고 대량 배양해 의약품이나 식료품 등에 유용하게 사용하려는 기술을 의미하고 이를 기업화하려는 산업 분야로 정의할 수 있다.

의약품에는 화학 합성 의약품(화학적 합성 반응을 통해 생한하는 저분자량의 의약품)과 바이오 의약품(사람, 또는 다른 생물체 유래의 의료를 사용하고 세포 배양 등의 생물 공정으로 생산하는 고분자량의 의약품)으로 분류한다. 바이오 의약품은 또 재조합 단백질 의약품, 항체 의약품, 백신 그리고 유전자 치료제로 구분된다. 이 분야의 범위가 워낙 방대해 모두 알아둘 필요는 없다. 여기서는 시장에서 거론되는 바이오 산업 내 분야별 각 테마에 대해 간단하게 살펴보고 관련 기업들은 어떤 기업들인지에 대해 알아보자.

참고로 테마주 중 시장에서 통용되는 대장주(업계 최고의 기업이 아니라 시장에서 해당 테마주가 부각될 때 가장 탄력적으로 움직이는 주식을 의미)에는 별표(*)를 달았으니, 투자 판단에 도움이 되길 바란다. 단 시간이 지나면서 기업들의 위상도 변하다 보니 대장주가 바뀔 수도 있다는 점은 유의하자. 또한, 신약 개발과 관련해서는 성공 확률이 0.01~0.02% 수준이라는 사실을 고려해 과도한 신뢰성을 갖는 것은 바람직하지 않다. 이슈가 부각되면 앞서 공부한 내용을 활용해 그 순간 주가 움직임을 이용해 차익 기회로 활용해 보자.

• 항체-약물 접합체(ADC) •

ADC는 약물에 특정 암세포의 항원 단백질을 공격하는 항체를 접합한 것으로 타깃 암세포에만 특이적으로 공격하는 표적 항암제의 한 종류다. 정상 조직을 공격하지 않고 타깃 암세포만 공격함으로써 국내외 기업들이 관련 신약 개발에 집중하고 있다. 관련 파이프라인은 희귀 의약품 패스트트랙 등으로 지정될 가능성이 높아 일반적인 신약 개발 속도보다 빠르다는 특징을 갖고 있다. 글로벌 시장조사 기관인 '이벨류에이트'에 의하면 ADC 항암제 시장은 2028년까지 280억 달러로 커질 전망이다. 관련 기업들을 나열하면 다음과 같다.

리가켐바이오(∗)

여러 국내외 항체 기업과 이중항체-ADC와 같은 새로운 분야를 포함한 파이프라인 확보를 위해 공동 연구 개발 중이다.

알테오젠(∗)

기존 문제점을 보완한 2세대 ADC 기술 'NexMab'을 적용해 ADC 약물 'ALT-P7' 을 개발하고 있다.

에이비엘바이오

N 말단접합방식 ADC가 기존 ADC보다 안정적이고 독성 부작용이 적어 치료 용량 범위를 확장할 수 있다는 것을 입증했다.

• 표적 항암 치료제 •

표적 항암제는 투여 후 정상 세포까지 공격하는 기존 항암제와는 달리 발암 과정의 특정 표적인자만 선택적으로 공격하는 치료제다. 암을 완치하기 어려운 경우에 표적 항암제를 통해 암의 진행을 늦추면서 생존 기간을 연장할 수 있다. 표적 항암제는 향후 5년간 글로벌 연평균 성장률 9~12%로, 2026년에는 342조 원에 이를 것으로 전망된다.

표적 항함제는 2세대 암 치료제로 분류된다(1세대는 화학 항암제, 3세대는 면역 항암제). 관련 기업은 다음과 같다.

부광약품

자회사 콘테라파마의 표적 항암 관련 6개 신약 후보 물질을 보유했다.

한미약품

표적 항암제 HM95573의 기술 수출 계약을 체결했다.

HLB(*)

자회사 LSKB가 표적 항암제 '아파티닙'을 개발 중이다. 또한 리보세라닙(VEGFR-2 저해)이 2023년 11월 28일 식약처로부터 선양낭성암에 대한 개발 희귀 의약품으로 지정받았다.

FDA가 간암 신약 리보세라닙과 중국 항서제약의 캄렐리주맙 병용요법 심사를 클래스2로 분류해 2025년 3월경 최종 승인 여부가 결정될 전망이다. 그 결과에 따라 주가에 큰 변화가 있을 수 있다.

앱클론(*)

항체의약품 신약 개발 기업으로 유방암 표적 항암제를 개발 중이다.

보로노이(*)

2종 돌연변이와 3종 돌연변이를 타깃으로 하는 표적 항암제 파이프라인을 개발 중으로 선택성이 높은 의약 화학적 설계, 마우스 실험에서 체중 유지의 낮은 부작용, 높은 뇌 투과율 그리고 종양 감소 효과를 보인다.

SK바이오팜

자체 개발 중인 표적 항암 혁신 신약 'SKL27969'가 국가 신약 개발 사업 과제로 선정돼 협약이 체결되었다. 2023년 1월 FDA로부터 SKL27969의 임상 1.2상 시험 계획 (IND) 증인을 받았다. 뇌종양 및 뇌전이암 대상 '베스트 인 클래스' 약물을 목표로 개발 중이다.

•면역 항암 치료제•

면역 항암 치료제는 인체 면역 체계 고유의 항암 능력을 강화시켜 종양을 사멸시키도록 유도하는 항암제다. 암세포는 여러 단백질을 만들어서 신체의 면역 반응을 억제하는데 면역 항암 치료제는 정상적인 면역 반응을 갖게 해 치료한다. 부작용을 최소화하고 암 종양의 내성 문제도 어느 정도 제어할 수 있을 것으로 기대한다.

면역 항암 치료제 시장은 2028년까지 연평균 23.6%씩 증가해 1,500억 달러를 웃돌 것으로 전망된다. 관련 기업은 다음과 같다.

보령제약(*)

자회사 보령 바이젠셀이 EBV(앱스타인-바 바이러스)의 양성 암세포를 정확하게 살해할 수 있도록 만들어진 EBV 양성 NK/T 세포 림프종 치료제 후보 물질 EBV-CTLs의 IND 승인을 받았다.

동아에스티(*)

면역 항암제 후보 물질인 MerTK 저해제 DA-4501을 애브비(ABBV)에 기술 수출하였다. 아스트라제네카가 연구 중인 세 가지 면역 항암제 타깃에 대한 선도 물질과 후보 물질을 도출하는 물질 탐색 연구를 공동으로 진행 중이다.

유한양행(*)

바이오벤처에 1,200억 원을 투자해 왔고, 엔솔바이오사이언스와 면역 항암제 개발을 준비 중이다.

바이오니아

면역 항암제 YH-siRNA2 관련 후보 물질을 탐색 중이다.

GC녹십자셀

2022년 CAR-T(키메라 항원 수용체-T세포) 항암제 개발을 시작해 임상 1상을 목표한다.

바이로메드

CAR-T 기반 면역 항암제를 개발 중이다.

제넥신(*)

로슈와 손잡고 인터류킨-7에 자체 개발한 하이브리드에프씨 기술을 적용해 개발한 치료제 '하이루킨'이 FDA로부터 임상 승인을 받았다.

• 비만 치료제 •

전 세계 비만치료제 시장은 현재 24억 달러(3.2조 원)에 불과하지만, 2030년까지 약 330억 달러(44조 원)에 이를 것이며, 2032년에는 710억 달러(94조 원)까지 급성장할 것으로 전망된다. 해외 비만치료제 시장은 유명 기업인 덴마크 제약사 노보 노디스크(오 젬픽과 위고비 주사제 성공 : 2024년 10월 한국 상륙)와 일라이 릴리(티르제 파타이드의 항비만제 승인받아 시장 진입, 한국에는 2025년 5월 상륙 전망)가 주도하고 있다.

후발 기업들은 치료제 개발이 만만치 않다는 사실도 염두에 두어야 한다. 화이자가 하루 두 알로 비만을 치료하는 다누글리프론을 개발하고 임상 2상을 추진해 오다가 부작용이 나타나면서 3상을 중단하는 상황에 처하기도 했다. 아직 국내 식약처 승인도 못 받은 상황에서 해외 점령군의 유입은 획기적이지 않고는 후발 업체로서 그 한계성도 있음을 염두에 두어야 한다.

자체 개발해 까다로운 FDA 승인을 받기보다는 L/O(기술 이전)를 통해 리스크를 줄이는 기업에 주목하는 것도 하나의 방법이다. 국내 기업들도 도전장을 내고 있는데 관련 기업은 다음과 같다.

올릭스(*)

비만 치료제 후보 물질 'OLX702A'의 글로벌 빅파마와의 기술 이전 추진 중이다. 성사 시 이전료와 개발 성공 시 할당분 유입을 기대할 수 있다.

한미약품(*)

미국 머크에 기술 이전된 에피노페그듀타이드가 현재 임상 2b상 진행 중으로 이것은 위고비, 오젬픽에 비해 더 양호한 간 지방 함량 감소 효과를 확인했다. 2b상에서 300명 대상으로 위고비 2.4mg 용량 등과 효과를 비교 중이다.

유한양행(*)

베링거인겔하임에 기술 이전된 NASH 치료제 'YH25724'의 임상 1상을 추진 중으로 약의 내약성을 평가한다.

LG화학

유전성 비만 치료제 'LB54640' 개발 진행 중으로 미국 임상 2상에 진입할 계획이다. 이것은 포만감에 관여하는 단백질인 MC4R의 작용 경로를 표적하며, 1일 1회 먹는 치료제로 지난 2023년 6월 FDA로부터 'POMC(프로오피오멜라노코르틴) 결핍증' 치료를 위한 희귀 의약품으로 지정되었다.

동아에스티

미국 신약 개발 자회사인 뉴로보 파마슈티컬스를 통해 미국에서 비만 치료제 'DA-1726' 임상 1상 시험계획서(IND)를 제출할 계획이다. 이것은 옥신토모듈린 유사체 계열의 비만 치료제로 개발 중인 신약 후보 물질로 2024년 미국에서 임상 1상을 개시한다는 계획이다.

• 유전자 가위 •

유전자 가위는 생명체가 보유한 DNA 절단 기능을 가진 도구로 DNA 특정 부위를 인식하고 2중 가닥으로 이루어진 DNA를 절단하는 분자생물학적 도구를 의미한다. 핵산분해 효소도 DNA 절단 기능을 가지고 있지만, 유전자 가위는 특정한 부위를 인식할 수 있다는 점에서 차이가 있다. DNA 부위를 정확하게 인식할 수 있는 유전체 교정 도구에는 징크핑거뉴클라아제(ZFN), 탈렌, 크리스퍼 카스 등이 있다.

유전자 가위는 유전자 편집이나 교정에 가장 핵심적인 역할을 담당한다. 식물은 물론 인간과 동물 등 모든 생물체에 대한 유전자 편입 및 조절 작용에 획기적으로 이용이 가능하고 명확한 녹아웃을 만들어 기능 상실을 유도하거나 새로운 유전자 기능을 확인하는 연구는 물론, 이를 이용한 유전자 조절, RNA 편집, DNA 메틸레이션 조절 등 그 확장성이 매우 크다.

자동차가 고장나면 고장난 부품을 교체하거나 고쳐서 사용하듯이 유전병을 치료하려면 병든 유전자를 대체하거나 고칠 수 있는 기술이 필요하다. 단일 세포인 박테리아가 바이러스로부터 자신을 보호하기 위한 기전으로 가지고 있던 유전자 가위 단백질은 인류의 유전병 치료에 새로운 희망이 되고 있다. 최근 영국에서는 유전자 가위 치료제 '엑사셀'을 세계 최초로 허가했고, 미국도 조만간 승인할 가능성이 높은 것으로 보인다. 유전자 가위 치료제와 관련한 기업은 다음과 같다.

툴젠(*)

희귀 질환인 '샤르코-마리-투스병(CMT1A)' 치료제인 'TGT-001'을 개발하고 있다. CMT는 유전성 말초신경질환으로 근위축, 근력 약화, 감각 소실, 보행 장애 및 무반사 등의 증상을 보인다. 현재로서는 근본적인 치료법이 없으나, 툴젠의 CMT1A를 동물 모델에 적용한 결과 말초신경에서 유의미한 유전자 편집과 PMP22 유전자 발현 감소를 확인했으며, 전기생리학적 지표를 통해 유효성을 입증했다. 툴젠은 2024년 3세대 유전자 가위 크리스퍼의 글로벌 소송에서 승소하며 유리한 위치를 확보했으며, 이를 통해 기술 수출(L/O) 가능성이 기대된다.

엠젠솔루션(*)

크리스퍼 유전자 가위 기술로 세계 최초로 인간 인슐린을 분비하는 복제 돼지를 개발했으며, 국내 최초로 면역 결핍 돼지 생산에 성공했다. 또한 2개의 유전자가 제거된 돼지의 췌도를 원숭이에게 이식해 7개월 이상 정상 혈당을 유지시키는 데 성공했다. 현재 6개의 유전자 변형을 완료했으며, 향후 12개의 변형을 목표로 연구를 진행하고 있다.

마크로젠(*)

2018년 유전자 편집(CRISPR-Cas9) 기술과 관련해 서울대학교병원으로부터 약물 유도 유전자 가위 재조합 벡터 기술 이전 계약을 체결했다. 또한 같은 해 미국 브로드 연구소로부터 3세대 CRISPR-Cas9을 비롯한 50여 건의 크리스퍼 관련 기술을 추가로 확보했다.

인트론바이오

2020년에 박테리오파지에 유전자 가위 기술을 도입해 우수한 성능을 가진 개량 로봇 박테리오파지 개발에 성공했다.

오디텍

관계사 진셀바이오텍(지분 30.07%)이 2021년 툴젠과 크리스퍼 유전자 가위 기술 이전 계약을 체결한 바 있다. 이 계약을 통해 진셀바이오텍은 툴젠이 보유한 원천 기술인 크리스퍼 유전자 가위를 식물 기반 바이오 의약품 생산에 사용할 수 있는 권리를 확보했다.

• 당뇨 치료제 •

비만은 당뇨병을 유발하는 주요 요인 중 하나다. 비만으로 인해 지방이 과도하게 축적되면서 인슐린의 분비량이 감소하게 되고 이는 곧 혈당 조절에 어려움을 초래한다. 그래서 비만과 당뇨는 상호 연관성이 높다.

비만으로 생기는 당뇨병은 혈당을 조절하는 인슐린이 부족해서 생기는 것이 아니라 인슐린이 충분한데도 제대로 작용하지 못해서 생기는 것이다. 특히 복부비만의 경우 당뇨병이 발생할 위험이 높으며, 비만인이 체중을 5~10% 정도 줄이면 당뇨병에 걸릴 확률은 50%나 감소하는 것으로 알려졌다. 그래서 비만 치료제를 통한 체중 감소는 당뇨병 치료에도 도움이 된다. 앞서 언급한 비만 치료제도 유사 테마주로 볼 수 있다.

국내 당뇨 치료제 시장 규모는 약 1조 원으로 추산된다. 글로벌 시장 규모는 현재 80조 원에 육박하고, 글로벌 당뇨병 환자는 2021년 5.4억 명, 2030년에는 6.5억 명, 그리고 2045년에는 8억 명에 육박할 것으로 전망한다. 그만큼 관련주에 주목해 볼 필요가 있다.

대웅제약(*)

국내 최초로 SGLT-2 억제제 계열 당뇨병 치료제인 '엔블로'를 출시했다(국산 36호 신약). 이 약물은 소변을 통해 포도당을 배출하는 새로운 기전을 가지고 있으며, 다른 약제와 병용 시 효과적이다. 엔블로정은 국내 출시뿐만 아니라 브라질과 에콰도르로의 진출을 이루었으며, 멕시코 현지 파트너사와 수출 계약을 맺어 글로벌 시장 진출을 앞두고 있다.

일동제약(*)

GLP-1 수용체 작용제 기전의 신약 후보 물질 'ID1105211156'의 임상 1상 계획을 식약처로부터 승인받았다. 이 물질은 혈당 상승 시 소장에서 분비되는 호르몬을 활용한 경구용 치료제로 개발 중이다. 현재 국내뿐만 아니라 미국, 유럽, 중국, 일본 등 주요 국가에서 특허 등록 또는 출원을 마친 상태다. 그러나 재무적 불안 요인은 주의가 필요하다.

유유제약

2022년에 다파글리플로진 성분의 SGLT-2 억제제 당뇨병 치료제 '뉴시사정'을 출시했다. 이 약물은 식사 및 운동 요법의 보조제로 사용된다.

환인제약

2023년에 SGLT-2를 억제하는 기전의 당뇨병 치료제 '포사린정10밀리그램'을 출시했다. 이 약물은 체중 감소 효과를 제공한다.

동아에스티

당뇨 신약 '슈가논'의 복합제 '슈가다파'의 허가를 획득했다.

종근당(*)

당뇨 신약 '듀비에'와 당뇨 치료제의 대표 성분인 시타글립틴(제품명: 지누비아)을 결합한 복합제 '듀비에에스'의 허가를 앞두고 있다.

동운아나텍(*)

채혈 없이 타액을 이용해 혈당을 측정하는 기술(제품명: 디살라이프)을 세계 최초로 개발했으며, 식약처로부터 GMP 인증을 획득했다. 현재 국내 대형 병원에서 본 임상을 진행 중이며, 정확도 오차 범위 5% 구간에 진입했다. 2025년 4분기 제품 출시를 목표로 하고 있다.

아이센스

200마이크로미터 두께의 바늘에 전극, 효소 시약, 보호막을 결합해 신호를 발생시키는 연속혈당측정기(CGM)를 개발했다. 이 기술로 현재 국내 자가 혈당 측정기 시장에서 점유율 45%로 1위를 차지하고 있다.

• 폐렴 치료제 •

지난 2023년 겨울 중국에서 호흡기 감염병인 마이크로플라즈마 폐렴 환자가 급격하게 증가하고 이것이 세계로 확산되면서 미국, 유럽 그리고 국내로도 확산되었다. 앞으로도 기후 변화로 인한 독감 등 호흡기 관련 질환이 크게 증가할 것으로 예상되고 있다. 아직도 진행 중이지만 호흡기 전염과 관련해서는 과거 코로나19 바이러스로 세계 각국들이 수년간 큰 타격을 받은 사실을 고려하면, 이를 차단하는 치료제 관련 주나 진단 관련 주의 움직임도 주시해 볼 필요가 있다. 중국에서 항생제인 아지트로마이신의 판매량이 급속도로 증가해 항생제와 관련한 종목들이 주목을 받기도 했다.

기후 변화가 극심해지면서 해마다 겨울철이 되면 호흡기 관련 질환이 급증하는 등 계절적 질환으로 자리 잡을 가능성이 높고, 이에 따라 관련 주가 움직일 가능성이 높다.

국제약품(＊)

항생제 관련 총 27개의 의약품을 보유하고 있으며, 아지트로마이신정과 아지스린건조시럽을 제조하고 있다.

광동제약(＊)

한국먼디파마와 공동으로 판매 중인 베타딘 인후스프레이가 폐렴간균, 폐렴연쇄상구균, 신종 인플루엔자 바이러스 등 다양한 바이러스 및 세균에 대해 광범위한 항균 및 항바이러스 효과를 보이고 있다.

제일약품

아지트로마이신 관련 제품인 아지로맥스정 250mg을 판매하고 있는 기업이다.

신신제약

고열을 동반한 독감이나 폐렴 초기 증상으로 인한 고열 환자를 위한 열냉각 시트를 제조하며, 관련 수요 증가가 기대된다.

멕아이씨에스

인공호흡기와 환자 감시 장치를 제조 및 판매하는 기업으로, 특히 호흡기 HFT500의 중국 수출 증가 사례가 주목받고 있다.

● 원격 의료 ●

원격 의료는 환자가 직접 병·의원을 방문하지 않고 통신망이 연결된 모니터 등 의료 장비를 통해 의사의 진료를 받을 수 있는 서비스를 포괄적으로 정의한 것이다.

보건복지부는 2023년 말 기존의 비대면 진료 제재 기준을 대폭 완화하는 시범 사업 개정안을 발표했다. 개정안이 통과되면 기존의 의료 취약 지역에서도 초진부터 비대면 진료 이용 범위가 확대될 전망이다. 개정 법안대로라면 초진 허용 범위의 확대, 재진 기준 완화, 진료 시간 확대 등으로 디지털 헬스케어 산업의 성장 기반이 조성될 전망이다. 원격 의료 산업이 활성화된 국가들의 사례를 보면, 국내 기업들도 향후 강한 성장이 기대된다. 관련 기업들을 살펴보면 다음과 같다.

인성정보

산업통상자원부의 국책 과제로 원격 임상시험 서비스를 개발하며 22억 원을 수주했다. 국내 유일의 원격 의료 전용 기기로 식약처 인증을 완료했으며, 대구 지역 요양원에 필요한 원격 의료 시스템을 지원하고 있다.

유비케어(*)

국내 병·의원의 전자의무기록(EMR) 시장 점유율 1위 기업으로, 진료 예약 및 관리, 접수, 실시간 대기 시간 안내 등을 지원하는 M도우미 서비스를 운영 중이다. 전국 2만 개 이상의 병원과 약국으로 구성된 국내 최대 의료 네트워크를 보유하고 있다.

비트컴퓨터

클라우드 기반 의료 정보 시스템을 개발 및 공급하며, 2020년 11월 개인건강기록 (PHR) 중심의 통합 의료 정보 플랫폼 구축 사업을 완료했다.

소프트센

자체 개발한 의료 정보 빅데이터 및 AI 솔루션인 '빅센메드'를 주요 대형 병원과 국·공립 병원에 공급하고 있다.

이지케어텍(*)

사우디아라비아에 원격 의료 솔루션을 수출하고 있으며, 국내 상급 병원 시장 점유율 1위의 의료 정보 시스템 전문 기업이다. 현재 100여 개 대형 병원 중 32곳을 고객으로 두고 있으며, 클라우드 기반 의료 정보 시스템을 개발 중이다.

라이프시맨틱스

스마트폰을 통해 원하는 진료 과목을 선택해 전문의와 연결하는 시스템을 구축했으며, 메타버스를 활용한 원격 의료 시스템을 추진하고 있다.

나노엔텍

SK텔레콤의 자회사로, 이 회사의 체외 진단 장비는 음성·양성 판정뿐만 아니라 양성 수치를 측정할 수 있는 기능을 갖췄다. 이 기술은 원격 의료에도 활용이 가능하다.

인피니트헬스케어(*)

의료영상획득장비(PACS) 시장 점유율 1위 기업으로, PACS를 통해 촬영한 영상을 디지털화해 저장하고 전문의가 실시간으로 조회·판독할 수 있도록 돕는다. 또한, 생성된 의료 데이터를 통합 관리할 수 있는 의료 데이터 통합 플랫폼을 제공한다.

뷰웍스

엑스레이 영상을 디지털화해 컴퓨터로 전송하는 장치를 생산하며, 의료 디지털 영상 솔루션을 보유한 기업이다.

케어랩스

병원과 약국의 위치를 검색할 수 있는 애플리케이션 굿닥을 운영하며, 원격 진료 서비스와 관련된 기능(처방전 요청, 진료비 수납, 원격 의료 서비스 제공 기관 모아보기 등)을 제공하고 있다.

• 의료 AI •

AI 기술 발전은 헬스케어 산업 분야로 확대되면서 의료 분야에 혁신을 야기하고 있다. AI 기술로 빠르고 정확한 진료와 진단이 가능하고 의료진의 업무 부담을 경감해 준다. 대량의 의료 데이터를 분석해 개인 맞춤형 치료 계획을 제시하는 것은 물론 예방적 접근 방식을 통해 질병의 예측에도 도움을 준다.

딥러닝과 머신러닝 알고리즘을 적용한 AI 기반의 헬스케어는 환자의 편의성은 물론 건강한 사회 구축에 크게 기여할 것으로 기대된다. AI를 통해 의료 영상 이미지를 분석해 질병을 감지하거나 진단하는 데 활용함으로써 환자의 생존률을 높이고, 의사의 의사결정을 지원할 수 있다. 환자의 데이터를 분석해 유전자 정보와 치료 결과 데이터를 AI에 학습시켜 개인 맞춤형 약물을 개발하거나 효과적인 치료법을 찾을 수도 있다. 약물의 부작용을 예측하고, 이를 개선하는 데도 활용이 가능하다. 의료 AI와 관련한 기업은 다음과 같다.

루닛(*)

딥러닝 기술을 통해 인간의 시각적 한계를 보완하는 판독 보조 솔루션을 개발해 상용화했다. 주요 제품으로는 암 진단 관련 영상 판독 보조 솔루션인 유닛 인사이트와 암 치료 관련 이미징 바이오 솔루션인 유닛 스코프가 있다.

유닛 스코프는 2022년 유럽 CE 인증을 획득했으며, 추가적인 인허가를 위해 임상시험을 진행 중이다. 또한 의료 영상 기반의 새로운 바이오마커를 찾아내는 이미징 바이오마커 솔루션을 개발하고 있다.

딥노이드(*)

식약처의 인허가를 받은 총 15개의 DEEP AI 솔루션 제품을 보유하고 있다. 자체 개발한 딥파이(인공지능 개발 툴)와 딥스토어(인공지능 마켓플레이스)도 보유하고 있다. 딥뉴로는 진단 과정에서 활용되며, MRA 촬영 비용의 10~15%가 매출로 반영된다. 현재 의료보험 수가 적용 초기 단계로 점차 확산될 전망이다. 이외에도 딥스파인, 딥러닝, 딥체스트 등의 AI 기술이 상용화되면 매출이 본격화될 것으로 예상된다.

자체 생성형 AI 모델을 활용하여 의료 분야에서 판독문 서비스를 준비 중으로 기존 가슴 엑스레이 판독 솔루션만 FDA를 준비 중이었다. 그러나 판독 솔루션(M4CXR)으로 국내 허가 취득 후 FDA 승인까지 도전할 것으로 예상된다.

뷰노(*)

딥러닝 기술을 기반으로 생체 신호와 의료 영상(엑스레이, CT, MRI, 안저 영상 등)을 분석해 예후 및 진단 서비스를 제공한다. 진단 솔루션, 예후·예측 솔루션, 서버 등의 제품 영역을 갖추고 있으며, 의료 부문의 AI 소프트웨어를 상용화했다.

제이엘케이(*)

한국인 뇌 MR 영상센터와 독점 계약을 통해 10년 이상의 연구 데이터를 확보했다. AI 원천 알고리즘 기술을 기반으로 뇌졸중의 전 주기에 특화된 AI 솔루션을 보유하고 있으며, 골든타임 내에 신속하고 정확한 진단과 치료 방침 결정을 지원한다.

퀀타매트릭스

AI를 이용해 숨은 암세포를 검출하는 연구에 성공했으며, 상용화될 가능성이 있다.

클리노믹스

AI 기반의 폐암 조기 진단 기술을 개발했으며, 혈액 내 극미량의 암 DNA를 포착해 폐암 유무를 확인하는 AI 알고리즘 개발에 성공했다.

이지케어텍

과학기술정보통신부의 국가전략 프로젝트인 '닥터 앤서 치매 진단 보조 AI S/W 개발'을 분당서울대학교병원과 공동 수행하고 있다.

셀바스헬스케어(*)

의료 기업 메디아나의 지분 37.52%를 확보해(최대 주주), 국내 유일의 의료기기 및 진단기기 하드웨어와 AI·소프트웨어 기술 경쟁력을 보유한 AI 혁신 기업으로 주목받고 있다. 계열사인 셀바스 AI의 AI 음성인식 기술을 의료 기기에 적용했다.

• 의료용 마리화나(대마) •

최근 미국을 비롯해 캐나다, 우루과이, 태국 등이 의료용 대마의 합법화 단계를 거치는 추세다. 독일 등 유럽 국가들도 의료용 대마를 환자들에게 처방하는 등 국가별 합법화가 확대되고 있다. 희귀 난치 질환 등의 치료에 도움이 되는 의료용 대마와 CBD(Caanabidiol) 관련 시장도 점차 확대되면서 국내에서도 대마 성분 의약품에 대한 관심이 높아지고 있다.

식약처는 마약류관리법 개정을 통해 대마 성분 의약품의 국내 제조와 수입을 허용하는 일종의 대마 합법화를 추진하려 한다. 합법화 여부는 미지수지만, 멀리 보면 치료용 대마의 합법화는 가능해 보인다. 더 나아가 자가 치료용 대마 성분 의약품을 가지고 입국과 출국도 허용할 가능성이 높다.

우리바이오(*)

의료용 대마의 생산 및 연구 개발을 진행 중이며, 경기도 안산 스마트팜에서 의료용 대마를 개발하고 있다. 고순도 의료 의약품 성분을 추출 및 정제하는 기술도 개발 중이다.

마이더스AI

미국 마리화나 생산 기업인 멜로즈패실리티매니지먼트(MFM)의 지분을 보유하고 있다.

화일약품(*)

의료용 대마의 퇴행성 뇌 질환 관련 특허를 획득했으며, 카나비스메디칼(KAIST와 의료용 대마를 활용한 연구 개발 투자 진행 중)의 지분 49.155%를 보유하고 있다.

비엘팜텍

프리미엄급 NFP 압착 대마종자유를 출시한 이력이 있다.

아이큐어

자회사 아이큐어비앤피를 통해 의료용 대마 약물 개발에 대한 특허를 보유하고 있다.

EDGC

의료용 대마 재배 단지 조성을 검토하고 있다.

오성첨단소재(*)

카나비스메디칼의 지분 50.85%를 보유하고 있다.

헬스케어 분야의 의약품은 신약 개발, 의료 기기, AI 솔루션 등 다양한 테마로 나뉘며, 그 종류와 범위가 매우 방대하다. 이 모든 테마를 일일이 다루기는 어려워 대표적인 테마주를 중심으로 살펴보았으며, 앞으로 각 테마에 속한 상장 기업들이 계속 늘어남에 따라 기존에 제시한 종목 외의 기업들도 지속적으로 업데이트해야 한다.

IT
(반도체 중심)

IT(Information Technology)는 글자 그대로 정보기술을 뜻하며, 컴퓨터나 인터넷과 연관된 산업과 기술을 모두 포함하는 광범위한 단어다. 이를 협의로 해석해 ICT(Information Communication Technology)로 표현하기도 한다.

IT 산업은 한국 경제 성장의 중심 산업으로 주식 시장에서도 매우 중요한 위치를 점하고 있다. 코스피에서는 시총 최상위에 삼성전자가 위치하고, SK하이닉스는 LG에너지솔루션(배터리 기업)과 2위 자리를 놓고 경쟁 중이다. 그런가 하면 코스닥에서도 바이오, 2차전지주와 더불어 시총 비중 3대 지수에 해당할 정도로 매우 중요한 위치를 차지하고 있다. 반도체는 메모리(D램과 낸드)와 비메모리(주로 파운드리)로 나눠지는데, 최근 AI 시장이 팽창하면서 관련 테마인 HBM(고대역 메모리)과 파운드리의 첨단 2, 3나노 분야가 크게 주목받고 있다.

여기서는 최근 IT 산업이 글로벌 산업의 중심에 위치한 만큼 주요 테마주를 중심으로 투자자들이 알면 도움이 될 만한 내용들만 간추려 설명한다.

• HBM •

HBM(고대역 메모리)은 CPU와 GPU 간 빠르게 데이터를 전송하는 반도체로 이를 위해 스태킹, 즉 반도체를 쌓아 성능을 향상시키는 것이다. 스태킹을 하면 전기 소모량이 적고, 공간 점유율도 낮으며 데이터 전송 속도도 빨라진다. 주로 AI, 고성능 컴퓨팅, AR(증강 현실) 및 VR(가상 현실), 데이터 센터, 네트워크 장비, 그리고 자율주행 자동차 등에 사용된다.

AI 가속기 = GPU + HBM

AI 가속기는 인공 신경망 및 머신 비전을 포함한 AI 및 기계 학습에 어플리케이션을 가속화하도록 설계된 특수 하드웨어 가속기다. GPU는 컴퓨터 시스템에서 그래픽 연산을 빠르게 처리해 결과값을 모니터에 출력하는 연산 장치로 그래픽 처리 장치라고 한다. 엔비디아는 AI에 들어가는 GPU 공급 업체로 HBM을 이용해 AI 가속기 블랙웰을 생산하고 있고, AMD는 대표적인 마이크로 프로세서 기업으로 역시 HBM을 이용해 MI300X와 그 후속 제품으로 MI325X을 생산한다. 이에 따라 세계적인 메모리 기업인 SK하이닉스, 마이크론 테크놀로지 그리고 삼성전자는 수혜 기업으로 꼽히고, 이와 연계된 한미반도체, 와이씨 등 중소형 반도체 기업들도 시간을 두고 수혜를 볼 것으로 보인다.

SK하이닉스는 MR-MUF(불량률이 낮고 NCF 대비 3배의 생산 공정 속도) 기술을 적용해 현재까지는 엔비디아에 HBM 공급 1위를 기록하고 있고, 삼성전자는 뒤늦게 뛰어든 데다 TC-NCF(적층하고 역을 가하면 휨 현상이 발생해 수율이 낮음) 기술을 적용하면서 엔비디아의 퀄 테스트 통과에 애를 먹고 있다. 결국은 통과될 것이지만, 기술 격차로 인한 피해가 매우 크다는 사실은 피해갈 수 없는 입장이다.

트랜드포스는 D램 시장 내에서 HBM의 매출 비중이 2025년 기준 30% 이상으로 높아질 것으로 추정하고 있어 메모리 반도체 기업별 순위가 바뀔 수도 있음을 시사하고 있다. 그래서 AI 시대에 매우 중요한 역할을 하는 반도체는 주목해야 할 테마이다.

한미반도체(*)

AI 반도체에 탑재되는 HBM 필수 공정 장비인 '듀얼 TC 본더 1.0 드래곤'을 SK하이닉스로부터 수주한 기업이다. 향후 D램 시장에서 HBM의 비중이 확대되면서 TC 본더 수요가 더욱 강화될 것으로 예상된다. 약 3,000억 원 규모의 듀얼 TC 본더 증설을 통해 HBM 관련 성장이 주목받고 있다. 다만 경쟁사의 부각은 공급 단가 하락에 따른 성장률 둔화로 이어질 수 있다는 점을 유의해야 한다.

넥스틴(*)

입체감 있는 3D 기술로 HBM(특히 HBM3E 12단)에서 발생할 수 있는 휨 등의 결함을 정밀하게 잡아내는 장비를 개발하고, SK하이닉스에 공급하기 위한 테스트를 진행 중이다.

프로텍

레이저를 활용해 PCB와 칩을 붙이는 레이저 리플로우 장비를 생산하는 기업이다. 이 장비는 TC 방식 대비 열 손실이 적고 웨이퍼 또는 칩의 뒤틀림이 적어 첨단 패키징 업계의 주요 과제를 해결하는 데 주목받고 있다.

이오테크닉스(*)

레이저 그루빙 장비를 파운드리 고객사의 비메모리 반도체 공정에 납품하는 기업이다. 이 장비는 웨이퍼를 칩 단위로 자르기 전 홈을 파는 역할을 하며, 고객사인 삼성전자의 HBM 양산 라인에 레이스 스텔스 다이싱 장비가 투입될 것으로 예상된다.

오픈엣지테크놀로지(*)

글로벌 HBM3 IP를 제공할 수 있는 시놉시스와 함께 독보적인 경쟁력을 갖춘 기업이다. 동사의 LPDDR5 PHY IP는 TSMC N7과 N6 공정에 적용이 가능하며, N5 DDR5용 PHY IP도 개발 중이다. 2024년 TSMC IP 동맹 가입이 전망되며, AI 반도체의 핵심인 NPU IP와 메모리 시스템 IP를 동시에 공급할 수 있는 세계 유일의 기업으로 평가받고 있다.

에스티아이

삼성전자에 연속적인 HBM 용 가압 장비를 공급하는 기업이다.

대덕전자

FC−BGA를 제조하는 기업으로, 고대역 메모리인 HBM 구조에서 FC−BGA가 적용된다. AI 시장의 팽창에 따른 HBM 수요 증가로 수혜가 기대된다.

인텍플러스(*)

글로벌 반도체 기업들의 시설 설비가 AI 관련 특수 분야(HBM, 패키징, 선단 공정 등)에 집중됨에 따라 삼성전자향 Adv PKG 검사 장비의 수주 증가가 예상된다. 또한 삼성전자의 I-Cube 패키징 라인 증설로 추가 수주가 이어질 전망이다.

제우스

첨단 패키징에 필수적인 HBM 공정을 검증하고 장비 국산화를 완료한 기업으로, 점유율을 확대하고 있다.

펨트론(*)

스크래치, 브릿지, 크랙 등 반도체 패키지 불량을 잡아내고 정확성을 확인하며 소팅까지 지원하는 패키지용 자동 비전 검사기 '아폴론'을 개발해 본격 양산에 돌입했다. HBM과 반도체 패키지 검사 수요 증가에 따라 아폴론이 이를 대체할 수 있을 것으로 기대된다.

덕산하이메탈

HBM 사이에서 데이터 전송을 위한 가교 역할을 하는 범프 제조를 위한 '솔더볼'을 메모리 기업에 공급하고 있다.

솔브레인(홀딩스)

HBM 공정 중 발생하는 구리층을 제거하는 슬러리를 세계에서 유일하게 공급하는 기업이다. HBM은 D램 칩에 1000개 이상의 구멍을 뚫고 구리를 채워 배선을 만드는 실리콘관통전극(TSV) 공정을 거치는데, 이 과정에서 발생하는 구리를 제거하는 기술을 보유하고 있다.

HPSP(*)

고압 수소 어닐링 장비를 제조하는 기업으로, 이 장비가 HBM 제조 공정에 도입될 가능성이 높다. 최근 대주주 매각 발표 후 예비 입찰에 콜버그크래비스로버츠(KKR), 칼라일, 블랙스톤, 베인캐피탈, MBK파트너스가 참여해 성공적인 매각 여부도 중요한 변수다.

에스티아이(*)

HBM3E용 플럭스리스 리플로우 장비를 제조하는 기업으로, 납품 증가가 기대된다. SK하이닉스는 HBM4용 장비로 플럭스리스 본더를 도입할 가능성을 검토 중인 것으로 알려져 있다.

케이씨텍

HBM향 CMP 소재를 공급하는 기업이다.

디아이티

HBM3E용 레이저 어닐링 장비의 수주 확대가 기대되는 기업이다.

아이엠티

HBM용 CO_2 Cleaning 장비의 수주가 기대되는 기업이다.

유진테크

HBM3E 공정에 적용되는 1bnm 공정용 박막 증착 장비를 보유한 기업이다.

• On Device AI •

인공지능 시대의 도래로 스마트폰, 웨어러블 기기, 로봇청소기, 세탁기 그리고 자율주행차 등에서 사물인터넷까지 폭넓은 카테고리에 인공지능 기술이 적용되고 있다. 차세대 딥러닝 기술로 주목받고 있는 것이 'On Device AI'다.

지금까지 인공지능 기술은 모바일 등 스마트 기기를 통해 수집한 정보를 중앙 클라우드 서버로 전송해서 분석하고 다시 전송하는 식이었지만, On Device AI는 원거리의 클라우드 서버를 통하지 않고 스마트 기기 자체적으로 정보를 수집하고 연산하는 방식이다.

On Device AI는 단말기 내부에서 정보를 처리하기 때문에 빠른 작업이 가능하고 클라우드를 이용하면서 유발되는 보안 문제가 없으며, 별도의 네트워크가 필요 없기 때문에 인터넷이 어려운 환경에서도 일정 부분의 작업이 가능하다.

On Device AI에서 지연없이 실시간으로 다양한 연산을 처리하는 시스템 반도체 신경망처리장치(NPU)가 탑재되어 모바일 기기 자체에서 기존 대비 7배나 빠른 AI 연산 처리가 가능해졌고, 기업들은 지속적으로 NPU 성능을 높이기 위한 기술 개발을 지속하고 있다.

On Device AI에서 주목을 받는 것은 NPU(딥러닝 모델의 추론과 학습을 가속화하는 역할)에 이어 각종 디바이스에 탑재되는 필수 핵심 반도체로 전자제품의 두뇌 역할을 하는 MCU(저전력으로 AI 추론을 가속화하기 위해 설계된 칩셋), 그리고 기억 기능, 입출력 제어 기능을 추가해 한 개의 칩 LSI에 집적한 장치인 NCU 등이 있다. 이와 관련한 기업은 다음과 같다.

칩스앤미디어(*)

슈퍼 레졸루션(SR), 노이즈 리덕션(NR), 객체 검출(OD) 등의 기능을 구동할 수 있는 자체 NPU(신경망처리장치)를 개발한 기업이다. 이 NPU IP는 고객에게 SR, NR, OD 알고리즘까지 함께 공급할 수 있는 전 세계 유일의 영상 처리 특화 AI 통합 솔루션이다. 자율주행차 및 메타버스 기술 구현에 이 기업의 기술이 활용될 전망이다.

제주반도체(*)

On Device AI 구현에 필수적인 LPDDR(저전력 메모리 반도체)의 매출 비중이 70% 이상을 차지하는 기업이다. 향후 5G IoT 시장의 성장과 함께 스마트홈 및 스마트팩토리용 연결 기기 수요 확대가 기대된다.

리노공업

2024년부터 AR/VR(증강현실/가상현실), NPU, 온디바이스, 온센서 등 IT 사업에서 자체 개발 중인 신규 디바이스 다변화와 연구 개발용 소켓 수요 증가가 예상되는 기업이다.

오픈엣지테크놀로지(*)

반도체 회로의 특정 기능을 담당하는 블록(IP)을 개발해 반도체 팹리스 기업에 공급한다. 메모리와 시스템온칩(SoC) 간 통신을 담당하는 PHY와 메모리 컨트롤러 IP를 주력으로 개발 중이며, 최근 신경망처리장치(NPU)도 개발해 텔레칩스 등 반도체 기업에 공급하고 있다.

삼성전기

On Device AI 기술의 발전에 따라 기판의 미세 회로 평균판매단가(ASP) 상승이 기대되는 기업이다.

• CXL (컴퓨터 익스프레스 링크) •

CXL은 CPU(중앙처리장치)와 메모리 반도체를 잇는 인터페이스 기술을 의미한다. 고성능 CXL은 D램 적용 시 서버 한 대당 메모리 용량을 8~10배 이상 늘릴 수 있어 대용량 데이터를 처리해야 하는 AI 기술에 최적화된 것으로 평가받고 있다.

CXL은 반도체 메모리와 연산을 담당하는 프로세서의 데이터 통신을 위한 표준이다. CPU와 GPU 그리고 저장 장치 등을 연결할 수 있는 인터페이스라고 할 수 있다. HBM 등을 적용할 경우 관련 데이터 처리가 빨라도 이를 효율적으로 활용하기 위한 서버 교체 등이 필요하지만, CXL 표준이 적용되어 공용 메모리 풀을 만들면 이러한 부담이 필요 없다. 이는 곧 데이터 처리 후 전송하는 과정에서의 병목 현상을 줄여줘 반도체 시스템의 상호간 운용이 편리해진다.

글로벌 CXL 시장 규모는 2028년 150억 달러(약 20조 원)에 달할 전망이고, 그중 80%인 120억 달러(약 16조 원)를 CXL D램 시장이 차지할 것으로 전망하고 있다.

AI 반도체 시장이 개화되면서 CXL이 새로운 D램 규격으로 부상하고 있는 가운데 반도체 설계 자산(IP)기업, 소부장 등의 기업들이 CXL 분야에 진입하고 있는 추세다. CXL에 기반이 되는 차세대 인터페이스 PCIe(Peripheral Component Interconnect Express : 거의 모든 데스크탑 컴퓨터에서 찾을 수 있는 업계 표준의 고속버스로 PCI 슬롯을 통해 그래픽/비이오카드, 사운드카드, 네트워크 카드 등 다양한 확장 카드를 쉽게 설치할 수 있음)와 D램을 제어하는 CXL 컨트롤러 IP 기업은 물론 CXL 모듈, D램 검사 장비 기업들도 시장에 합류하는 추세다. CXL 관련 주요 기업들은 다음과 같다

오픈엣지테크놀로지(*)

AI 반도체 IP 솔루션 기업으로, 고객사의 IP를 선행적으로 개발해 파운드리, 팹리스, 디자인하우스 등에 제공하고 라이선스와 로열티를 수익 모델로 하고 있다. 주요 사업 영역은 NPU, 메모리 컨트롤러(고속 데이터 통신 제어), On Chip Interconnect(데이터 이동 통로), PHY(고속 데이터 전송) 등이다. 국내외 메모리 기업들이 CXL 제품을 출시하며 자체적으로 CXL 컨트롤러를 개발 중인데, 이를 구현하기 위해서는 CXL 컨트롤러 IP가 필수적이다. 이 회사가 제공하는 메모리 컨트롤러 IP는 CXL 컨트롤러 칩 개발의 핵심 IP로 채택될 가능성이 매우 높다.

코리아써키트(*)

삼성전자를 주요 고객으로 두고 있으며, 삼성전자가 CXL 기술을 주도하는 만큼 수혜가 기대된다. DDR5 제품 모듈과 자체 SSD, CXL을 개발 중이다.

퀄리타스반도체(*)

차세대 인터페이스 규격인 PCIe 6.0 PHY IP 기술을 개발 중이다. PCIe 6.0은 현재 주로 사용되는 PCIe 4.0에 비해 2배 빠른 속도를 제공하며, 높은 경쟁력을 갖추고 있다. 개발이 완료되면 본격적인 양산이 시작될 것으로 예상된다.

네오셈(*)

SSD 검사 장비 글로벌 점유율 1위 기업으로, 신제품 Gen5 SSD에 대한 매출이 본격화되고 있다. 2023년 세계 최초로 CXL D램 검사 장비를 상용화했으며, 삼성전자는 CXL 기술 선점을 통해 HBM 시장에서 초격차를 이어갈 계획이다. 동사는 2022년에 CXL D램 검사 장비를 세계 최초로 상용화해 현재 고도화를 진행 중이며, 삼성전자에 납품이 기대된다.

오킨스전자

반도체 검사 장비용 소켓과 커넥터를 전문으로 하는 기업으로, 2023년에 CXL 생산의 기반이 되는 DDR5 메모리 테스트용 인터페이스 개발을 완료했다.

2차전지

2차전지는 이전까지의 일반적인 전지인 니켈, 카드뮴 전지와는 달리 충전을 통해 반영구적으로 사용할 수 있는 전지를 의미한다. 여기서는 자동차에 주로 사용되는 리튬이온전지를 중심으로 알아보자. 리튬이온전지가 2차전지 시장을 주도하게 된 이유는 반복적 충전으로 반영구적인 수명을 유지할 수 있다는 점과 경량화 및 소형화가 가능하다는 점, 그리고 짧은 충전 시간에 비해 수명이 길다는 점, 그리고 환경오염이 덜하다는 점을 들 수 있다.

오늘날 지구 온난화에 의한 기상 이변은 글로벌 국가들의 환경오염을 줄이기 위한 구체적 액션으로 이어지고 있다. 경제 상황에 따라 그 속도가 느려질 수도 있지만, 큰 틀에서 보면 친환경적인 정책적 방향이 대세임은 누구도 부정할 수 없다. 2030~2040년이 되면 내연기관의 자동차는 친환경 정책으로 인해 점차 사라질 것이며, 자동차 산업은 전기차로 대체될 것이다. 일각에서는 캐즘(일시적 수요 위축)과 트럼프 정권의 배타적 정책으로 전기차와 2차전지 산업이 위기를 맞을 것으로 보기도 하지만, 연구 개발에 따른 문제점이 개선되면서 점차 내연차를 몰아낼 것으로 예상된다.

2차전지의 활성 성분은 양극과 음극 물질을 구성하는 화학 물질과 전해질로 양극 및 음극은 상이한 물질로 구성된다. 충전 과정에서 양극(Cathode)은 환원 전위를 나타내고, 음극(Anode)은 산화 전위를 갖는다.

리튬이온전지는 리튬이온이 양극재와 음극재 사이를 이동하는 화학적 반응으로 전기를 생산한다. 이때 추가적으로 양극과 음극 간 리튬이온의 이동통로 역할을 해주는 물질인 전해액과 양극과 음극이 서로 닿지 않고 전해액에 다른 물질이 침범하지 않도록 방어해주는 분리막이 필요하다.

양극은 리튬이온 소스로 배터리의 용량과 평균 전압을 결정하고, 음극은 양극에서 나온 리튬이온을 저장 및 방출하면서 전류를 흐르게 하는 역할을 한다. 전해액은 이온이 원활하게 이동하도록 돕는 매개체이며, 분리막은 양극과 음극의 접촉을 차단하는 역할을 한다.

2차전지는 4대 구성 요소 외에도 구동하는 과정에서의 문제점이나 배터리의 효율성을 높이기 위해 다양한 소재 등이 필요하고, 또한 더욱 진화된 기술을 통해 높은 성능을 기대하게 한다.

가격 면에서 전기차의 40%를 차지하는 배터리는 양극재, 음극재, 분리막, 전해질 등으로 구성되며, 그중 양극재가 차지하는 비중도 40%에 이른다. 양극재는 전구체와 리튬으로 구성되고, 전구체가 차지하는 비중은 60%, 리튬이 차지하는 비중은 40%다. 비중이 높은 분야는 그만큼 관련 주가에 미치는 영향도 클 수밖에 없다. 그러니 분야별 핵심 종목들에 대해 미리 파악해 두는 것이 바람직하다.

전기차 캐즘(일시적 수요 위축에 의한 판매 둔화)에서 벗어날 시점이 다가오고 있다. 이는 2차전지주의 각 부문 핵심주에 대한 관심을 높여야 함을 의미한다. 이와 관련된 분야별 기업들을 살펴보면 다음과 같다(많이 알려진 배터리 관련 기업은 배제했다).

• 양극재 •

양극재는 리튬과 전구체(니켈, 코발트, 망간의 화학적 합성)로 구성된다. 용량과 에너지 밀도가 높아 주행거리와 출력이 중요한 전기차 배터리 소재로 가장 많이 사용되는 삼원계 양극재다. 니켈 함량이 80% 이상이면 하이니켈로 보며 니켈 함량에 따라 NCM622, NCM811 등으로 불린다.

양극재는 배터리의 특성을 결정하는 중요 요소로 리튬이온전지 배터리 중 양극재가 차지하는 원가 비중은 약 40%로 이상으로 높은 비중을 차지한다. 그래서 성능도 중요하지만 경쟁에서 우위를 점하기 위해서는 원가 절감을 위한 기술 혁신이 필요하다. 참고로 양극재의 종류는 다음 표와 같다.

양극재 종류					
항목	LCO	NCM	NCA	LMO	LFP
분자식	$LiCoO_2$	$Li(Ni,Co,Mn)O_2$	$Li(Ni,Co,Al)O_2$	$LiMn_2O_4$	$LiFePO_4$
구조	층상 (layered)	층상 (layered)	층상 (layered)	스피넬 (spinel)	올리빈 (olivine)
안정성	2	3	1	2	4
비용	3	3	2	3	3
수명	2	3	3	2	4
밀도	4	4	4	3	2
용도	소형	소형, 중대형	소형, 중대형	중대형	중대형

우리나라의 양극재 대표 기업들을 살펴보자.

에코프로비엠(*)

경제 상황이 좋지 않을 경우 저렴한 전기차에 대한 수요가 증가하면서 삼원계 배터리보다 LFP 배터리 수요가 늘어날 가능성이 크다. 2030년까지 LFP 배터리 시장 점유율이 40%에 이를 것이라는 전망 속에서, 양극재 비중이 높은 이 기업은 부담될 수 있다. 다만, NCMA 양극재(니켈 비중 93% 이상)가 상용화되면 무게당 에너지 밀도가 높은 하이니켈 제품이 가격 경쟁력을 확보해 LFP 배터리의 이점이 줄어들 가능성도 있다. 경기회복 시 질적으로 우수한 삼원계 배터리에 대한 수요가 증가하고, 가격 차별화가 가능해지면 이 기업의 매출과 이익도 개선될 것으로 예상된다. 국내 최고의 양극재 기업으로서 경기 상황에 따라 대응 전략 조정이 필요하다. 특히 리튬 가격 회복 시 탄력적인 움직임이 기대되지만, 가격이 위축될 경우 어려움이 따를 수 있음을 유념해야 한다.

포스코퓨처엠(*)

고용량 하이니켈계 NCM을 개발해 2017년부터 높은 안정성의 양극재를 생산하고 있다. 2030년까지 100만 톤의 양극재 생산량을 목표로 지주사인 포스코홀딩스의 지원 하에 공격적인 증설을 진행 중이다. 또한, 국내 유일의 전연 흑연계 음극재는 2023년 8.2만 톤에서 2030년까지 37만 톤으로, 양극재의 일부인 전구체는 2030년까지 100만 톤으로 생산 캐파를 늘릴 계획이다.

LG화학

북미 전기차 배터리 시장을 목표로 2026년부터 연간 6만 톤 규모의 양극재를 생산하며, GM, 도요타 등 글로벌 전기차 기업들과 공급 계약을 체결하고 있다. 미국 IRA 법안 요건을 충족해 세제와 보조금 혜택을 받을 수 있는 점이 긍정적이다. 또한 고려아연과 합작으로 한국전구체주식회사를 설립하며 전구체 시장에도 진출하고 있다. 다만, 2차전지 사업은 동사의 전체 사업 부문 중 일부로, 성과 대비 존재감이 미미할 수 있다.

엘앤에프(*)

새로닉스가 이 기업의 지분 15%를 보유한 최대주주이다. 최근 미국의 중국 2차전지 기업에 대한 제재가 부담 요인으로 작용하고 있다. 중국의 무석광미래 신재료유한공사를 종속회사로 두고 있어 미국의 견제 정책에 영향을 받을 가능성이 있다. 그러나 이 기업의 양극재는 LG에너지솔루션을 통해 테슬라 모델Y에 사용되는 원통형 전지에 공급되고 있어 기술력과 우수성이 입증된 상황이다. LG에너지솔루션의 생산 캐파 확대와 테슬라의 배터리 내재화가 진행될수록 이 기업의 입지는 더욱 강화될 것으로 보인다. 전기차 시장의 성장이 동사의 실적에 긍정적으로 작용하면 새로닉스도 수혜를 받을 가능성이 있다.

코스모신소재

매출 구성에서 양극활물질이 85%, 기능성 필름이 11%, 토너가 4%를 차지하고 있다. 양극활물질은 전기차 및 ESS용 배터리 소재로 사용되며, 기능성 필름은 MLCC 제조 공정에 사용된다. 최근 전기차용 양극재 수요 증가로 유상증자를 통해 자금을 확보하며 캐파 확대를 진행 중이다. MCM 양극재의 비중은 앞으로 더 확대될 전망이며, 전구체 사업 또한 전기차 시장 확대로 우호적인 환경이 조성될 것으로 예상된다.

• 음극재 •

양극에서 나온 리튬이온을 저장했다가 방출하면서 전류를 흐르게 하는 역할을 하는 것이 음극재다. 충전 상태일 때 리튬이온은 음극에 존재하고 음극에서 양극으로 리튬이온이 이동하면서 전기를 발생시킨다. 음극재의 소재로 흑연, 그래파이트, 실리콘, 리튬 금속 등이 사용되는데 이 중 흑연이 가장 많이 사용된다. 흑연은 규칙적인 형태의 층상 구조로 리튬이온이 음극으로 이동해 도달하면 흑연 층 사이에 저장된다. 문제는 흑연은 팽창되면서 부피가 늘어나는 경향이 있어 배터리 수명이 줄어드는 단점이 있다. 그래서 배터리 성능 향상을 위해 음극활 소재 개발이 주요 과제로 남아 있다.

업계는 흑연의 단점을 커버할 소재로 실리콘 개발에 주력하고 있다. 흑연은 탄소 6개 당 리튬이온 한 개 정도를 저장하지만, 실리콘은 원자 한 개당 리튬이온 4.4개의 저장이 가능하다. 흑연의 경우 출력이 낮은 반면 수명이 길고, 실리콘 음극재는 출력과 용량이 크고 수명은 짧다. 실리콘 음극재는 5%만 첨가해도 배터리 용량을 최대 20% 향상시키고, 충전 속도를 최대 50% 단축시킬 수 있다.

업계의 방향은 이 두 소재의 단점을 개선하고 장점을 살리기 위해 흑연을 바탕으로 실리콘 첨가제를 개발하는 방향으로 나아가고 있는 추세다. 다만 이를 상용화하는 데는 시간이 걸릴 것으로 보인다.

실리콘은 부피 팽창의 문제가 있다. 이를 해결하기 위해 실리콘을 Oxide로 감싸는 기술(SiOx)이나 CNT 도전재를 적용하고 있다. 실리콘 음극재 시장 규모는 지속적으로 확대되어 2025년 최대 4조 원에 이를 것으로 추정된다. 전체 음극재 시장에서 차지하는 실리콘 음극재의 비중도 2019년 3%에서 2025년 10% 이상이 될 것으로 전망한다. 음극재 관련주는 다음과 같다.

포스코퓨처엠(∗)

자회사인 포스코실리콘솔루션을 통해 실리콘 음극재 생산 기술을 보유하고 있는 기업이다. 음극재 시장에서 글로벌 점유율 약 8%를 차지하며 국내에서 강력한 시장 지위를 가지고 있다.

대주전자재료(∗)

2019년 포르쉐의 타이칸에 실리콘 음극재를 공급하며 기술력을 인정받은 기업이다. 전기차 배터리 성능 향상을 위해 실리콘 음극재 수요가 필수적으로 증가할 것으로 예상되며, 동사의 입지도 강화될 전망이다. 특히 테슬라가 원통형 배터리에 실리콘 음극재 적용을 추진하고 있어 배터리 업계 전반에서 실리콘 음극재 도입이 확대될 가능성이 크다. 동사는 이러한 수요 증가에 대비해 캐파 추가 확대를 계획하고 있다.

한솔케미칼

전북 익산에 750만 톤 규모의 실리콘 음극재 공장을 건설하고, 주요 고객사와 샘플 테스트를 진행한 후 본격적인 생산을 개시할 계획이다. 그룹 차원에서 실리콘 음극재 사업에 적극적인 지원을 하고 있어 주목받고 있다.

애경케미칼

국내 최초로 하드카본 음극재 제조 기술을 개발해 2012년부터 제품을 생산하고 있다. 국내외 여러 나트륨 배터리 제조사와 하드카본 음극재 테스트를 진행 중이며, 반복적인 테스트를 통해 배터리 수명과 품질을 좌우하는 안정적인 방전 용량을 개선하고 있다. 하드카본 음극재는 나트륨(소듐)이온 배터리(SIB)의 필수 소재로, 천연흑연 음극재가 쓰이는 리튬이온 배터리에 이어 나트륨 배터리 시장에서도 수요 증가가 기대된다.

나노신소재(*)

차세대 음극재인 실리콘 음극재에서 CNT 도전재의 중요성이 높아짐에 따라 국내 최고의 CNT 도전재 기술력을 보유한 기업이다. 이 기업의 2차전지용 CNT 도전재 매출은 점차 증가하고 있으며, 향후 수요도 지속적으로 확대될 것으로 예상된다.

• 전해액(Electrolyte), 전해질 •

전기를 분해할 때 전해조 속에 넣은 용액, 기본적으로 전해하려고 하는 화합물, 용액에 도전성을 부여하기 위한 지지 전해질, 이것들을 용해하기 위한 용매의 3성분으로 구성되는 것이 전해액이다. 전해액은 양이온과 음이온을 같이 함유하고 이들 이온의 이동에 의해 전하를 운반할 수 있는 액체다. 전해질은 이온으로 해리할 수 있는 화합물이 풀려 있는 용액이다.

전해조가 음극실과 양극실로 구분되어 있을 때 각기 속에 들러가는 전해액을 음극액 및 양극액이라고 부르고, 전해는 아니지만 전지의 경우에도 전해액이라는 용어를 사용한다. 쉽게 말해 2차전지 내 리튬이온의 이동을 담당하는 매개체가 전해액(리튬이온이 이동하는 연결 통로 역할)이다. 배터리 생산 비용에서 차지하는 비중은 15% 전후에 이른다. 그리고 전해질은 용융되거나 용액에 용해될 때 자유 이온을 방출하면서 전류가 흐를 수 있도록 하는 물질이다.

전해액의 원가 비중은 전해질 40%, 첨가제 30%, 용매 30%로 구성된다. 용매에 비해 전해질과 첨가체의 가격 변동이 크며, 이에 따라 전해액 기업들의 수익성에도 영향을 미친다. 전해액 내 전해질의 원가 비중은 60~70%로 매우 높은 수준이다.

전해액은 미국의 IRA 규정에서 배터리 부품에 해당하며, 리튬염과 첨가제는 핵심 광물로 분류된다. 이에 따라 2025년부터 중국산 리튬염과 첨가제를 사용한 배터리는 보조금을 받을 수 없다. 그래서 관련 기업들은 중국산을 국산으로 대체해야 할 상황이다. 전해질, 전해액 관련주는 다음과 같다.

엔켐(*)

국내 1위 전해액 기업으로, SK온의 메인 벤더이며 조지아 공장에서는 단독으로 전해액을 납품하는 솔 벤더(단일 공급선)이다. 미국 내 대규모 증설로 주목받고 있으며, LiPF6(육불화인산리튬)의 조달 안정화를 위해 국내 최다 장기 고급 계약을 체결했다. 또한, JV(Shida 합작) 설립을 통해 LiPF6 내재화를 추진 중이며, 전고체 시장에도 진출할 준비를 갖추고 있다.

천보(*)

LiFSI(F 전해질), VC(Vinylene), FEC(Fluorethylene Carbonate) 등 14종의 전해액 첨가제를 생산하는 기업으로, 전해액 첨가제가 매출의 66%를 차지한다. 2차전지 시장의 성장과 함께 2026년까지 공격적인 증설 계획을 발표했다.

솔브레인

2차전지 전해액 매출이 전체 매출의 16%를 차지하는 기업이다. 향후 2차전지 시장의 성장에 따라 전해액 투자 비중을 확대할 가능성이 크다.

후성

LiPF6(육불화인산리튬)을 생산하는 기업으로, 이는 전해질의 95%를 차지하는 핵심 범용 소재다.

덕산데코피아

2021년 8월부터 전해액 첨가제를 양산 공급하기 시작했으며, VC와 FEC 첨가제의 신규 시설 투자를 통해 연간 1,500톤의 생산 능력을 확대할 예정이다.

켐트로스(*)

2차전지 전해액 첨가제를 상용화한 기업으로, 이산화탄소를 포집해 에틸렌 카보네이트로 전환하는 기술을 개발 중이다. 음극재가 없는 2차전지 개발로 인해 동사의 에틸렌 카보네이트 기술이 더욱 주목받고 있다.

동화기업(*)

계열사인 동화일렉트로라이트를 통해 논산, 중국 텐진, 말레이시아, 헝가리에 전해액 공장을 보유하고 있다. 2023년에는 미국 테네시주 클락스빌에 전해질 공장을 착공했으며, 연간 8.6만 톤의 생산 능력을 갖추고 있다.

• 분리막 •

분리막이란 전기가 통하지 않는 절연 소재의 얇은 막이다. 양극과 음극의 직접적인 접촉을 차단하면서 0.01~1.00마이크로미터의 미세한 구멍으로 리튬이온만 통과시켜 전류를 발생시키는 역할을 하는 필름이다.

양극과 음극은 서로 닿으면 리튬이온의 움직임이 기하급수적으로 증가하면서 폭발 위험이 높아진다. 반대로 양극과 음극의 분리에만 집중하다 보면 리튬이온까지 이동이 안 되어 효율성이 크게 떨어지게 된다. 양극과 음극이 서로 접촉하지 않으면서 리튬이온만 잘 지나도록 하는 것이 분리막의 핵심 기술이다.

미국 IRA 규정에서 분리막 역시 FEOC(중국, 러시아, 북한, 이란 등 외국 우려 기업)에서 조달 시 보조금 혜택이 사라짐에 따라 상대적으로 국내 분리막 기업들은 수혜를 받을 가능성이 높다. 대표적인 분리막 기업들은 다음과 같다.

SK아이이테크놀로지(*)

IRA 법안 발표 이후 미국 시장에서 사업을 영위하는 고객사들로부터 한국 분리막 기업에 대한 조달 문의가 증가하고 있다. 중국 기업들이 글로벌 시장에서 65% 이상을 점유했지만, 법안 발표 이후 한국과 일본으로 대체될 가능성이 높아 이 기업에 유리한 환경이 조성되고 있다. 다만, SK온 매출 비중이 높은 것이 단점으로 작용할 수 있다.

SK온의 영업 환경이 호조를 보이면 이 기업의 경영 성과도 개선될 것으로 보이며, 새로운 매출원을 확보하는 것이 중요한 과제로 남아 있다.

더블유씨피(*)

전기차용 2차전지 습식 분리막 제품의 연구, 개발, 제조 및 판매를 전문으로 하는 기업이다. 매출의 100%가 분리막에서 발생하며(단점), IRA 법안의 수혜로 실질적 수혜 폭이 클 것으로 전망된다. 유럽 시장 진출을 위한 헝가리 공장 완공으로 글로벌 기업으로서의 입지를 다지고 있다. 매출 대부분이 삼성SDI로부터 발생하며, 삼성SDI의 영업 호조 여부가 이 기업의 영업 성과에 큰 영향을 미친다. 삼성-스텔란티스 JV 공장 가동이 본격화되면 북미 지역 수요 증가로 연결될 것으로 보인다.

• 전고체 배터리 •

전고체 배터리는 양극과 음극간 전해질이 액체가 아닌 고체로 된 2차전지로 에너지 밀도가 높고 대용량이 가능하다. 전해질이 불연성 고체이기 때문에 폭발 위험이 있는 리튬이온 배터리를 대체할 차세대 배터리로 주목을 받고 있다.

전해질이 고체이다 보니 충격에 의한 누액 위험이 없고, 인화성 물질이 포함되지 않아 발화 가능성이 낮아 안전하다. 액체 전해질보다 에너지 밀도가 높고, 충전 시간도 리튬이온 배터리보다 짧다. 대용량 구현이 가능해 1회 충전에 800km로 주행거리를 늘릴 수 있다. 여기에 확장성이 높아 플렉시블 배터리로 활용할 것으로 보인다. 아직은 전고체 배터리 개발에 성공한 기업은 없지만, 기술 개발과 상용화를 위한 진전은 점진적으로 이루어지면서 2027~2030년에는 상용화가 가능할 것으로 예상된다.

일본 도요타는 파나소닉과 함께 '프라임 플래닛 에너지 앤드 솔루션스'를 설립했고, 폭스바겐은 퀀텀스 케이프와 25년까지 양산라인을 구축하기로 보도되었다. 국내에서는 삼성SDI가 2027년까지 전고체 배터리를 적용한 전기차를 시범 생산한다는 입장이다. 물론 현대차도 2030년에 전고체 배터리를 적용한 전기차를 시범 생산한다는 목표를 설정한 상태다. 이러한 분위기를 바탕으로 전고체 관련주에 관심을 가져볼 필요가 있다. 주요 종목을 살펴보면 다음과 같다.

레이크머티리얼즈(*)

TMA(반도체, 신재생 에너지, 2차전지 생산에 필수적인 화학 물질) 분야의 글로벌 시장에서 높은 위치를 점하고 있는 기업으로, 국내에서는 유일하게 경쟁력이 있다. 자회사 레이크테크놀로지를 통해 전고체용 황화리튬 사업을 준비 중이며, 소재 개발은 이미 완료된 상태로 알려졌다. 2027년 전고체 배터리 양산이 계획된 점을 고려할 때, 황화리튬 벤더로의 구체화는 그 이전에 이루어질 가능성이 높다. 최근 연간 10톤에서 120톤으로 확대된 생산라인 증설을 완료해 양산 샘플 공급 준비를 마친 상태다.

한농화성(*)

LG화학과 함께 국책 과제인 '리튬금속고분자전지용 전고상 고분자 전해질 소재 합성 기술과 상용화 기술 개발'의 주관 기업으로 선정되어 연구를 진행 중이다. 전고체 배터리 전해질 개발을 통해 기술력이 주목받고 있으며, 국책 과제 선정이 높은 기술력을 가진 기업들로 한정된다는 점에서 입지가 더욱 강화될 전망이다.

이수스페셜티케미컬(*)

기존 제품에서 부산물로 생성되는 황화수소를 이용해 분자량 조절제를 제품화한 경험을 바탕으로, 2020년부터 국책 과제에 참여하며 황화리튬 개발을 시작했다. 에코프로비엠, 미국의 솔리드파워, 희성촉매와 MOU를 체결하며 전고체 배터리 소재 분야에서 협력을 강화하고 있다.

씨아이에스(*)

한국전자기술연구원(KETI)으로부터 전고체 전지 핵심 소재인 황화물계 고체 전해질 기술을 이전받아 상용화를 진행 중이다. 이 기술은 고이온 전도가 가능하며, 대기 노출에서도 황화수소가스 발생량을 1/4 수준으로 줄일 수 있다. 또한, 대기 노출 후 이온 전도도 유지율을 높여 전고체 전지 제조 공정의 어려움을 개선할 수 있는 기술로 평가받고 있다.

엘티씨

수소 연료 전지에 사용되는 SOFC(고체 산화물 연료 전지) 전해질 개발을 완료했으며, 차세대 연료 전지 상용화를 준비 중이다. SOFC 전해질 관련 기술을 보유한 국내 유일의 기업으로 주목받고 있다.

아바코

2차전지 관련 사업으로 진출하기 위해 고체 전해질 고속 증착 장비를 개발 중이다.

미래컴퍼니

리튬 기반 차세대 성능 고도화 및 제조 기술 개발 사업에 참여하며, 50cm 이상급 전고체 배터리셀 제조 장비 개발 과제에 선정된 기업이다.

• 폐배터리 •

2차전지용 배터리는 성능과 안정성을 고려해 평균 수명이 대략 7~8년 정도로 교체 주기를 맞는다. 최근 전기차 가격이 저렴해지면서 보급이 확대되는 가운데 일정 기간이 지나면 교체 규모도 커질 전망이다. 전기차가 2018년부터 본격적으로 시장이 보급된 점을 고려하면 2025년부터는 폐배터리가 증가하고, 그로 인해 뽑아낼 수 있는 원재료의 재활용도 점차 커질 것으로 보인다.

폐배터리 시장 규모는 2025년 300억 달러에서 2030년 536억 달러, 그리고 2040년 경에는 1,800억 달러에 이를 것으로 추정된다. 폐배터리는 소재의 재활용을 통해 배터리 가격 안정에 기여하고, 미국의 IRA 법안 기준을 충족시킬 수 있으며, 니켈 4%, 리튬 4%, 코발트 12%를 반드시 재활용 원료를 써야 하는 유럽의 CRMA(Critical Raw Materials Act, 핵심 원자재법)의 기준도 준수할 수 있어 국제 거래 관계의 장애물을 극복할 수 있다는 이점이 있다. 그래서 폐배터리 시장의 성장은 필연적이라는 판단이다. 폐배터리는 배터리의 상태에 따라 재활용과 재사용으로 구분된다.

재활용(리사이클링)은 배터리 및 양극재와 스크랩이나 사용 후 배터리를 이용하는 것으로, 배터리가 폐기물로 처리되기 전 배터리에 함유된 희소금속을 추출하는 데 양극재로 쓰인 니켈, 코발트, 망간 등과 알루미늄, 구리, 플라스틱 등의 원재료를 회수하는 것이다. 재사용은 사용 후 배터리가 원재료이며 간단한 가공을 거쳐 배터리를 다른 용도(보통 ESS)로 재사용한다.

국내 기업들도 향후 높은 수익성을 고려해 진출하고 있고, 시설 투자를 늘리면서 경쟁적으로 뛰어들고 있다. 관련 기업들을 살펴보면 다음과 같다.

성일하이텍(*)

국내 유일의 전·후 처리 습식 공장을 수직계열화한 기업으로, 글로벌 톱 티어 폐배터리 재활용 기업이다. 주요 고객사로 LG에너지솔루션, 삼성SDI, SK온, 현대차 등을 보유하고 있으며, 삼성SDI가 이 기업의 지분 8.8%를 보유하고 있어 폐배터리의 안정적 공급이 가능하다.

새빗켐

LG화학, 엘앤에프, 포스코케미칼로부터 불량 양극재를 매입하는 기업이다. 2024년부터 LG화학과 고려아연의 합작법인 한국전구체에 10년간 납품하는 MOU를 체결했으며, 이를 통해 연간 1천 억 원 이상의 매출이 기대된다.

GS건설

자회사 에네르마를 설립하며 폐배터리 재활용 사업에 진출한 기업이다. 리튬, 코발트, 니켈, 망간 등의 생산 캐파를 1만 6,000톤으로 확대할 계획이다.

SK에코플랜트

싱가포르 전자 폐기물 재활용 기업 '테스(TES)'를 인수하며, 글로벌 21개국에서 43개 처리 시설을 운영 중인 기업이다.

코스모화학(*)

코스모에코켐을 흡수 합병해 폐배터리 사업에 진출했으며, 300억 원을 투자해 폐배터리 재활용 사업을 추진하고 있다. 코발트와 니켈을 생산 중이며, 연결 회사인 코스모신소재를 통해 전구체 내재화를 위한 양극 소재 부문 수직계열화를 달성할 수 있다.

영풍

건식 용융 기술을 바탕으로 재활용 사업에 진출한 기업이다. 배터리 원료 소재의 95% 이상과 리튬 90% 이상을 회수할 수 있는 기술을 보유하고 있다.

아이에스동서(*)

2023년에 폐배터리 재활용 사업 계획을 발표한 기업으로, 폐차 해체부터 회수 소재의 제품화까지 폐배터리 재활용 밸류체인을 완성할 계획이다. 인선모터스를 통해 폐배터리를 수집하고, 아이에스BM솔루션이 전처리, 아이에스TMC가 후처리를 담당해 수직계열화를 목표로 한다.

로봇

로봇 산업은 로봇 부품이나 지능형 로봇 완제품을 제조, 판매, 서비스하는 분야를 뜻한다. 자동차나 기계를 비롯해 반도체와 PC 등의 IT 산업의 특성을 모두 갖는 것으로 미래 사회가 발전할수록 전반적인 산업 분야와의 연결성을 가지면서 성장세를 이어나갈 것으로 보인다.

한국로봇산업협회의 분류 체계에 의하면, 제조용 로봇 산업·개인 서비스 로봇 산업·전문 서비스 로봇 산업·로봇 부품 산업 등의 로봇 단품 및 부품의 제조 및 유통 외에도 로봇 제품을 하나의 부품으로 사용해 응용하는 시스템을 생산, 유통하는 산업인 로봇시스템 산업, 로봇 기술과 융합, 접목되는 제품을 생산, 유통하는 산업인 로봇 임베디드 산업, 로봇을 이용한 서비스를 제공하는 로봇 서비스 산업, 로봇을 이용해 콘텐츠를 생산하는 로봇 콘텐츠 산업 등도 포함시켰다.

유엔경제연합회(UNECE) 등 세계 유수의 기관에서는 로봇 산업을 신 성장 동력의 핵심 산업으로 향후 20년 내에 모든 산업이 로봇화될 것이며, 로봇 산업에서 우위를 점하는 국가가 기술 경쟁에서 생존할 것으로 전망하고 있다.

한국 정부는 로봇산업정책심의회를 통해 제4차 지능형로봇 기본계획(2024~2028)을 확정하고 로봇 3대 핵심 경쟁력을 강화하기 위해 8대 핵심 기술 확보, AI와 S/W 등 핵심인력 1.5만 명 양성, 로봇 전문 기업 150개 육성책을 내놓았다. 2030년까지 로봇 부품 국산화율을 80%까지 끌어올리고, 지능형 로봇을 100만 대 보급하기로 했다. 이러한 로봇 산업의 기본 계획은 지능형 로봇 개발 및 보급 촉진법에 의거해 로봇 산업의 지속적 발전을 위해 산업부가 5년 단위로 수립·시행하는 계획으로 글로벌 경쟁력에서 밀리지 않겠다는 의미를 갖는다. 그래서 시장에서도 로봇주에 대한 관심은 지속적인 관심을 가져야 할 대상으로 꼽힌다. 로봇주 중 주요 관련주는 다음과 같다.

두산로보틱스(*)

두산그룹 계열의 협동 로봇 전문 기업으로 국내 최대 라인업을 보유하고 있다. 최고 수준의 퍼포먼스 레벨 e 등급과 카테고리 4 등급을 취득하며 글로벌 로봇 기업으로 도약하고 있다. 신규 사업으로 센서 및 구조용 장치 개발, 종합 로봇 솔루션 및 어플리케이션 S/W 사업화를 추진 중이다. 두산밥캣과의 합병 논란이 있지만, 밥캣의 실적을 고려하면 이 기업에 유리하게 작용할 것으로 전망된다.

레인보우로보틱스(*)

한국 최초의 인간형 이족보행 로봇(휴머노이드 로봇) HUBO를 제작한 로봇 전문 기업으로, 삼성전자가 지분을 보유하며 향후 M&A 가능성이 주목된다. 협동 로봇, 천문 관측용 마운트 시스템 외에도 외식 현장에서 활용되는 F&B 로봇 플랫폼을 구축하고 있으며, AI 자율주행 서빙 로봇으로 서비스 로봇 분야에서의 진화를 기대하고 있다.

에스피지(*)

정밀 제어용 모터 및 감속기 부품을 개발·생산·판매하는 기업으로, 삼성전자, LG전자, GE, 월풀 등 글로벌 기업에 제품을 공급한다. 재무적 안정성과 수익성을 동시에 갖춘 로봇 기업으로 평가받고 있다.

에스비비테크(*)

순수 국내 기술로 로봇용 감속기를 제품화한 기업으로, 하모닉 타입 감속기, RV 감속기, 스마트 엑추에이터를 통해 동력 전달 부품 시장에서 독보적인 입지를 가지고 있다. 차세대 제조 로봇 중심의 성장 가능성이 높아 감속기 시장에서 전망이 밝다.

로보티즈(*)

서비스 로봇 솔루션과 로봇 부품을 연구·개발·판매하는 기업으로, 실내 자율주행 로봇 집개미와 실외 자율주행 로봇 일개미를 개발했다. 집개미는 국내 호텔에 공급 중이며, 일본 호텔 시장에도 진출했다. 일개미는 대교그룹의 호텔과 리조트에서 시범 운영 중이다.

고영(*)

반도체 검사 장비 관련 기업으로, 3D 납도포 검사기, 3D 부품 장착 및 납땜 검사기를 제조·판매한다. 의료 장비 사업에도 진출해 뇌 수술용 의료 로봇을 미국 FDA에 신청할 단계에 있다.

에브리봇

지능형 로봇 제조 기업으로, 자율주행 기술 기반의 로봇 청소기를 주요 제품으로 한다. 국내 로봇 청소기 시장 점유율 1위를 기록하며, 북미, 유럽, 일본 등 해외 시장에 본격적으로 진출했다. 2023년 서빙 로봇을 출시하며 아마존 플랫폼에 입점했다.

포스코DX(*)

스마트 팩토리 기업으로, 철강, 건설, 소재 사업 등에서 핵심 ICT 솔루션 기반의 스마트화 사업을 추진 중이다. 산업용 로봇뿐만 아니라 AI, 메타버스 등 미래 신사업 발굴에 주력하고 있다.

인탑스

IT 디바이스 및 자동차 부품 제조, 가전제품 부품 생산을 전문으로 하는 기업으로, 삼성전자에 내·외장 부품을 안정적으로 공급하며 우량한 재무 구조를 유지하고 있다. 베어로보틱스의 서빙 로봇과 삼성전자의 웨어러블 제품 생산이 기대되며, 로봇 부품이 주요 성장 동력으로 자리 잡고 있다.

인공지능
(AI)

인공지능은 인간의 학습, 지각 그리고 추론 능력을 인공적으로 시연한 것으로 쉽게 말해 인간의 지능을 모방한 기능을 구현한 컴퓨터 시스템으로 볼 수 있다. 세계는 4차 산업 시대에 깊숙히 진입했고 이와 함께 인공지능은 인간의 자리를 대체해 나가고 있으며 빅데이터, 사물인터넷 등과 융합하면서 혁명의 단계로 진화하고 있다.

생성형 인공지능 기술 경쟁이 본격화되면서 글로벌 빅테크 기업들은 시장주도권을 장악하기 위해 천문학적인 자금을 쏟아붓고 있다. 오픈 AI(멀티모달AI, Sora)에 이어 구글(제미나이 1.5프로), 메타(에뮤), xAI(그록3), 런어웨이 AI 등이 대표적인 기업들이다.

글로벌 생성형 AI 시장 규모는 2030년 1,093억 달러(142조 원) 규모에 이를 것으로 전망하고 있다. 여기에 On Device AI 시장 규모를 더한다면 가히 천문학적인 시장을 형성할 것으로 예상된다. 이에 고무된 빅테크 기업들의 AI 투자도 급증하고 그 성과가 현실화되고 있다. 엔비디아의 그래픽처리장치(GPU)는 불티나게 팔리면서 AI칩 시장에서 80%의 M/S를 기록하고 있다. 미국 증시에서 시총 1, 2위 경쟁을 벌일 정도이다. 엔비디아의 AI 가속기와 경쟁하는 기업들은 AMD(MI300A, MI325X), 마이크로소프트(Maia 100과 코발트 100 Arm), 아마존(Trainium 및 Inferentia), 그리고 구글(TPU) 등이고, 앞으로도 경쟁 기업은 증가할 전망이다.

특히 오픈 AI는 엔비디아에 목멜 수 없다는 판단 하에 AI 칩 생산에 천문학적인 투자 계획을 밝히고, 삼성-SK 국내 기업들과 동맹을 가시화하는 행보를 보이기도 한다. 최근에는 비영리 목적에서 영리 목적 기업으로 전환을 시도하고 있다. 물론 이러한 투자는 국내 반도체 수요 강화로 이어질 것이다.

미국을 중심으로 한 이 같은 AI 시장의 급팽창은 국내 기업들에도 큰 파고로 다가오고 있고, 이에 대응해 기업들도 적극적으로 관련 사업에 뛰어들고 있지만 아직은 사업적 성과를 크게 내지는 못하고 있다. 한국의 인공지능 산업은 '인공지능산업육성 및 신뢰 기반 조성에 관한 법률안(이하 인공지능육성법)'이 제정되면서 발전 속도가 빨라질 것으로 보인다. 이와 관련해 해당 종목들을 살펴보면 다음과 같다.

모아데이타

AI 기반의 ICT 시스템 이상 탐지 및 예측 장비를 제조하는 기업으로, AIOps 제품 '페타온 포케스터'를 통해 ICT 시스템의 장애를 예측하고 선제적으로 대응할 수 있는 솔루션을 제공한다. AIOps 시장에서 선두를 달리고 있으며, 건강 데이터 분석 전문 기업 메디에이지의 지분 인수를 통해 디지털 헬스케어 사업도 강화하고 있다.

오픈베이스(*)

퍼블릭 클라우드 1, 2위 업체인 AWS와 MS, 프라이빗 클라우드 선두 기업 VMware와 파트너십을 체결하며, 하이브리드 멀티 클라우드 서비스를 제공한다. 클라우드 활용 증가에 따라 사이버 보안(얼럿로직) 시장에서도 성장 가능성이 높다.

데이터솔루션(*)

오픈베이스 계열사(지분 65.54%)로, AI, 빅데이터, IoT, 보안 시스템 등의 SI 부문에서 사업 영역을 확장하고 있다. 자체 개발한 빅데이터 분석 솔루션 '빅스테이션(Bigstation)'과 비식별화 솔루션 등을 통해 예측 분석 서비스를 제공하며, AI 탐지 서비스의 수요 증가가 기대된다.

트루엔

영상 감지 솔루션 전문 기업으로, IP 카메라와 IoT 기기를 개발한다. 이스라엘 AI 반도체 기업 헤일로와 협업해 'AI 시스템온칩(SoC)'이 탑재된 AI 카메라를 출시했다.

솔트룩스(*)

NHN과의 협업을 통해 초거대 규모 AI 사업의 주도권을 확보하려는 기업이다. NHN과의 지분 교환을 통해 협력을 강화하며, NHN 다이퀘스트를 인수해 자연어 처리 기술과의 시너지를 기대하고 있다.

플리토(*)

AI 언어 데이터 기업으로 국내 유일의 AI 번역 LLM(거대언어모델) 플랫폼을 보유하고 있다. 2025년부터 갤럭시S25에 AI 동시통역 서비스를 지원해 호실적이 기대된다.

마음AI(*)

2023년 정부로부터 초거대 AI 공급자로 선정된 기업으로, 초거대 언어 모델을 이용한 다양한 AI 사업을 삼성전자와 신한은행 등 주요 고객사에 제공하고 있다.

코난테크놀로지(*)

초거대 언어 모델 코난 LLM을 자체 개발하며, 2대주주인 SK텔레콤과의 협력으로 AI 기술 경쟁력을 강화하고 있다. 엔비디아 최신 GPU 장비를 도입해 글로벌 AI 시장에서도 경쟁력을 갖췄다.

셀바스AI(*)

국내 최초 AI 기업으로, 딥러닝 기반의 음성 인식, 필기 인식, 음성 합성 등 HCI 기술을 보유하고 있다. 매출의 약 80%가 의료 AI에서 발생하며, 의료 AI 관련주로 인식된다.

한글과컴퓨터(*)

AI를 활용한 문서 작성 도구인 '한컴 어시스턴트', 질의응답 솔루션 '한컴 도큐먼트'를 통해 AI 사업을 본격화하고 있다. AI 문서 작성 기능이 추가된 '한컴독스 AI'를 출시할 계획이다.

폴라리스오피스(*)

글로벌 오피스 솔루션 기업으로, 누적 가입자 수가 1.2억 명(2022년 기준)에 달한다. '폴라리스오피스 AI'를 통해 생성형 AI 기술을 활용할 수 있는 소프트웨어를 제공하며, 기업 데이터 기반 AI 플랫폼 전문 기업 딥서치와 협력하고 있다.

우주항공

1972년 미국의 나사가 아폴로 17호를 달에 착륙시킨 이후 다시 유인 우주선을 달에 보낼 계획을 추진하고 있고, 최근에는 세계 최초로 민간 우주선이 달에 착륙(스페이스X의 오디세우스)하는 등 우주항공 산업이 크게 주목받고 있다. 특히 스페이스X의 화성행 우주선 스타십 1차 추진체의 발사대로의 귀환은 놀라운 진전으로 우주항공 시대의 본격적인 개막을 예고하고 있다. 우주선의 재사용에 의한 비용 절감이 가능해진 것이며, 높은 기술력은 우주선의 대량 생산 가능성을 열었다. 한편 정부가 아닌 민간 기업이 달에 착륙했다는 것은 그만큼 우주항공 분야가 상업적으로 가치가 있으며, 폭발적인 성장을 이어나갈 수 있음을 시사하는 것이다. 스페이스X는 향후 인류를 달이나 화성에 보내는 프로그램을 계획하고 있는 것으로 알려져 있다.

스페이스X가 사업적 성공의 조짐이 보인다면 제2, 제3의 민간 기업들이 경쟁적으로 진출할 가능성이 높다. 우주항공 산업은 우주선을 우주로 보내는 것만이 아니다. 그 분야는 동력에 의해 지상에서 공중으로 부양하는 것 모두를 아우르는 광범위한 것으로 우주, 민항기, 군용기, 관련 부품 장비 MRO(정비, 수리, 분해 조립 등)는 물론 드론, UAM(도심 항공)도 이에 포함된다.

우주항공 분야의 글로벌 시장 규모는 2019년 700조 원에서 2030년에는 900조 원으로 성장할 가능성이 높은 것으로 전망된다. 지금은 민항기와 MRO의 비중이 압도적이지만 길게 보면 우주 분야의 비중도 높아질 가능성이 크다는 것이 대체적인 시각이다. 아직은 초기지만 스페이스X가 인류를 달이나 화성에 보내는 순간 우주 분야의 성장세는 폭발적일 것으로 예상된다.

글로벌 국가들도 우주개발 계획에 뒤처지지 않기 위해 정부 차원의 공격적 투자가 이어지고 있는 추세다. 대표적인 국가가 러시아, 중국, 인도, 일본, 이스라엘 그리고 유럽연합 등이다. 우리나라도 정부 차원의 투자가 본격화되면서 우주항공청에 우주법에 관한 국제적 논의에 합류해야 한다는 목소리가 높아지고 있다.

스페이스X가 상장된다면 그 가치는 얼마나 될까? 주식에 투자하는 투자자들 입장에서는 궁금하기도 하고, 상장된다면 미래 성장성에 주목하고 적극적으로 관심을 가질 가능성이 높다는 것이 대체적인 시각이다. 이에 대해 모건 스탠리(Morgan Stanley)는 스페이스X(최대 주주 일론 머스크로 42% 보유, 우호 지분을 합치면 79%)의 성장세가 경이롭다는 입장과 함께 일론 머스크를 조만 장자로 만들어 줄 것이라는 전망을 내놓은 적이 있다. 그리고 일각에서는 가치를 1,003억 달러로 평가하기도 하고, 또 다른 곳에서는 1,750억 달러(원화로 231조 원)로 평가하기도 한다. 후자에 근거가 있는 것이 2023년 6월에 임직원이 보유한 비상장 주식의 매각 기회를 제공하기 위해 스페이스X는 주당 80달러로 공개 매수한 사실이 있기 때문이다. 이를 고려하면 기업 가치를 1,500억 달러(거의 200조원)로 환산한 셈이다. 일론 머스크는 스페이스X를 상장할 계획이 없다는 입장을 밝힌 바 있다. 하지만 그도 사업가인 만큼 이러한 입장은 언제라도 달라질 수 있다는 판단이다.

이렇듯 우주항공 분야는 그것이 우주든, 뭐든 미래 성장가치가 높을 수밖에 없다. 드론이나 UAM, 전투기 분야 등은 이미 상업화 단계에 진입했거나 진입 과정에 있다는 점에서 더 현실적인 투자 대상으로 볼 수 있다. 우주항공 분야에서 주목할 만한 주요 기업들은 다음과 같다.

한국항공우주(*)

항공기, 우주선, 위성체, 발사체 및 부품의 설계, 제조, 판매, 정비 사업을 영위하는 기업으로, 명실상부한 우주항공 기업이다. KF-21, FA-50, T-50, 수송 무장 헬기 (LAH), 기동 헬기(KUH) 등 군사용 항공산업 분야에서 2021년 이후 매출과 이익이 지속적으로 확대되고 있다. 트럼프 정권의 자국우선주의로 글로벌 국가들의 자주 국방의 필요성이 높아지면서 이 기업의 방위 산업 부문 성장세도 두드러질 전망이다.

한화에어로스페이스(*)

국내외 항공기 및 가스터빈 엔진, 자주포(K9), 장갑차 등을 생산 및 판매하는 기업이다. 항공 부문에서는 가스터빈 엔진 분야의 기술 및 제품 개발을 진행 중이며, 방산 부문에서는 K9의 폴란드 수출을 계기로 동유럽, 북유럽, 중동 지역으로 수출 확대가 예상된다. 매출과 영업이익은 이미 안정궤도에 진입했다.

한화시스템

군 위성통신체계-2, 전술 정보통신체계, 대대급 전투지휘체계, 개인 전투체계, 한국형 전투기(KF-X) 사업에 참여하고 있다. 방산 부문의 수주 확대가 기대되며, UAM(도심 항공 모빌리티) 및 위성 관련 신성장 사업에서도 긍정적인 결과물이 예상된다.

AP위성(*)

인공위성과 관련 부품 및 위성통신 단말기 개발 및 제조를 전문으로 하는 기업이다. 삼성전자가 스마트폰에 위성통신 기능을 탑재하려는 계획과 더불어 KPS(한국형 위성항법 시스템) 등 우주 개발 투자가 증가하면서 수주 확대 및 실적 성장이 기대된다.

쎄트렉아이(*)

한화에어로스페이스의 자회사로, 세계 최고 해상도의 상용 지구 관측 위성 '스페이스아이-T'를 제작 중이다. 군사 및 상업 등 다양한 용도로 수요 증가가 예상된다.

제이씨현시스템(*)

자사 브랜드 Udea로 모니터를 공급하며, 글로벌 IT 기업들의 그래픽카드 및 메인보드 등을 수입해 국내 시장에 공급한다. 엔비디아의 국내 파트너사로 GPU가 탑재된 그래픽카드를 판매하고 있으며, AI 시장의 팽창으로 수혜가 기대된다. 항공 분야에서는 세계 1위 드론 브랜드 DJI의 공식 딜러로, 드론 소프트웨어 및 플랫폼 개발을 통해 드론 사업 역량을 강화하고 있다.

테슬라향 종목들

테슬라의 일론 머스크는 트럼프 진영에 참여해 정권 창출에 결정적 역할을 했다. 그 덕분에 트럼프 정부의 정부효율위원장으로 활동 중이다. 그가 트럼프 진영에서 행할 정책은 거의 사업에 걸림돌이 되는 대못들을 뽑는 일이며, 그와 동시에 그의 사업은 번창할 것이라는 기대감을 가질 수밖에 없다.

그는 사업적으로 가장 유리한 위치에 서게 되었다. 주가는 이러한 부분을 반영할 것으로 보이며, 투자자들은 그 관련주에 대한 관심이 높아진다. 그가 추진하는 사업은 전기차뿐만 아니라 그 외 핵심 사업으로 자율주행(로보택시)과 스페이스X(우주항공), AI(xAI) 등을 들 수 있다. 대표적인 관련 기업들을 살펴보면 다음과 같다.

LG에너지솔루션(*)

테슬라에 전기차 배터리를 공급 중이며, 르노, 벤츠 등 다른 글로벌 자동차 제조사로의 수주도 이어진다. 특히, 우주항공 분야에서는 스페이스X 스타십에 보조동력장치,

전력 공급, 예비 에너지 저장장치(ESS)용 배터리를 공급하고 있다.

엘앤에프(*)

테슬라에 하이니켈 양극재를 공급하는 기업으로, 2년간 약 3.8조 원 규모의 계약을 체결했다. 테슬라의 연간 차량 판매량 목표(120만 대)의 약 30%에 해당하는 물량이다.

미래에셋그룹(*)

2022년 스페이스X의 유상증자에 두 차례에 걸쳐 약 2,300억 원을 투자했다. 스페이스X가 상장할 경우 큰 폭의 평가 이익이 기대된다. 그룹 내 미래에셋증권, 미래에셋벤처 등이 주요 관련 계열사이다.

켄코아에어로스페이스(*)

스페이스X에 우주 발사체용 특수 소재를 공급하는 기업이다. 우주 산업 분야에서 독보적인 입지를 강화하고 있다.

와이제이링크

표면실장기술(SMT) 장비를 전문으로 하는 기업으로, 스페이스X에 관련 장비를 공급하며 우주 관련 기술 시장에서 주목받고 있다.

LK삼양

스페이스X의 위성에 심우주항법용 차세대 별추적기를 탑재할 가능성이 제기되고 있다. 첨단 우주항법 기술 분야에서 두각을 나타내는 기업이다.

방위 산업

글로벌 방산시장 규모는 그 크기를 가늠하기 어려울 정도로 거대하다. 러시아의 우크라이나 침공으로 전쟁이 발발하면서 글로벌 군사적 긴장감이 확대되는 추세에 있고, 그 사이에서 한국 방산의 존재감이 커지고 있다.

러시아와 우크라이나 전쟁으로 동유럽과 북유럽에 긴장이 고조되면서 무기 수요가 급격히 증가하고, 중동 지역 역시 마찬가지다. 러시아뿐만 아니라 중국 역시 대만 흡수와 팽창 정책으로 양안은 물론 동남아 지역의 긴장도 고조되면서 동북아 지역의 방산 수요도 증가할 전망이다. 이러한 지역별 긴장 속에 한국의 방산도 동반 성장하면서 2023년 기준 140억 달러(약 18.7조 원)의 수출로 세계 10위 수준으로 올라섰다.

한국 정부는 폴란드 수출 성사를 계기로 목표치를 4위까지 끌어 올린다는 계획 하에 적극적인 지원책을 강화하고 있다. 그리고 가격 대비 탁월한 성능과 국내에서의 실전 배치에 따른 신뢰성을 고려하면 해를 더할수록 점차 목표치에 접근해 나갈 것으로 보인다. 특히 K2전차, K-9자주포, FA-50, 천무 시리즈 등 다양한 무기 체계를 갖춘 데

다가 글로벌 국가들의 국방비 증액(영국 국제문제전략연구소에 의하면 2023년 글로벌 국방비가 약 300조 원을 기록해 사상 최대) 추세로 수출 규모도 과거에 비해 커졌기 때문에 국내 방산주의 성장은 지속될 전망이다.

지역별로 보면, 불안이 고조되는 폴란드, 루마니아, 체코 등 동유럽은 물론 사우디아라비아, 아랍에미레이트 등 중동 지역에서의 수요 증가도 예측된다. 여기에 한미 방산 FTA(RDP) 체결 논의가 진행 중으로 성사가 되면, 미국으로의 국내 방산 수출이 현실화될 수도 있다. 미국은 280대의 공군 전술 입문기와 220대의 해군 전술 입문기 및 고등 훈련기 도입 사업을 계획 중으로 국산 FA-50 경공격기 계열에 대한 관심이 높아질 수 있다. 그뿐만 아니라 LIG넥스원의 비궁도 미국 FCT(해외 비교 시험) 최종 통과로 머지 않아 수출이 가능할 것으로 보인다.

남북간 대치 과정에서 질적인 면과 가성비를 바탕으로 성장해 온 국산 방산업은 향후 그 성장성이 밝다는 판단이다. 특히 미국의 자국우선주의의 정책은 분쟁 지역의 방산 수요를 자극함으로써 가성비가 높은 국산 방산의 수출을 강화할 가능성이 높다. 관련 주요 종목들을 보면 다음과 같다.

LIG넥스원(*)

정밀 유도 무기, 감시 정찰, 지휘 통제 및 통신, 항공전자, 전자전 등 첨단 무기 체계를 개발·양산하는 기업이다. 주요 품목으로는 중거리 지대공 유도무기 천궁2, 휴대용 지대공 유도 무기 신궁, 근접방어무기체계 CIWS-2, 차세대 군용 전술 다대역 다기능 무전기 TMMR, 적외선 탐색 기반의 70mm 대함 유도 로켓 비궁 등이 있다. 중동과 동남아를 중심으로 수주가 이루어지고 있으며, 향후 NATO를 포함한 글로벌 수주 확대가 기대된다.

현대로템(*)

철도 차량, 방산, 에코플랜트 사업을 운영하며, 방산 분야에서는 K2 전차가 핵심 품목이다. K2 전차는 이미 폴란드에 수출된 바 있으며, 이를 계기로 동유럽 및 중동 지역으로의 수출 확대가 기대된다.

한국항공우주(*)

KF-21, FA-50, T-50, 수송무장헬기 LAH, 기동헬기 KUH 등 군사용 항공무기 분야에서 국내 최고의 경쟁력을 보유한 기업이다. K방산의 높은 경쟁력을 바탕으로 전투기 및 헬기 부문의 수출 확대 가능성이 주목받고 있다.

한화에어로스페이스(*)

K9 자주포의 폴란드 수출을 계기로 동유럽, 북유럽, 중동 지역으로의 수출 증가가 두드러질 전망이다. 특히, K9의 폴란드 현지 생산이 검토되고 있어 성사될 경우 NATO 지역으로의 수출 확대도 기대된다.

풍산

군용 탄약, 탄약 부품, 정밀 단조품을 생산하는 기업으로, 러시아 우크라이나 전쟁의 장기화로 인해 포탄 공급 부족에 따른 가격 상승과 이에 따른 매출 증가가 예상된다.

원전

글로벌 시장 조사기관인 '리서치앤마켓'에 의하면 세계 원전 시장 규모는 2022년 110조 원에서 오는 2030년에는 136.7조 원을 전망했고, 세계원자력협회는 2035년까지 1,650조 원에 달할 것으로 전망한다. 대형 원전은 800조 원에 이르고, 소형 모듈원전(SMR)도 640조 원에 달할 전망이다. 그리고 원전 해체 시장도 135조 원, 사용후 핵연료 저장도 60조 원에 달할 것으로 보고 있다. 우리 정부는 글로벌 시장을 고려해 수출 지원책을 내놓고 있다. 2027년까지 약 5조 원의 해외 원전 설비 프로젝트 수주를 목표를 제시하고, 2030년까지 10기를 수출한다는 계획이다.

체코 원전 수주에 참여해 1, 2호기 MOU(양해 각서)를 체결했고, 이후 본계약을 앞두고 있다. 동유럽 시장이 크고 중동 지역과 튀르키예, 영국 등에도 수주전에 참여하고 있는 상황이다. 그리고 국내에서도 정부 주도 하에 원전 생태계 복원에 나서고 있는데, 고리 2호기 재가동 추진(2026년 6월 재가동 목표), 신한울 2호기 운영 허가 준비 및 신한울 3, 4호기 건설 계획 등이다.

SMR(소형 모듈 원전) 부문은 북유럽 지역인 핀란드와 네덜란드 등 해외 기관과의 협력을 통해 진출을 모색 중인 것으로 알려졌다. 최근 아마존이 엑스에너지가 개발한 SMR에서 전기를 공급받기로 하고, 구글은 SMR에 기술 투자를 하는 등 글로벌 빅테크 기업들의 SMR에 대한 관심이 뜨거워지는 추세다. 이유는 AI 시장의 팽창에 따른 전력 부족에 대해 경제성과 안정성이 높은 SMR이 대안이 되고 있기 때문이다. SMR은 적용 범위가 높아지면서 최근 원자력 추진선으로 확대될 전망이다. 그리고 대형 원전은 한미 동맹 결성으로 글로벌 시장을 장악해 나갈 것으로 보인다.

정부의 정책과 밀접한 관련이 있는 분야로 각 국가의 정치권에 의해 많이 좌우되는 특성을 지닌 산업 분야인 만큼 이를 고려한 대응이 필요하다. 원전 관련 주요 종목들을 살펴보면 다음과 같다.

한전기술(*)

발전소 및 플랜트 관련 엔지니어링 전문 기업으로, 세계에서 유일하게 원자로 계통 설계와 원전 종합 설계를 모두 수행한다. 미래 성장 동력으로 SMR, 4세대 노형, 핵융합, 원전 해체, ICT 4.0 기반의 원전 디지털화 사업을 개발 중이다. 한수원이 개발한 한국형 원전 연료 하이퍼16의 상용 장전 인허가를 취득해 한울 5·6호기에서 이를 적용할 계획이며, 유럽 녹색분류체계 요건인 사고 저항성 핵연료로 발전 가능성이 크다. 이를 통해 글로벌 원전 시장에서 유리한 입지를 다지고 있다.

두산에너빌리티(*)

미국 뉴스케일파워와 협력해 SMR(소형 모듈형 원전) 프로젝트를 진행 중이다. 뉴스케일사의 SMR 모델이 미국 원자력규제위원회(NRC) 설계 인증을 통과했으며, 아이다호

주 UAMPS 프로젝트에 참여 중이다. 원자로 모듈 제작성 검토를 완료하고 시제품 제작 단계에 있으며, 글로벌 원전 시장으로 사업을 확대할 전망이다. 미국 뉴스케일파워, X−에너지와 지분 투자 및 주기기 공급 계약을 통해 SMR 모듈 납품을 추진 중이다.

현대건설(*)

한국수력원자력과의 컨소시엄을 통해 신한울 3·4호기 원전 주설비 공사를 수주했으며, 동유럽, 특히 불가리아 지역 원전 사업에도 적극 진출하고 있다. 원전 해체, SMR, 사용 후 핵연료 임시 저장 시설 등 원자력 전 분야에서 경쟁력을 강화하며 사업 다각화를 모색 중이다.

오르비텍

원전 및 핵연료 가공 시설의 건전성을 유지하기 위해 방사선 관리와 방사성 폐기물 처리 및 규제 해제를 전문으로 한다. 한국수력원자력의 국내 및 해외 원전 수주 확대에 따라 동사의 관련 서비스 수주도 비례적으로 증가할 전망이다.

비에이치아이(*)

발전소용 보일러 설계 능력을 보유한 발전 기자재 전문 기업으로, 신한울 3·4호기 BOP 설비 발주와 대용량 배열 회수 보일러(HRSG) 수주로 수익성이 더욱 개선될 전망이다.

한신기계

원전에 사용되는 콤프레서의 원천 기술을 보유한 기업으로, 영광 5·6호기 및 신고리 원전 3·4호기에 콤프레서를 공급한 바 있다. 정부의 원전 지원 정책이 지속될 경우 긍정적인 영향을 받을 것으로 보인다.

보성파워텍

송배전 자재와 발전소 및 변전소 철공 등을 개발·제작·판매하는 기업으로, 원전 철공 부문에서의 수혜가 기대된다. 국내 원전 시장 확대에 따라 관련 사업이 활성화될 가능성이 높다.

에너토크(*)

원전 밸브용 엑츄에이터 분야에서 높은 기술력을 보유한 기업으로, 세계적으로도 엑츄에이터 제조 기업이 극소수에 불과하다. UAE에 납품한 이력이 있어 글로벌 원전 시장 확대 시 수요 증가가 예상된다.

우진(*)

원자력 발전소용 계측기를 주력으로 하는 기업으로, 국내외 원전 교체 및 유지 보수를 위한 계측기 수요가 꾸준히 증가하고 있다. 중성자, 제어봉 위치, 냉각수 온도 측정 등을 위한 계측기 분야에서 강점을 가지고 있으며, 소형 원전주 중에서도 이익 성장세가 뚜렷한 기업으로 주목받고 있다.

우크라이나 재건 및 사우디 네옴시티 건설

2022년 푸틴 러시아 대통령은 나토의 동진에 대한 불만을 우크라이나의 비무장화, 비나치화, 그리고 친러 성향이 강한 돈바스 지역의 주민 보호라는 명분으로 우크라이나 침공으로 표출했다. 군사력에서 압도적인 러시아군은 우크라이나 땅의 상당 부분을 점령했고, 밀의 주산지가 러시아로 넘어가면서 글로벌 국가들의 식량난과 에너지 가격 상승에 의한 인플레이션을 유발하는 등 글로벌 경제에 큰 악영향을 미쳤다.

2025년에는 미국의 트럼프 정권이 들어서면서 피해 당사국인 우크라이나는 배제된 채 미국과 러시아 간 종전을 위한 움직임이 가시화되는 상황으로 국면이 급격하게 변하기 시작했다. 트럼프의 의지대로 종전이 이루어진다면 우크라이나는 전후 복구 사업에 집중할 것으로 보이며, 이를 위해서는 불발탄 및 지뢰 제거, 사회 간접 시설 재건, 도시 재개발, 농토 개발 등이 필요하고, 이와 관련한 기업들이 줄지어 진출할 것으로 보인다. 일각에서는 우크라이나 재건 사업 규모가 크게는 1,200~2,000조 원에 달할 것으로 추정하고 있다.

국내 기업 중에는 건설, 건자재, 건설장비, 농기계 등 다양한 분야에서 진출이 기대된다. 특히 우크라이나 젤렌스키 대통령은 전후 한국의 급속한 경제발전 모델을 바탕으로 성장 계획을 밝힌 바가 있어 국내 기업들에 유리한 환경이 조성될 것으로 보인다.

한편 네옴시티 사업도 우크라이나 재건 사업과 중첩되는 경향이 강하다. 네옴시티는 사우디아라비아 정부가 서울의 44배에 달하는 미래형 스마트 도시 조성 프로젝트로 장기적으로 인구 900만 명을 수용한다는 원대한 도시다. 계획 수립은 2017년에 이루어졌고, 지금은 본격적으로 실행 단계로 진입했다. 이러한 도시가 기능을 발휘하기 위해서는 수처리 기술 등 친환경 건설이 필요하고, AI로 운영되기 때문에 디지털 인프라를 구축하고 유지 관리를 위한 전문 인력은 물론 기술 개발 솔루션 기업들이 필요하다. 총 사업비가 적어도 5,000억 달러(650조 원)가 들어갈 것으로 예상되는데, 이를 위해서 건설은 물론 스마트 시티에 필요한 다양한 분야의 기술 수요가 따를 것으로 예상된다.

네옴시티 프로젝트의 실무는 미국의 벡텔과 에이콤이 주도하고, 기본 도시계획은 모포시스가 맡았다. 더 라인 조감도를 보면 길이가 170km에 이르고 직선 형태의 거대한 벽과 같은 빌딩 사이에 도시에 필요한 모든 인프라가 들어가는, 지구상에서 볼 수 없는 모습을 하고 있다.

사우디아라비아의 실질적인 실력자 빈 살만이 2022년 연말 한국을 방문해 국내 기업들과 40조 원 규모의 MOU(양해각서)를 체결한 바 있고, 국내 글로벌 기업들의 수주가 이어지면서 관심이 더욱 높아지고 있다. 170km의 고속철도의 터널 공사에 삼성물산과 현대건설컨소시엄이 일부를 수주했고, 고속철은 현대로템이 수주할 가능성이 높다.

네옴시티는 산업단지 '옥사곤'과 스키 등 산악관광단지 '트로제나' 등으로 설계되어 필요한 시설 건설에서부터 운용에 필요한 통신, 로봇, 소프트웨어 등 다양한 부문에서 수주가 이루어질 예정이다.

테마의 특성상 대형 건설사들은 다양한 분야에 걸쳐 사업을 추진하고 있어 주가 영향이 별로 크지 않고 중소기업들의 주가는 수주에 민감한 특징이 있어 중소기업들을 중심으로 살펴보자. 우크라이나 재건이나 네옴시티 건설 관련 기업들은 사업 구조상 중첩되는 경향이 강하다. 다음 관련주를 각각 살펴보자.

〈우크라이나 재건 관련주〉

에스와이, 에스와이스틸텍(*)

2023년 네옴시티 프로젝트에 업체 등록을 완료했으며, 고품질 샌드위치 패널과 폴리캠하우스 모듈러 건설 기술을 제공할 계획이다. 계열사 에스와이스틸텍은 데크플레이트 제조 및 판매를 전문으로 하며, 우크라이나 재건 수요 증가로 추가적인 성장이 기대된다.

코오롱글로벌(*)

에스와이스틸텍과 2023년 우크라이나 재건 사업 관련 업무 협약(MOU)를 체결한 바 있다. 그리고 수처리 기술을 바탕으로 해외 상하수도 시설 관련 수주 선도 기업으로 네옴시티에서도 이 부문의 수주가 기대된다.

대동(*)

업계 최초로 전후 최초로 우크라이나에 진출해 연 1조 원 규모의 트랙터 등 농기계를 판매할 계획이다. 농업 국가인 만큼 농기계 수요가 급증할 것으로 예상된다.

TYM(*)

2024년 연말 우크라이나 국회의원단의 방한으로 이 기업과 재건 협력을 논의했다. 농기계 수출에 적극적으로 진출할 계획이다.

디알텍(*)

종전 시 재건을 위한 선행 작업으로 지뢰 제거는 물론 불발탄 제거가 필요하다는 점에서 진출 가능성이 높다.

현대에버다임(*)

동사는 유럽, 북미, 그리고 아시아 등에 건설 장비를 수출하는 기업으로 재건 사업과 관련해 드릴 크레인 트럭 등에서 수요가 많을 것으로 예상된다. 이 기업은 드릴 크레인 트럭을 우크라이나에서 직접 양산하는 것으로 알려졌다.

〈사우디아라비아 네옴시티 관련주〉

다스코

2022년 사우디 공군 비행장 시설물 및 부대 시설물 마감 공사 계약 이력을 보유한 기업이다.

SNT에너지

2023년 윤석열 대통령의 사우디 국빈 방문 시 경제사절단에 참여했다. 과거 사우디에서 SNT걸프를 설립하고, 아람코의 건설 프로젝트에 에어쿨러를 공급하며 사업 기반을 확립했다.

미코바이오메드

'사우디 비전 2030'의 한국 산업단지 조성 사업에 참여하며, 분자진단기술(PCR)의 사우디 이전 계획을 추진 중이다.

유신(*)

네옴시티 터널 프로젝트에 참여한 바 있으며, 사우디아라비아 리야드에서 투자부와 현대건설과 협력하여 부동산 개발 및 인프라 프로젝트에 적극 참여 중이다. 사우디아라비아에서 추진 중인 각종 개발 사업, 인프라, PPP프로젝트에 적극 참여하고, 건축 설계 및 건설 사업 관리(CM) 업무에 긴밀하게 협력하기로 했다.

도화엔지니어링(*)

사우디아라비아 네옴 정부사절단과 협력하여 네옴시티 폐기물 처리 및 자원화, 수처리 사업 등에 참여하고 있다. '2023 한-사우디 투자 포럼'에서 총 46건의 MOU가 체결되었는데, 인프라 및 플랜트 분야에서 유일하게 MOU를 체결했다. 또한 이 기업은 러시아의 우크라이나 침공 전에 우크라이나 도로국이 발주한 키예프-로데사 구간 도로 재건의 감리 사업을 진행하려다가 전쟁으로 중단된 상황으로 종전 시 재개될 가능성이 높다.

디지털화폐
(CBDC)

　가상화폐는 지폐나 동전 등과는 달리 네트워크로 연결된 특정 가상공간에서의 거래에 필요한 전자 형태로 사용되는 디지털화폐, 또는 전자화폐를 의미한다. 디지털화폐인 비트코인 등 암호화폐는 가상화폐의 일종이긴 하지만, 미국 정부는 가상화폐로 보지 않는다. 우리나라에서는 가상자산으로 부르고 있다.

　가상화폐나 디지털화폐는 카카오페이나 NAVER 페이 등 가상공간에서 결제가 가능한 온라인 지급 결제 수단을 모두 포함한다. CBDC는 Central Bank(중앙은행)과 Digital Currency(디지털화폐)가 합쳐진 용어로 가상화폐가 아닌 각국의 중앙은행이 발행하는 디지털화폐를 의미한다. 중앙은행이 이처럼 법화(지폐나 동전)를 대체하는 것은 전자 거래 규모가 급증하면서 거래 수단으로서의 가치를 지녔고, 비용 절감과 효율성은 물론 거래 속도를 높이는 잠재력을 가졌기 때문이다.

　최근 중국, 홍콩, 우즈베키스탄, 나이지리아 등 시범 운영하는 국가나 고려 중인 국가가 급증(2023년 현재 100개 이상)하는 추세에 있다. 아직 영국과 미국 등은 보수적인 측면이 강해 큰 진전은 없지만 ECB(유럽연합)은 디지털 버전을 출시할 계획이다. 우리나라도 파일럿 단계에 있어 국제적 추세에 뒤처지지 않겠다는 입장이다.

한국은행은 2023년 11월 23일 'CBDC 활용성 테스트'에 대한 세부 추진 계획을 밝히고 2024년 4분기경 디지털 바우처(특정한 금전적 가치가 있고 특정한 이유나 특정한 상품에 대해서만 소비할 수 있는 교환 거래 채권의 하나)를 이용해 실거래 테스트를 진행하기로 했다.

바우처의 사용 과정은 은행이 테스트 이용자에게 디지털화폐(예금토큰)를 발행하고, 이 토큰을 받은 일반인 이용자가 이것을 지불하고 사용처에서 물품을 구입하면 구매처에서 정산(대금 결제)하는 방식이다. 이같은 실거래 테스트가 성공적이라면 더 나아가 한국거래소, 금융결제원 등과 함께 탄소배출권 가상 거래, 가상 자산 청약 및 공모, 가상 증권 디지털 발행 및 CBDC를 이용한 동시 결제 실험을 실시하는 등 금융 상품을 발행하고 유통하는 과정에 CBDC의 활용 가능성을 테스트할 것으로 보인다. 이러한 종합적인 테스트가 성공적이라면 실질적인 도입으로 일상에서 상용화가 이루어질 것이다. 디지털화폐가 채택된다면 결제 시스템을 관리하는 소프트웨어 및 공급망 리소스와 통합하는 과정에서 관련 기업들이 주목받게 될 것이다.

무인 자동화 시스템을 기반으로 한 현금 사업, 모빌리티 사업, 무인 솔루션 사업 등과 관련해 관련 기업들을 관심 있게 보자. CBDC 채택이 현실화되면 CD나 ATM에 결제 시스템을 추가해야 하는 만큼 관련 기기 업체들은 실질적인 매출로 이어질 수 있다.

또한 한국은행이 이탈리아 중앙은행과 중앙은행 디지털화폐 협력을 위한 양해각서를 체결했는데, 이를 계기로 관련 업체들이 해외 진출로도 연결될 수도 있다. 관련 기업들을 살펴보면 다음과 같다.

케이씨티(*)

금융 단말 시스템 및 특수 단말 시스템을 제조·판매하는 기업으로, 스마트 ATM과 금융통합 단말 솔루션(xOP) 등을 공급하고 있다. CBDC(중앙은행 디지털화폐) 채택 시 금융 단말기 관련 수혜가 기대된다.

한국전자금융(*)

금융 자동화기기(CD, ATM) 관리 서비스 전문 기업으로, 무인 자동화 시스템 운영 및 AI 영상 관제 기반 보안 솔루션 사업을 영위하고 있다. 은행 ATM 시장점유율이 50% 이상으로 업계 1위를 차지하고 있으며, CBDC 관련주로 주목받고 있다.

로지시스(*)

금융권 및 공공기관을 대상으로 전산 장비 유지 보수 용역과 판매 사업을 영위하고 있다. VAN 서비스 대행 사업도 운영하며, 편의점이나 점외 자동화기기 설치 및 유지 관리를 담당하고 있다.

한네트(*)

한국컴퓨터 계열의 기업으로, 점외 현금자동지급기(CD) 사업 및 무인 자동화기기 판매와 현금 정산 관련 사업을 영위하고 있다. 주요 설치 장소는 지하철역, 대형 유통점, 편의점 등 공공장소로, 연중무휴 현금 서비스를 제공한다.

케이씨에스

티켓 발매기, 무인 민원발급기, 주유기셀트 유닛 등 KIOSK 단말기 사업을 영위하고 있으며, 디바이스 암호화 및 신규 솔루션 사업을 추진 중이다.

드림시큐리티(*)

한국은행과 본계약을 체결한 그라운드X의 협력 파트너로, 전자지갑 및 키 관리 시스템 개발·구축을 담당할 것으로 예상된다. 전자지갑은 CBDC를 안전하게 보관하며, 키 관리 시스템은 개인 키의 안전한 저장, 백업 및 복구를 수행하는 기능을 제공한다. 한국은행, 금융권, 가맹점, 고객을 연결하는 CBDC 관련 핵심 기술을 보유하고 있다.

위에서 언급한 테마들 외에도 무수한 종목군이 무리를 지어 움직인다. 자신이 이용하는 HTS의 관심 종목란에 등록하고 테마별로 정리를 잘해 나가는 것도 투자자로서의 중요한 일과다. 테마에서 탈락하는 종목은 제외시키고 새롭게 진입하는 주식은 편입하는 등 관리를 게을리해서는 안 된다. 무엇보다 정리할 때 테마주의 대장주는 항상 선두에 위치시켜 한눈에 알아볼 수 있게 하자.

PART 6

투자의 승패를 가르는
포트폴리오 운용법

01

자본의 확대, 증자

 증자(Increase Of Capital)란 주식회사가 필요에 의해 자본을 늘리는 행위를 의미한다. 기업이 투자를 위해서 혹은 운영상 필요한 자금을 조달하기 위해서 자본을 차입(부채)으로 조달할 수도 있고, 자기자본을 늘려 부채 없이 조달할 수도 있다. 두 가지 중 후자가 증자다. 증자에는 유상증자와 무상증자가 있다.

 유상증자는 회사의 자본이 실질적으로 증가하고, 무상증자는 실질적인 자산의 증가가 없다. 유상증자는 주주들이 회사가 발행하는 신주를 매입하기 위해 일정한 해당 금액을 납입하는 것(주금 납입)이고, 무상증자는 주금의 납입 없이 준비금(이익준비금과 자본준비금, 이의 총액이 자본금의 1.5배를 초과하는 경우 주주총회의 의결로 초과금에 한해 감액 가능)을 자본으로 전입해 회사의 자금으로 주식을 발행해 자본을 증액하고 그것(주식)을 주주들에게 무상으로 지급하는 것이다.

 유상증자는 주식 수의 증가로 한 주당 이익(EPS)이나 한 주당 자산(BPS)이 줄면서 이익이나 청산가치를 떨어뜨려 주가의 하락 요인이 된다. 무상증자도 지분 희석이라는 점에서 부담 요인이 될 수도 있지만, 그 비율이 클 때는 단기 급등하기도 한다. 그러면 투자자들이 일반적으로 자주 접하는 유상증자에 대해 살펴보자.

• 유상증자 •

기업이 유상증자를 하는 이유는 유망 사업을 추진하기 위해 설비 투자를 해야 하는 경우다. 필요한 자금을 마련하거나 운전자금이 부족해 추가적인 자금이 필요하기 때문이다. 이 외에도 사채의 차환 발행이 어렵거나 차입금 등의 부채 상환을 통해 재무 구조를 개선시킬 때도 이용한다. 또한 적대적 M&A에 노출될 위험이 있을 때 추가 지분 확보나 우호지분 확보를 통해 경영권 방어 수단으로 이용된다.

유상증자는 모집 대상을 기준으로 주주배정 증자, 일반공모 증자 그리고 3자배정 증자 세 가지가 있다. 주주배정은 주주에게 신주인수권을 부여해 이들 가운데서 새로운 주주를 모집하는 주주 할당 방식이고, 일반공모는 신주 발행을 통해 일반으로부터 주주를 모집하는 방식이며, 3자배정은 기업의 임원이나 종업원, 거래 업체 등 연고가 있는 자에게 신주인수권을 제공해 신주를 인수시키는 방식이다.

여기서는 가장 흔하고, 투자 종목의 주가가 유상증자의 영향을 받아 주가 변동을 초래할 수 있는 일반 공모 방식의 유상증자를 중심으로 살펴보자.

유상증자가 결정되면, 해당 기업은 공시를 통해 신주의 종류와 수, 자금 조달 목적, 증자 방식, 신주 발행가액, 발행가 산정 방법, 신주 배정 기준일, 1주당 신주 배정 수식 수, 청약 예정일, 청약금 납입일, 신주 교부 예정일, 신주 상장 예정일의 구체적 내용과 일자를 발표한다.

여기서 권리락과 발행가 확정이 중요한데 권리락(증자 시 일정일까지 보유한 주주에게만 신주를 배정하기 때문에 그 이후 매수한 주주에게는 신주를 배정받을 권리가 사라지는 것)은 휴일이 없는 한 신주 배정 기준일 하루 전날이 된다. 그리고 발행가는 신주인수권 상장일로부터 약 2주 내에 확정된다.

• 유상증자의 진행 절차 •

유상증자 결정 → (권리락) → 신주 배정 기준일 → 신주 인수권 상장 →

신주 인수권 상장 폐지 → (발행가 확정) → 청약 → 신주 상장

유상증자 결정 후 신주 상장까지는 특별한 이변이 없다면 2.5개월 정도 소요된다. 통상적으로 증자 방식을 보면 주주 배정 후 실권주에 한해 일반 공모하는 경우가 대부분이다. 주주들에게 유상증자를 한 후 실권이 발생하면, 이를 일반 공모해 자금을 조달하겠다는 의미다. 그러면 실제로 주주 배정 후 일반 공모 방식의 유상증자를 결정한 기업의 실제 사례를 살펴보자. 다음은 다원시스의 주주 배정 후 일반 공모 유상증자 공시 내용이다.

● 주주 배정 유상증자 ●

1. 신주의 종류와 수	보통주식 (주)	3,900,000
	기타주식 (주)	-
2. 1주당 액면가액 (원)		500
3. 증자전 발행주식총수 (주)	보통주식 (주)	34,263,437
	기타주식 (주)	-
4. 자금조달의 목적	시설자금 (원)	-
	영업양수자금 (원)	-
	운영자금 (원)	44,772,000,000
	채무상환자금 (원)	-
	타법인 증권 취득자금 (원)	-
	기타자금 (원)	-

다원시스는 공시 내용 대로 유상증자에 성공할 경우 증자 이전 주식 수는 34,263,437주였지만, 이번 증자로 390만 주가 더 늘어나면서 합산인 38,163,437주가 된다. 운영 자금은 447억 원 이상으로 이 회사의 자본금 173억 원의 2배를 크게 웃도는 규모다.

6. 신주 발행가액	확정발행가	보통주식 (원)			–
		기타주식 (원)			–
	예정발행가	보통주식 (원)	11,480	확정예정일	2024년 04월 17일
		기타주식 (원)	–	확정예정일	–
7. 발행가 산정방법			24. 기타 투자판단에 참고할 사항 (1) 신주발행가액의 산정근거		
8. 신주배정기준일			2024년 03월 14일		
9. 1주당 신주배정주식수 (주)			0.11382396		
10. 우리사주조합원 우선배정비율 (%)			–		
11. 청약예정일	우리 사주조합	시작일	–		
		종료일	–		
	구주주	시작일	2024년 04월 22일		
		종료일	2024년 04월 23일		
12. 납입일			2024년 04월 30일		
13. 실권주 처리계획			24. 기타 투자판단에 참고할 사항 (2) 신주의 배정 방법		

신주 발행가는 아직 정해지지 않았고 예정 발행가는 1만 1,480원(이는 위의 표에서 기타 항목의 공시에서 밝히고 있듯이 글자 그대로 예정 발행가일 뿐이며, 실제 발행가는 청약일 3거래일 전에 결정된다. 22일이 청약 예정일이니, 주말을 뺀 3거래일 전인 17일에 결정된다.)이지만 확정 예정일은 2024년 4월 17일이다. 발행가 산정 방식은 복잡한데 시기별 주가에 가중치를 적용해 1차 발행가, 2차 발행가를 산정하고, 1차와 2차의 금액 중 낮은 금액으로 확정한다.

그리고 기준일은 2024년 3월 14일이며, 1주당 0.1138주가 주주에게 배정된다. 신주를 배정받으려면 기준일보다 2거래일 전(3월 12일)까지 보유해야 가능하다. 13일이 권리락 일이기 때문이다. 청약 시작일은 2024년 4월 22일이며, 종료일은 다음 날 23일이다. 청약은 청약 예정일 기간 내 계좌에 입금해야 신주를 받을 수 있다. 발행가가 확정되면 그 금액에 11.38주를 곱한 금액을 입금해야 한다. 실제 배정받은 신주인수권으로 청약할 때는 배정받은 신주의 20%까지 초과 청약이 가능하다. 하지만 실권주가 발생했을 때 가능하며 실권주 발생 주식 수에 따라 못 받거나 일부만 받을 수 있다.

청약금 납입일은 4월 30일로 청약 종료일 1주일 후가 된다.

14. 신주의 배당기산일		2024년 01월 01일
15. 신주권교부예정일		–
16. 신주의 상장예정일		2024년 05월 13일
17. 대표주관회사(직접공모가 아닌 경우)		하이투자증권(주)
18. 신주인수권양도여부		예
– 신주인수권증서의 상장여부		예
– 신주인수권증서의 매매 및 매매의 중개를 담당할 금융투자업자		하이투자증권(주)
19. 이사회결의일(결정일)		2024년 02월 07일
– 사외이사 참석여부	참석 (명)	2
	불참 (명)	–
– 감사(감사위원) 참석여부		참석
20. 증권신고서 제출대상 여부		예
21. 제출을 면제받은 경우 그 사유		–
22. 청약이 금지되는 공매도 거래 기간	해당여부	예
	시작일	2024년 02월 08일
	종료일	2024년 04월 17일
23. 공정거래위원회 신고대상 여부		미해당

청약금 납입이 이루어지고 이후 2주 후 신주 상장을 하게 되는데, 4월 30일이 납일일이니까 상장 예정일은 5월 13일이 되는 셈이다.

(기준일 : 2024년 02월 06일)   (단위 : 백만원)

자금용도	세부 내용	2024년	2025년	합계
운영자금	고속철도차량 개발비	21,000	1,000	22,000
	원재료 구매대금	17,910	4,862	22,772
합계		38,910	5,862	44,772

주1) 상기 금액은 모집가액 확정시 변경될 수 있습니다.

주2) 공모자금 사용(예정)시기는 유상증자 일정 및 실제 운영 상황에 따라 변경될 수 있습니다.

주3) 부족자금은 당사 자체자금을 활용할 예정입니다.

주4) 당사는 과거 모집한 공모자금을 정기예금 및 CMA 등 안전자산을 위주로 운영 중에 있으며,
금번 유상증자로 모집된 자금 또한 안전자산 위주로 금융기관에 예치하여 관리할 계획입니다.

당사는 경쟁력을 높이고 미래의 성장동력 확보와 수요대응을 위해 기존 전동차 사업을 보다 확대하여 260km 이상의 고속철도차량을 개발할 계획에 있습니다. 철도차량 시장규모는 2023년부터 2032년까지 연평균 3.5% 이상 성장이 기대되며 이중 고속철도 부문의 경우 일반 전동차 대비 높은 부가가치가 기대되는 사업입니다. 특히 고속철도의 30년 내구연한이 점차 다가옴에 따라 3세대 고속철도인 EMU의 세대 교체 시기가 도래하였습니다. 당사는 올해를 시작으로 2029년까지 약 8조원 이상의 고속철 교체수요를 예상하고 있습니다. 따라서 당사는 지속성장 가능하며, 고부가가치 시장으로 사업 성장을 위하여 2024년 중 고속철도차량 개발을 목표로 하고 있습니다.

당사는 본 유상증자를 통한 자금조달로 확보된 자금은 고속철도차량 개발을 위한 개발비용 및 향후 고객사 투자계획에 맞추어 차질없는 안정적 납품을 위해 원자재 구매대금으로 사용할 예정입니다.

공시 내용에서 이 회사는 유상증자의 용도를 운영자금으로 명시하고 있고, 이에 대해 구체적인 세부 내용까지 제시하고 있다. 고속철도 차량 개발비 220억 원, 원재료 구매 대금 227억 원 이상으로 이에 필요한 자금을 유상증자를 통해 조달한다는 것이다. 고속철도 차량 시장 규모는 2032년까지 연평균 3.5%씩 성장하고, 2029년까지 고속철도 EMU의 교체가 이루어져 8조 원 이상의 수요를 예상한다는 내용을 제시한다. 그리고 이에 필요한 개발 비용과 원자재 구매 대금에 자금을 사용하겠다는 것이다.

투자자 입장에서는 이러한 내용을 접했을 때 철도 차량 시장에 대해 살펴봐야 할 것이며, 높아진 원자재 가격을 고려해 과연 유상증자에 참여해 투입된 자금에 비해 성과

물을 제대로 낼 수 있을지에 대해 고민하고 대응해야 한다.

이 기업은 중장기 철도 차량 구매 계획을 발표한 바 있고, GTX 노선에 투입될 것으로 예상되는 EMU-150과 같은 전동차 라인업을 보유하고 있다. 2022년에 인천도시철도 1호선 검단 연장선, 서울도시철도 7호선 청라 연장선 전기동차 64칸을 추가 수주해 생산을 앞두고 있기도 하다. 2023년에는 서울교통공사 5, 7호선 216칸 수주를 하면서 3분기 실적이 급격하게 호전된 점은 주목할 만하다.

다만 투자자가 고려해야 할 사항은 부채율이 200%나 높다는 사실과 이번 유상증자로 인해 대폭 증가한 주식 수로 인해 한 주당 수익 가치와 자산 가치가 크게 줄어든다는 점이다. 특히 2022년 영업이익의 대규모 적자(1,519억 원 적자)와 2023년 4분기 193억 원 흑자의 이익 변동성은 수익 지표가 의심받을 수 있는 부분이기도 하다. 이러한 내용을 설명하는 것은 주가의 상승 여부를 떠나 공시 내용을 꼼꼼하게 따져 유상증자 참여 여부를 판단하고 결정해야 한다.

필자의 예상으로는 증자 초기에는 유상으로 인한 주당 가치 하락으로 약세를 보이겠지만, 장기적으로 보면 국내의 철도 차량 부문의 안정적 성장을 바탕으로 한 주가 호전이 기대된다. 이를 토대로 유상증자 참여 여부를 결정해야 할 것이다.

• 3자배정 유상증자 •

3자배정 유상증자는 주주 배정 대상이 기존 주주가 아닌 기관이나 특정인이다. 기존 주주들에 피해를 주지 않고 필요한 자금을 조달하는 방식으로 주로 대기업을 상대로 중소기업이 자본을 증액하거나, 또는 특정인을 상대로 자본을 확보할 때 사용하는 방식이다. 그래서 3자배정 유상증자는 주가에 우호적으로 작용하는 경향이 강하다.

3자배정 방식으로 투자한 대기업이나 특수인은 투자 목적이 지분을 유지하면서 파트너십 관계를 갖는 경향이 강하고, 성장의 성과로 인한 결과물을 목표로 하기 때문에 특별한 상황이 아니면 시장에 매물을 내놓지 않는다. 특히 3자배정 유상증자는 1년 동안 보호예수가 되기 때문에 당장 매물화될 가능성은 없다.

다만 아무리 3자배정 유상증자라도 주가에 부정적으로 작용하는 경우가 종종 있다. 그러니까 증자의 대상자가 기업이 아닌 특정인일 경우 시장에 매물을 내놓을 수도 있어 수급상 주가에 부담으로 작용하는 경우도 있다. 장기투자자 입장에서 보면 3자배정 역시 자본금의 증가이기 때문에 주당순이익(EPS)나 주당순자산(BPS) 등의 하락을 가져와 주식 가치를 희석시킨다는 점에서 보호예수가 끝나는 시점부터는 주가에 부담으로 작용할 수도 있다.

예들 들어, 교보증권은 2020년 6월 교보생명을 대상으로 2,000억 원의 3자배정 방식으로 유상증자를 하고 발행가액을 1주당 6,980원에 신주 발행했다. 그리고 약 1달 후 7월 9일 상장했다. 보호예수가 1년이라 상장 후 주가 역시 1년간 상승했지만, 그 이후 약세를 벗어나지 못했다.

다음 차트의 왼쪽 부분을 보면, 2020년 6월 말 6,440원이던 주가는 3자배정 유상증자 후 2021년 5월 말 9,100원까지 올랐다. 그러니까 보호예수 기간 동안 주가는 견조한 상승세를 보인 셈이다. 하지만 그 이후 하락세가 지속적으로 이루어지면서 2023년 저점 5,000원까지 떨어져 당시 교보생명에서 보호예수 기간이 종료되면서 지분을 정리한 것이 아니냐는 투자자들의 불만이 있기도 했다.

결국 3자배정 방식의 유상증자는 1년간 보호예수가 된다는 점에서 주가에 우호적으로 작용하는 것이 일반적이다. 다만 보호예수가 종료되면 주가 하락으로 이어질 수도

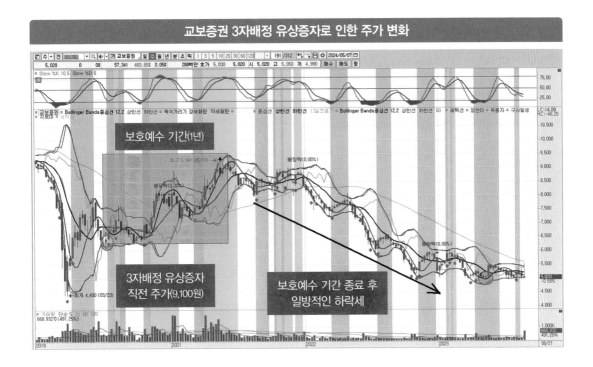

교보증권 3자배정 유상증자로 인한 주가 변화

보호예수 기간(1년)

3자배정 유상증자
직전 주가(9,100원)

보호예수 기간 종료 후
일방적인 하락세

있다는 점을 유의해야 한다. 모든 종목이 다 그런 것은 아니겠지만, 1년 후 주가 변화를 염두에 두고 투자하는 것이 바람직하다.

• 유상증자 예상 징후 •

유상증자는 기업이 경영상 필요한 자금을 조달하기 위해 유상으로 자본을 늘리는 행위다. 그러니까 경영상 재무적 어려움으로 이대로 가다가는 더 이상 경영 유지가 어려워지기 전에 자금을 조달할 필요성이 제기되거나 기존 사업이나 신규 사업에 대한 투자 확대를 통해 성장을 강화하고자 할 때 진행한다.

그렇다면 기업은 어떤 조건일 때 유상증자를 결정할까? 투자자 입장에서는 이에 대한 이해가 있어야 유상증자(여기서는 3자배정이 아닌 방식의 유상증자)라는 악재를 피할 수가 있을 것이다.

첫 번째, 재무적 어려움에 직면한 경우다. 부채가 과도하게 높아 이자 비용 부담이 커서 벌어들이는 수익이 이를 감당하지 못하는 기업은 매우 위험할 수밖에 없다. 이자보상배율이 1미만의 기업은 창출한 이익으로 이자조차 지불할 수 없는 기업이기 때문에 위험한 상황에 처한 것으로 본다. 이러한 기업은 채권시장에서 부정적인 등급에 위치하는 경향이 강하다. 이대로 경영을 지속 하다가는 파산의 위험에 직면할 수 있는 위험한 위치에 있는 기업이다. 과거에 유상증자를 한 이력도 있고, CB나 BW 등도 발행해 더 이상 자금 조달 수단도 없다. 결국 운영 자금의 조달을 위해 유상증자를 결정할 수밖에 없다.

두 번째, 더 이상 차입 여력이 없는 경우다. 높은 부채로 인해 이미 신용평가에서 금융기관으로부터 외면을 당하거나 금융권의 대출 금리가 높은 상황에서 다른 특별한 자금 조달 수단이 없다면, 결국 기업은 유상증자를 통해 자금을 조달할 수밖에 없다.

세 번째, 현재 사업에 대한 전망이 비전이 있느냐다. 지금까지 영위해 온 사업이 업황이 좋지 않아 매출과 이익이 떨어지는 상황에서 앞으로의 비전도 없다면, 경영자는 신규 사업으로의 투자 확대를 모색할 수 있다. 이러한 경우는 영위해 온 사업과는 전혀 상관 관계가 없는 분야로 충분한 계획 없이 신규 사업 진출을 도모하기도 한다. 과거 2000년 초 인터넷 사업으로의 진출 붐을 이루면서 수없이 많은 기업이 유상증자를 단행했던 사실을 투자 경력이 있는 투자자들은 알고 있을 것이다. 사양 산업이거나 아니면 경쟁사에 밀려 더 이상 경쟁 관계를 유지하기가 어려운 기업들이 이해 해당한다.

이 외에도 여러 가지 판단 근거가 될 수 있는 내용들이 많이 있겠지만, 이러한 조건이 성립하는 기업은 유상증자로 이어질 가능성이 높다. 그리고 유상증자는 3자배정이 아니고서는 거의 대부분 악재로 작용해 주가 하락으로 이어지니 투자 대상을 선택할 때 경계해야 할 중요한 부분이다.

● 무상증자 ●

무상증자는 유상증자와는 달리 발행하는 신주에 대한 대금을 받지 않고 주주들에게 분배하는 자본금 증액 방식이다. 증가한 자본금은 이익잉여금이나 보유한 자산을 재평가해 그 차익을 적립해서 충당하게 된다. 그리고 주식 발행 초과금도 무상증자의 재원이 된다. 아무런 자금 지출 없이 주식이 무상으로 계좌에 들어온다고 해서 불로소득으로 본다면 큰 오산이다. 무상증자에는 유상증자와 마찬가지로 권리락이 이루어져 투자 자금의 증액이 없다.

무상증자는 주가에 호재일까? 호재일 수도 있고, 아닐 수도 있다. 무상증자하는 기업의 주가가 매우 고가라면 소액투자자들은 이를 외면할 것이다. 하지만 무상 100%로 가격이 그 절반 가격으로 낮아진다면, 소액투자자들도 매매에 참여하면서 수급 상황이 개선될 수 있다는 점에서 주가에 우호적으로 작용할 수 있다.

호재가 아닐 수도 있다는 것은 무상 행위 자체가 회계 장부 상의 변화가 있을 뿐이며 주주의 투자 자금의 증액을 유발하지 않는다는 점에서 주가에 우호적일 수는 없다. 만약 무상증자로 인해 주가가 상승하거나 하락했다면, 머지않아 변화된 만큼 원래 자리로 되돌아갈 가능성이 높다.

최근 무상증자의 주가 영향을 보면, 무상증자 규모가 크면 클수록 결정되는 순간 단기간에 급등하는 경향이 있다. 하지만 단기 급등 이후 급락하는 경향이 강해 무리한 추

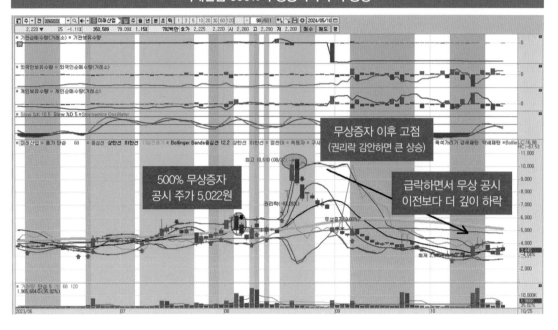

미래산업 500% 무상증자와 주가 동향

500% 무상증자
공시 주가 5,022원

무상증자 이후 고점
(권리락 감안하면 큰 상승)

급락하면서 무상 공시
이전보다 더 깊이 하락

격 매수는 바람직한 투자 방법이 될 수 없다.

위의 차트를 보면, 미래산업은 2023년 8월 3일 500%의 무상증자를 공시했는데 이후 당시 5,022원이었던 주가는 8월 17일 권리락을 하고도 10,610원까지 급등했다. 대규모 무상증자가 호재로 작용할 수 있음을 보여준다. 하지만 고점 이후 주가 동향을 보면 처참할 정도로 떨어졌음을 알 수 있다.

무상증자를 한다는 것은 그만큼 이익잉여금, 재평가 적립금 등이 축적될 정도로 기업 내용이 좋다는 의미이기도 하다. 그동안 재무적 가치를 반영하지 못하고 있다가 무상증자를 통해 내용이 드러나면서 그 중요성을 인지하는 경우가 많다. 그리고 투자자들이 매수에 적극적으로 나서면서 주가가 급등하는 것이다. 하지만 유통 물량이 많아진 만큼 정점을 찍고 내려가기 시작하면 ,이때부터는 매수세가 감당할 수준이 못 되는 것이다.

무상으로 인기를 유발해 수급이 좋아져 주가가 오르기도 하지만, 고점 이후부터는 수급이 역전되면서 더 깊은 하락을 유발할 수 있다는 점은 유의해야 할 사항이다. 그러니까 대규모 무상증자는 호재로 작용하는 경향이 있다. 초기 접근은 가능하겠지만, 급등 후 뒤늦은 추격 매수는 삼가는 것이 바람직하다.

재화의 개념을 이해하고
매수 종목 파악 하기

경제학에서 재화는 생산재와 소비재로 분류되고, 두 재화 간의 상호 연관성을 고려해 대체재와 보완재, 그리고 소득 증가에 따른 수요 변화를 고려해 정상재, 열등재로 분류된다.

생산재는 다른 재화의 생산에 필요한 재화다. 생산재는 토지나 노동 등 재생산이 불가능한 생산재인 본원적 생산재와 기계나 도구 등 인위적인 생산(생산된 생산재)인 자본재로 구분된다. 소비재는 최종적 소비를 목적으로 하는 재화로 동일한 재화라 하더라도 생산 과정에 투입되면 생산재이지만, 최종 소비에 이용되면 소비재다.

대체재는 만년필과 볼펜, 아파트와 연립주택, 커피와 차 등 두 재화가 상호 대체관계인 경우의 재화를 의미한다. 이것은 한 재화의 가격이 변동하면 대체 관계에 있는 다른 재화의 수요를 변화시킨다. 예를 들어 아파트 가격이 오르면, 아파트 수요가 감소하고 대체재인 연립주택이나 단독주택의 수요가 증가하는 것이다. 반대의 경우도 마찬가지다.

보완재는 만년필과 잉크, 바늘과 실, 자동차와 휘발유(또는 경유)와 같이 두 재화 간 상호 보완 관계에 있는 경우를 의미한다. 이는 자동차 가격이 오르면(내리면), 수요가 감소(증가)하고, 그로 인해 보완재인 휘발유(또는 경유)의 수요 감소(증가)를 유발하는 것이다.

정상재는 소득이 증가하면 수요 증가로 이어지는 재화를 의미하고, 열등재는 소득이 증가할 때 오히려 수요가 감소하는 재화를 뜻한다. 이동 수단을 예로 들면 자가용이나 택시는 정상재, 지하철이나 버스는 열등재로 볼 수 있다. 소득이 증가할수록 자가용을 많이 이용하고, 소득이 줄어들면 대중교통을 이용한다. 하지만 영원한 정상재도 없고, 영원한 열등재도 없다. 소비자의 성향, 소득 수준에 따라 정상재와 열등재는 얼마든지 달라질 수 있다.

예를 들어 쇠고기와 돼지고기를 비교하면, 쇠고기가 정상재이고 돼지고기는 열등재로 인식될 것이지만, 사람에 따라 쇠고기보다 돼지고기를 좋아하는 사람도 있다. 소득 수준이 높다고 해서 쇠고기가 정상재일 수 없고, 돼지고기가 열등재일 수는 없다.

기펜재도 있는데 이것은 가격이 상승(하락)할 때 수요가 증가(감소)하는 재화로 경제학의 수요와 공급의 법칙이 통하지 않는 현상에 해당하는 재화다.

쌀 가격이 상승하는데도 저소득층의 쌀 소비 증가는 기펜재의 대표적인 사례이며, 석유 가격 상승으로 자동차 유지비가 증가하면서 대중교통에 대한 수요 증가로 이어지는 것도 기펜재의 예라고 할 수 있다. 이 외에도 기펜재는 연탄(가격이 내려도 연탄 수요는 줄어듦), 고무신도 마찬가지로 대표적인 기펜재다.

위풍재도 있다. 이는 가격이 상승하면 수요가 증가하는 재화를 의미한다. 근간 전국적으로 아파트 가격이 급락하는 상황에서도 오히려 가격이 오르는 단지가 있었는데 서울의 용산, 강남 일대의 아파트, 그리고 한강 변의 경관 좋은 아파트 등이 대표적이다. 가격과 수요가 반비례하는 수요 공급의 법칙을 깨고 가격이 오르면 더욱 수요가 증가한다. 이러한 현상은 희소성과 과시욕이 주요 요인으로 작용하는 경향이 강하다. 오늘날 위풍재는 아파트만이 아니라 에르메스, 샤넬, 구찌 등 명품이나 람보르기니, 페라리 등 외제 고급차 등이 이에 해당한다고 볼 수 있다.

• 보완재와 대체재의 관계 •

2023년부터 2024년 중반까지 AI 열풍이 불면서 반도체주가 급등했던 시기다. 인공지능 빅테크 기업들이 투자를 확대하면서 이의 보완재인 AI 가속기 H100(GPU + HBM)의 선두기업인 엔비디아 주가가 하늘을 찌를 듯 비상했다. 그 여파로 엔비디아에 HBM 공급에 그의 독점적 지위를 누렸던 SK하이닉스(엔비디아 H100의 보완재인 HBM 생산 공급) 주가가 급등했다. 반면 삼성전자(SK하이닉스와는 대체재 관계)는 초기 공급에서 멀어지면서 HBM 시장의 호기를 놓친 탓에 메이저들로부터 외면을 받고 주가는 크게 추락했다.

삼성과 SK하이닉스 두 기업은 경쟁 관계의 대체재로 한쪽이 승기를 잡으면 다른 한쪽은 매출 등 실적에 위축을 초래한다. 남의 불행이 나의 행복이고, 나의 행복은 상대방의 불행인 셈이다. 물론 같이 경쟁적으로 발전하는 관계가 최선임은 두말할 나위가 없다. 그러니까 대체재 관계에서는 상대적으로 경쟁력 우위의 기업을 선택하는 것이 타당한 전략이다.

한미반도체는 과거 삼성전자에 반도체 장비를 납품했었던 기업이었지만 삼성전자가 자회사 세메스로 장비 납품처를 바꾸면서 2012년 하반기 한미반도체와 삼성전자간 특허 침해 소송전까지 간 끝에 결국 한미반도체가 승소하고 배상금을 받기도 했다. 당시로서는 중소기업이 대기업을 상대로 소송에서 승리하는 보기 드문 사례로 기억된다.

그런데 이러한 기술력을 가진 한미반도체가 TC 본더 장비를 SK하이닉스에 납품하면서 HBM 시장에서 SK하이닉스의 HBM3E 수율을 높이는 데 결정적 역할을 했다. 그리고 NCF 방식의 삼성전자가 수율에 어려움을 겪으면서 엔비디아 퀄 테스트를 통과하지 못 하는 사이 SK하이닉스를 HBM 최고의 기업으로 부상시키는 데 일조한 셈이다. 그리고 얼마 후 한미반도체는 TC본딩 장비를 마이크론에 공급하면서 마이크론 사 마저 삼성전자를 난처하게 만들기도 했다.

잘나가는 SK하이닉스와 마이크론에 보완재인 TC 본더 장비를 공급해 큰 혜택(글로벌 10대 장비사로 부상)을 보면서 호실적과 이로 인한 주가 급등세를 보인 반면, SK하이닉스와 마이크론과의 대체재 관계인 삼성전자는 상대적 어려움으로 입지 약화는 물론 주가 부진으로 인한 투자자들의 고통이 뒤따랐다. 주가는 관련 분야 최고의 기업과 보완 관계인 기업에서 더 큰 탄력을 받는다.

이러한 사례는 기업간 경쟁(대체)과 보완 관계가 얼마나 중요한지를 보여준다. 투자자로서는 기업 간 상관 관계를 분석하여 유망한 종목을 추출해낼 수 있어야 한다. 어쩌면 기술적 분석이나 기업의 실적을 분석하는 것도 중요하지만, 이러한 기업 간 상관관계에 집중해서 훌륭한 종목을 선택해 투자하는 것이 더 중요할 수도 있다.

• 열등재와 기펜재(사양 산업)의 위험성 •

통상적으로 같은 업종의 경우, 각 기업이 생산하는 재화는 상호 간 대체재(경쟁재) 관계를 갖는다. 은행, 건설, 반도체, 보험, 철강, 음식료 등의 각 업종 내 기업 간의 관계는 대체 관계에 있다고 볼 수 있다. 경쟁사 간에는 남의 불행이 나의 행복일 수 있으며, 공통된 호재나 악재를 맞는다면 주가 역시 상승과 하락을 맞을 수 있다. 그리고 보통

대기업은 제품을 생산할 때 중소기업들이 생산한 중간재를 적용해 조립하는 경우가 일반적이다. 예를 들면, IT 분야 대기업은 소부장 기업들의 제품을 적용해 제품을 생산하며, 자동차도 부품사의 제품을 조립해 생산한다. 이러한 대기업과 협력 관계의 중소형사 간의 관계를 보완 관계라고 할 수 있다. 성격상 차이는 있지만, 반도체 파운드리와 같이 대기업 간에도 상호 보완 관계가 성립한다. 보완 관계에 있는 을의 기업은 갑의 기업 상황이나 업황에 영향을 받을 수 있어 주가에도 비례적인 영향을 받는 편이다. 반도체 산업이 침체하면 대기업에 재고가 넘쳐나고 생산은 줄며 투자가 위축되면서 관련 소부장 보완재 관계의 기업들도 어려워지면서 주가 역시 힘들 수밖에 없다.

이러한 대체와 보완 관계에 있는 기업들은 같은 업종에서 경쟁하더라도 주가가 동일하지 않다. 그만큼 투자자들의 평가에 의해 주가의 수준도 어느 정도 기업의 평가 기준에 맞게 형성되기 때문이다. 기업의 수익성, 안정성 그리고 성장성에 따라 주가의 위치가 다르다. 만약 특정사가 동일한 업종 내에서 수년간 연구 개발한 제품이 히트를 친다면, 이는 경쟁(대체)사들의 제품을 따돌리고 지금까지와는 비교가 안 될 정도의 매출과 이익 증가를 유발할 것이다. 이는 호전된 실적만큼 주가에 반영될 것이다. 비슷한 상황이 보완 관계의 소부장 기업이라면, 대기업의 채택으로 인한 성장 동력으로 주가 역시 급등의 요인이 될 것이다.

하지만 반대로 경쟁에서 밀리고 벌어들이는 수익이 미미해 차입금에 대한 이자도 갚지 못하는 기업이라면, 주가는 크게 위축될 수밖에 없다. 특히 이러한 기업은 유상증자나 전환 사채 발행 등으로 기업의 가치가 크게 훼손되면서 같은 업종 내 경쟁에서 점차 멀어지면서 동전주로 전락할 수도 있다.

경쟁에서 밀려 생존을 걱정해야 할 상황이면 이미 경쟁사에 비해 열등재이자 투자자들로부터 외면받아 가격이 동전주로 떨어졌는데도 매수세가 없는 만년 기펜재로 전락할 수 있다. 단순히 주가가 떨어졌다고 해서 매력이 있다고 보는 것은 잘못이다. '싼 게 비지떡'이라는 말이 괜히 나온 말이 아니다.

경쟁 시장의 특성상 열등재는 필연적으로 존재하게 마련이다. 그러나 이러한 열등재도 유행의 변화나 연구 개발 투자 등의 다양한 요인에 따라 열등재의 지위를 벗어날 수 있다. 이러한 변화가 발생한다면, 해당 주식은 큰 폭의 상승 동력이 될 수 있다. 그러나 열등재로서 특별한 변화가 없다면, 이는 오히려 위험 요소가 증가하고 있다는 신호일 수 있으므로 주의가 필요하다. 만약 기업이 기펜재로 전락했다면, 이미 위험이 임계점에 도달했음을 의미하므로 투자에 신중을 기하고 가능하면 피하는 것이 바람직하다.

투자자들이 할 일은 열등재나 사양 산업의 기펜재(동전주 등)를 찾아 투자하는 것이 아니라 주식시장에서는 우등재를 찾는 일이다. 경쟁에서 이기고 그로 인해 확고한 지위를 가진, 소위 말하는 해자 기업을 찾아 투자하는 것이 이상적인 투자다.

● 정상적 위풍재는 상상을 초월 ●

위풍재는 시대 조류의 변화에 의해 나타날 수도 있고, 기술 혁신에 의해 출현할 수도 있다. 영원한 위풍재가 존재할 수는 없겠지만, 기업가의 판단 오류나 경쟁 기업의 획기적인 신제품 개발이 없는 한 난공불락의 위치에서 벗어나지 않는다.

최근 인공지능 시장이 팽창하는 시대적 변화 속에서 엔비디아가 AI 가속기(인공지능 신경망 및 머신 비전을 포함한 인공지능 및 기계 학습 어플리케이션을 가속화하도록 설계된 특수 하드웨어 가속기, 또는 컴퓨터 시스템 클래스로 GPU+HBM 형태로 결합) 시장의 선두로 부상하면서 폭발적인 성장 속에 주가 역시 고공 행진을 거듭하면서 시가총액에서 애플과 순위다툼을 할 정도로 위상이 강화되고 있다.

엔비디아는 아마도 주가가 높이 올라도 애플과 더불어 미국의 빅테크 기업으로서는 이변이 없는 한 애플과 더불어 한동안은 위풍재로 남을 가능성이 높다. 이러한 경우는 대만의 TSMC도 파운드리 부문에서 단연 톱이고, 2위 삼성전자와의 격차를 크게 벌여 대만은 물론 글로벌 시장에서도 위풍재로 인식되고 있다. 일본에서도 도요타는 이미 오래전부터 위풍재로 자리 잡은 지 오래다. 국내에서는 삼성전자가 반도체 스마트폰에서 최고 글로벌 최고 기업으로 평가받는 만큼 사실상 위풍재에 해당하는 기업이다.

위풍재는 가격이 비싸더라도 수요가 오히려 강화되는 기업들이다. 위풍재의 지위를 아무 기업이나 누릴 수 없다. 시총에서 글로벌 톱 그룹에 랭크된 기업이나 아니면 압도적인 경쟁력으로 분야별 매출과 순익에서 2위와의 격차를 크게 벌리는 것은 물론, 진입 장벽이 높아 경쟁이 허용되지 않는 수준에 위치한 절대적 해자 기업만이 가능하다. 그만큼 투자자들은 이러한 기업을 인정하는 것이며, 시장의 인지도를 바탕으로 주가역시 높게 형성된다.

위풍재로 인식된 기업은 기업 내용도 물론 중요하겠지만, 주가가 충분한 조정을 거친 것만으로도 매수의 이유가 된다. 그리고 위험한 증시에서 안전한 투자 대상으로 인식되어 시장이 불안할 때도 매수세가 끊이질 않는 편이다. 물론 위풍재 중에서도 현재의 시대상을 반영하는 위풍재에 해당하는 기업이 주도주(시대의 아이콘)이고, 높은 지위를 통해 더 좋은 경영 성과를 내는 것은 당연할 것이다. 이러한 기업은 시장 전문가들의 주가 목표치를 웃도는 경향이 강하다. 업황 호전과 맞물리면 이익 성장이 강화되면서 상상 그 이상의 성과를 내기 때문에 가능하다.

세트리스 파리부스
(Cetris Paribus)

오늘날 사회구조는 복잡하고 다양하다. 어떤 현상을 단정적으로 정의하기도 어렵다. 갑자기 출현하는 하나의 변수에 의해 큰 파장이 야기되기도 하고, 때로는 무겁게 여겨졌던 것이 대수롭지 않게 지나가기도 한다.

사회과학 분야에서 정보(변수)의 값을 메긴다는 것이 과연 가능할까? 그에 대한 답변은 '불가능하다'일 것이다. 과거에 비해 부각되는 변수는 매우 많아졌고, 이를 하나로 통일해 결과물을 예측하는 것은 어렵다. 그래서 경제 등 사회과학 분야는 논문을 쓸 때 항상 전제되는 것이 있다. 바로 '세트리스 파리부스(cetris paribus)'다. 해석은 '여타 조건이 일정한 한'이라는 뜻으로 영국의 경제학자인 알프레드 마샬(Alfred Marshall)이 사용하면서 일반화된 용어다.

경제학적 관점에서 보면 많은 변수들을 모두 분석에 반영할 수 없으니 다수의 변수들을 고정(여타 조건이 일정하다는 전제)시킨다. 그리고 다루고자 하는 변수의 변화를 통해 결과물을 도출해 내는 것이 논문이다.

문제는 이러한 논문의 결과물이 맞느냐는 것이다. 각 연구 단체나 정부 출연기관 등에서 발표하는 예측치를 보면 정확성은 없고 근사치에도 이르지 못하는 경우도 많다.

수시로 변하는 변수를 상수(고정값)로 묶고(세트리스 파리부스), 하나의 변수 변화를 고려해 전망하다 보니 예측이 맞을 리가 없다. 상수로 처리된 변수가 논문이나 보고서의 결과를 뒤바꾸는 상황이 비일비재한 상황에서 신뢰성은 무용지물이 될 수밖에 없다.

사실 경제학 등 사회과학에서의 전망 무용론이 고개를 들고 있는 것도 같은 맥락이다. 오늘날 경제학의 혼돈(Chaos Of Economics)기에는 무작정 전망에만 매달리는 것은 무의미할 수도 있다.

과거 2021년도 예산안에서 국세 수입 전망치가 282.7조 원이었지만, 이후 2차 추가경정예산안 제출 당시 국세 수입 전망치는 333.3조 원(기재부 예상에 의한 19조 원 추가)로 급증해 세수 추계의 오차율이 무려 17.9%에 달했다. 아무리 전망이 어렵다고 하더라도 이처럼 오차가 발생한다면 심각한 문제가 아닐 수 없다. 국세 수입을 과도하게 낮게 잡으면 정부의 재정 운용 방향에 있어 합리적 운용을 저해하고 정책의 신뢰도를 떨어뜨릴 수밖에 없는 것이다.

이유는 코로나19로 인해 세수 예측이 어렵다 보니 보수적으로 전망했기 때문일 것이다. 이유야 어떻든 정부나 기업이나 미래를 판단하는 것은 매우 어려운 일이다. 수시로 달라지는 거시변수가 변동하지 않는다면 전망치는 높은 정확도를 갖겠지만, 현실은 그렇지 못하다.

마찬가지로 주식 투자자 입장에서는 전문가들의 예측을 100% 받아들인다면 이는 잘못이다. 주식시장은 수많은 변수가 들락거리는 곳인 만큼 예측 자체가 사실상 불가능한 곳이다. 예상이야 전문가, 프로 투자자, 개인투자자 등 누구도 가능하겠지만 그 정확성을 놓고 보면 사실상 무의미하다. 어쩌면 전망을 근거로 투자를 했다가 오히려

독이 되는 경우가 더 많을 수도 있다.

호가창을 보자. A라는 종목의 호가창을 보면 현재가 위에서는 매도가 가격대별로 쌓여 있고, 아래로 보면 매수가 가격대별로 대기하고 있다. 이처럼 매도와 매수가 정반대로 맞서 있다는 것은 한쪽과 다른 한쪽 둘 중 하나는 잘못된 포지션을 취하고 있다는 뜻이 아니겠는가?

변수의 변화를 수용할 수 없는 상황에서 전망은 당초부터 정확성이 없는 것이다. 다만 좀 더 변수에 대한 이해도가 높은 쪽이 이해도가 낮은 쪽보다는 승산이 있다고 말할수 있을 뿐이다. 그래서 투자에 성공하기 위해서는 스스로 투자 대상에 대한 지식이 남들보다 더 많이 축적되는 방향으로 진화하는 방법밖에 없다. 주가에 영향을 미칠 수 있는 가장 큰 변수를 중심으로 투자 방향을 잡는 것이 그나마 효율적일 것이다.

포트폴리오 운용법

투자의 목적은 수익률이고, 이를 달성하기 위해서는 좋은 주식을 선택하고, 매매 타이밍을 잘 가져가는 것이 중요하다. 그리고 선택한 주식의 트레이딩을 잘하는 것은 물론 포트폴리오 재조정이 잘 이루어질 때 가능하다.

좋은 주식을 선택한다는 것은 시장 인기의 중심, 또는 주도주에 속한 종목이거나 이익과 매출이 매년 증가하는 성장성이 좋은 종목, 제품의 히트로 인해 실적이 턴어라운드하는 종목, 그리고 미래 일정 시점에서 호재가 대기하고 있는 종목 등에서 고르는 것이 바람직하다. 트레이딩을 잘한다는 것은 주가의 저점과 고점권을 잘 이해하고 매수와 매도를 효과적으로 잘 이행한다는 의미이다. 하지만 아무리 종목 선택과 트레이딩을 잘해도 포트폴리오 구성이 잘못되면 목표한 수익률에 이르지 못한다.

포트폴리오는 투자 성향, 투자 자금 규모 등을 고려해 성격이 다른 종목으로 분산시키는 전략이다. 적은 규모의 자금으로 많은 종목을 구성할 경우 비효율적인 투자일 수밖에 없다. 반대로 규모가 큰 투자 자금으로 소수의 종목에 한정해 포트폴리오를 구성할 경우 위험이 따를 수밖에 없으니 자금에 따라 적절한 비율로 구성하는 것이 바람직하다.

시장의 여건은 항상 변하고, 이로 인해 시장의 중심이나 주도주도 변화하기 마련이다. 포트폴리오는 이러한 변화에 순응하면서 재조정을 통해 시장 흐름에 맞게 움직여야 한다. 그렇지 않으면 시장의 중심에서 벗어나 좋은 성과를 이루어내기가 어렵고 경우에 따라 손실로 이어질 수 있다. 현금도 투자 대상으로 인식하고 시장 여건이 여의치 않으면 현금 비중을 높이고 주식 비중을 축소하는 능동적인 대응이 필요하다.

포트폴리오에 대한 기본적인 사고는 투자한 대상이 내 돈의 일부인 것은 맞지만, 이것이 내게 이익을 줄 수도 있고 피해를 줄 수도 있다는 점이다. '열 손가락 중 하나를 깨물어 안 아픈 손가락이 없다'라는 개념으로 인식하기보다는 과수원을 경작하는 농민의 입장과 같이 '발육이 부진한 과일을 솎아내고 좋은 품질의 과일을 선택적으로 재배해 더 높은 값을 받는 개념'을 갖는 것이 중요하다. 전자는 내 몸의 일부인 손가락을 자른다는 의미(손절 불가)이고, 후자는 포트폴리오의 효율성을 높인다는 의미다. 미련을 가지고 손절을 못하는 투자자들은 투자 종목을 내 몸의 일부로 인식하기 때문이다.

투자에 대한 잘못된 인식을 개선하지 않는다면 항상 주도주나 시장의 중심 종목군에서 벗어나 소외된 투자에 매몰되어 계좌를 황폐화시킬 수 있음을 인식해야 한다. 인간은 오류의 투성이다. 그 누구도 자신이 투자한 대상이 옳다고 단정할 수 없다. 잘못된 투자 대상은 솎아내야 하는 아픔이 있지만, 매도한 금액으로 변화된 주도주와 시장의 중심으로 포트폴리오를 재조정함으로써 이후 더 높은 투자 성과를 내면 되는 것이다.

"손해 보고 왜 팔아?"가 아니라 그 이유를 파악하고 개선하려는 노력으로부터 투자가 이루어져야 한다. 개념 있는 투자란 주식 투자에 대한 올바른 인식을 바탕으로 잘못된 인식과 투자 방식에 대해 개선하려는 의지를 가진 투자를 의미한다.

• 편입 대상 •

포트폴리오 구성에 있어 가장 기본은 '무엇을 편입할 것인가'를 고민하는 일이다. 특별한 경우가 아니라면 주도주나 시장의 중심 테마주 중에서 선택하는 것이다. 만약 시장의 흐름이 좋지 않다면 상승의 이유가 분명한 종목을 선택하는 것이 바람직하다. 개별 종목에서 선택할 경우 펀더멘탈이 좋고 영업상 확실한 턴어라운드 주에서 선택하는 것이 효과적일 것이다. 기업이나 업종에서 향후 일정상 중요 호재성 이벤트를 앞두고 있는 종목 역시 편입 대상이 될 수 있다.

주요 업종이나 테마에서 종목을 선택할 때는 특별한 경우가 아니면 이전까지의 움직임에서 대장주 역할을 해온 종목을 선택하는 것이 바람직하다. 웬만큼 올랐다고 하더라도 2, 3순위의 종목을 선택하기보다는 대장주를 택하는 것이 타당한 전략이다. 대장주는 그만큼 해당 테마주 내에서는 위풍재에 해당하거나 적어도 우등재에 해당하기 때문이다. 대장주는 오를 때는 더 탄력적이고, 하락 전환을 할 때는 뒤늦게 떨어져 매도할 기회가 주어지는 장점이 있다.

주도주가 존재하는 시장에서 비록 비주도주에서 유망한 종목이 있더라도 선택의 우선순위는 역시 주도주 내의 종목이다. 비주도주는 좋은 내용을 가졌다고 하더라도 언제라도 꺾일 수 있는 대상이며, 상승의 연속성도 쉽지 않다. 반면 주도주는 일시적 조정이 있더라도 상승의 연속성이나 탄력도에서 비교가 안 될 정도로 우월한 움직임을 보인다. 그리고 조정을 보인 후 빠른 회복을 보이는 특성이 있어 유리하다. 비주도주는 주도주가 강화되면 될수록 매수세 유입이 부진해지면서 탄력을 잃거나 밀리는 경우가 많다.

•편출 대상•

자신이 신중을 기해서 포트에 편입했다고 해서 그것이 정답일 수는 없다. 시장의 여건은 변하고, 그 성격도 변하는 만큼 포트폴리오 대상 역시 기복이 있게 마련이다. 문제는 편입해 놓은 대상이 이전까지는 인기를 누렸을지는 모르지만, 지금은 그렇지 않을 수도 있다는 사실이다. 시장의 중심에서 멀어지는 상황에서도 손실을 이유로 매도를 실행하지 못한다면 이는 큰 잘못이다. 시장 흐름을 역행하거나 이기려고 하지 말고 순응하는 것이 포트폴리오 전략의 기본이다.

오늘 자기 계좌의 성과가 +5%라면 당장 보유 종목 중 신경이 쓰이고 부진한 흐름 속에 골머리를 앓게 하는 주식은 처분하는 것이 바람직하다. 손가락을 자른다고 생각하기 보다는 포트폴리오를 건강하게 유지하기 위해 솎아내기 수순을 밟는 자연스러운 투자 행위로 받아들이는 것이 중요하다.

투자는 멘탈 싸움이다. 방치해서 손실이 누적적으로 커지면서 자신의 멘탈이 파괴되고, '갑'에서 '을'로 변하면 계좌는 점점 무너지고 말 것이다. 좋은 멘탈을 가진 투자자는 대충 매수해도 수익이 발생하는 반면, 멘붕(멘탈의 붕괴)이 온 투자자는 신경을 수십 배를 써서 매수해도 손실로 이어지는 법이다.

부실한 주식을 겁 없이 보유하고 있다면, 이는 자신에 대해 지나치게 관대한 투자자다. 부채 비율이 매우 높은 기업이 벌어들이는 수익도 없다면, 이러한 주식은 피인수 재료가 없는 한 폭탄의 위험을 안고 사는 셈이다. 기본적으로 이러한 종목을 보유하고 있다면 자신의 멘탈을 지키기 위해서라도 포트에서 즉각 제거하는 것이 바람직하다.

한편 보유 종목 수가 무려 수십 개가 넘는 투자자도 많은데 따지고 보면 이는 욕심에서 비롯된 경우다. 만약 5% 이하의 비중으로 다수의 종목을 보유하고 있다면 이들 종목을 단 한 번에 정리하는 것이 타당한 전략이다. 종목 간 등락으로 인해 상호 간 손익이 상쇄되어 계좌에 별다른 손익 변화가 없을 것이기 때문이다. 효율성을 가져야 할 포트가 비효율적으로 잡다하게 편입되어 있다면 이는 투자 목적에서 궤도 이탈 중이라는 사실을 인지해야 한다.

매도하기가 어렵다는 투자자들이 많은 것은 매몰 비용 때문이다. 매몰 비용이란 지출된 비용을 회수할 수 없는 것을 의미한다. 투자 손실이 발생했는데 매도하고 나면 손실처리가 되고, 다음 투자에서 이러한 손실을 회복할 자신이 없기 때문에 매도가 어려운 법이다. 자신감은 멘탈이 '갑'인 투자자가 가질 수 있는 무형의 자산이다. 이들은 매몰 비용을 지불하고 이후 더 좋은 투자로 성과물을 낼 수 있는 투자자들이다. 반면 손절이 어렵다고 하는 투자자들은 대부분 멘탈이 '을'인 투자자들로 우유부단함으로 인해 자신을 더욱 늪으로 빠져들게 하는 경향이 강하다.

편출 대상은 비단 손절할 종목만이 아니다. 이익을 듬뿍 안겨준 종목도 대상이 될 수 있다. 목표한 투자 수익이 도래했다면, 이후 꺾일지 모를 위험에도 대비하는 것이 마땅하다. 주가란 천정부지로 계속 오를 수는 없다. 오를 만큼 오르면 다시 하락하는 법이다. 그래서 현실적으로 내가 목표한 수익률을 달성하면 과감하게 편출 대상에 올리는 것이 바람직하다. 주가가 오르다 보면 계속 목표 수익률을 올리고 싶어 하는 것이 우리 투자자들의 심리지만, 때로는 욕심을 버릴 줄도 알아야 한다. 달성한 이익을 챙길 줄도 알아야 한다. 그리고 보다 안전하고 비전 있는 주식으로 교체 편입하는 것이다.

프로 투자자는 시장에 끌려 투자하기보다 주도적으로 대응하고, 매도 후 더 오르는 데 대해 미련을 갖기보다는 매도한 자금으로 더 좋은 성과를 낼 만한 대상을 물색하는 자다.

• 운용 방법 •

투자의 목적은 자신이 현 투자 금액으로 좋은 주식을 선택해 좋은 타이밍에 매수해서 일정 기간 보유한 후 수익을 실현하는 것이며, 이를 반복해 계좌 수익을 단계적으로 쌓아 목표를 실현하는 것이다. 그렇지만 투자를 하다 보면 예기치 못한 악재를 만나기도 해서 자신의 판단과는 다르게 하락하는 경우가 많다.

그래서 집중투자보다는 분산투자하는 것이 바람직하다. 분산투자를 해도 체계적 리스크(시장 전체적 위험으로 경기 침체, 전쟁에 의해 전반적 업종이나 테마가 동반 하락하는 현상)에 직면하면 손실에서 자유로울 수 없다. 하지만 체계적 리스크가 흔한 것은 아니기 때문에 분산투자는 기본이다. 유달리 비체계적 리스크(개별 산업이나 종목 위험으로 분산을 통해 위험으로 인한 손실을 어느 정도 방어한다)가 흔한 우리 시장에서는 분산투자를 통해 위험을 낮추어야 하는 것은 당연하다.

분산투자는 곧 포트폴리오를 구성하는 것이며, 이를 성공적으로 이루기 위해서는 재빠른 손절과 적절한 차익이 필요하고, 종목당 비중이나 발생한 손실에 대해 해결책을 갖추고 대응력을 강화해야 하는 것은 당연하다.

종목당 투자 비중

'포트를 구성할 때 한 종목당 몇 %를 매수하는 것이 바람직한가?' 하는 질문을 많이 받는다. 이 부분에 대해서는 사실 명확한 답을 할 수 없다. 너무 지나친 분산투자는 안정성을 높일 수 있겠지만, 수익에서 만족감이 떨어질 수 있다. 그렇다고 종목당 비중을 과도하게 높이다보면 수익성을 강화할 수는 있지만, 위험으로 인한 계좌 충격에 직면할 수도 있다.

자신의 투자 규모나 종목의 경중에 따라 종목당 20%(이 경우 100% 투자할 경우 총 5개 종목)씩 매수를 할 수도 있고, 25%(100% 투자 시 총 4개 종목)씩 매수를 할 수도 있다. 투자 규모가 소액일 경우 종목당 투자 비중을 30~50%로 높일 수도 있다.

필자의 생각으로는 1억을 기준으로 종목당 20% 정도로 매수하는 것이 바람직하다고 본다. 다만 투자를 하다 보면 확신이 생기거나 주도주에 대한 명확한 판단이 설 때가 있는데, 그럴 때 투자의 효율성을 높이기 위해 특정한 종목에 비중을 더 많이 둘 수도 있고, 주도주에 비중을 더 많이 실을 수도 있다.

투자는 기본적으로 수익을 목표로 한다. 하지만 경우에 따라서는 손실을 확정하고 재투자를 통해 계좌 전체 이익에 플러스를 부여하는 것이 중요하다. 종목당 과도한 투자로 손절할 수 없는 상황으로 내몰리면 이는 바람직한 투자 행위로 볼 수 없다.

대부분 투자자는 종목별 수익에 매달리는 경우가 많다. 물론 투자를 하는 종목들의 수익이 좋아야 계좌 수익이 증가하는 것이지만, 이는 잘못된 사고다. 하루의 계좌를 들여다보면 포트 종목들 중 손실인 종목도 있고, 이익인 종목들도 있다. 만약 계좌가 플러스라면 손실이 발생한 종목에 대해 관용을 베풀지 말아야 한다. 손절을 해도 계좌는 플러스이니 밑지는 장사는 아닐 것이다.

문제는 미련에 욕심이 더해지면서 손실을 키우고 더 나아가 계좌를 악화시키는 것은 물론, 자신의 멘탈을 붕괴시킬 수도 있다. 분석해서 여의치 않은 종목은 계좌의 효율성을 위해 과감하게 정리하고 내일 투자할 더 좋은 종목에 집중하는 것이 나은 방법이다. 손해를 보지 않으려는 속성은 누구에게나 있다. 하지만 그 속에 잠재하고 있는 위험인자인 '손해를 보고 팔 수 없다'의 사고를 버릴 수 있을 때 성공도 따라오게 될 것이다.

포트폴리오 개별 종목에 집착하지 말고 계좌 전체에 집중하는 투자를 하자. 분산투자는 손절을 쉽게 하기 위한 행위라는 사실을 잊어서는 안 된다. 세상에 못 믿을 것이 주식인 만큼 자신에 맞는 적절한 종목당 비중을 두고 투자해야 하며, 조금이라도 자신이 정한 룰에 위배된다면 손실을 키우지 말고 과감하게 매도하는 것이 현명한 투자이다.

도마뱀 꼬리자르기

동서고금을 막론하고 내 자산이 줄어든다는 사실을 달가워할 사람은 없다. 그런데도 투자자들의 절대 다수는 손실에서 자유롭지 못하다. 성공한 투자자들의 무용담에서 희망을 갖기도 하지만 그들도 신이 아니다 보니 손해를 보기도 한다. 하지만 성공한 투자자들과 성공하지 못한 투자자들의 차이는 자신을 버릴 수 있느냐, 없느냐의 차이라고 본다. 도마뱀은 자신을 위협하는 천적으로부터의 생존 수단으로 자신의 꼬리를 자른다. 자신의 일부를 버림으로써 위기에서 벗어나는 것이다. 무엇이든 희생이 있어야 얻는 것도 있는 법이다. 이것이 세상의 이치다.

문제는 손실을 감수하거나 아픈 결단을 내리는 것을 두려워하는 사람들이 본능에만 의존하는 경향이 있다는 것이다. 놀랍게도, 지능이 인간 평균을 훨씬 뛰어넘는 사람들조차 이러한 단순한 이치를 깨닫지 못하는 경우가 많다. 상대성 이론의 아인슈타인, 만유인력의 뉴턴, 인간과 초인을 논한 버나드 쇼, 그리고 제2차 세계 대전을 승리로 이끈 처칠 수상 등이 바로 그런 인물들이다. 이들은 모두 주식 투자에서 실패를 경험했다. 지나치게 똑똑했던 이들은 자신에 대한 신념이 평범한 사람들보다 더 강했고, 그 결과 투자에서는 오히려 실패로 이어졌다. 이처럼 뛰어난 지성인들조차 실패할 만큼 주식 투자는 결코 쉽거나 만만한 일이 아니다. 도마뱀처럼, 투자자들도 필요할 때 과감히 손실을 인정하고 손을 떼는 결단이 오히려 더 큰 수익을 가져올 수 있다는 사실을 깨달아야 한다.

투자자들이 감수해야 할 희생은 결국 일정 부분 손실을 확정 짓는 것이다. 이 정도조차 감수할 생각이 없다면, 투자자로서의 자격이 있다고 말하기 어렵다. 현명한 투자자는 손실을 빠르게 인정하고 신속하게 결정을 내리는 사람이다. 반면, 미련을 버리지 못하고 매몰 비용에 집착하는 투자자는 성공할 수 없다.

예를 들어, 가치투자의 아버지로 불리는 벤저민 그레이엄(Benjamin Graham)은 한때 투자 자산의 70%를 잃는 쓰라린 경험을 했지만, 이를 극복하고 성공의 길로 나아갔다. 워런 버핏 역시 그가 회장으로 있는 버크셔 해서웨이에서 투자 실패를 겪었으나, 오늘날 그는 세계적인 투자자로 자리 잡았다. 또한, 빌 애크먼은 캐나다 제약사 밸리언트에 투자해 큰 손실을 입었지만, 이 경험을 바탕으로 오늘날 대표적인 행동주의 투자자로 인정받고 있다. 이처럼 성공한 투자자들도 모두 한때 실패를 경험했다. 그러나 그들은 손실을 인정하고, 같은 실수를 반복하지 않으며 이를 발판으로 삼아 성공을 이루었다. 이들이 앞서 언급한 실패한 유명 인사들과의 차이점은 바로 손실을 받아들이는 태도와 그 경험을 교훈으로 삼았다는 점이다.

도마뱀의 꼬리는 천적에게 주어졌지만 다시 자란다. 성공한 투자자들도 투자 과정에서 손실도 따랐지만, 그들은 그것을 극복했고 결국 부와 명예를 모두 손에 쥐었다. 아닌 것은 버릴 줄 알아야 한다. 그것도 때늦지 않게 과감하게 결단을 내려야 한다. 계좌 전체가 몸통이라면 포트 종목 각각은 신체의 일부일 뿐이다. 곪아가는 상처를 도려내는 아픔도 있지만, 이를 도려내야 상처가 빨리 아물고 새살이 차는 법이다. 통상적으로 3~5% 정도선에서 손절하는 것이 바람직하다. 3%에서 하든, 5%에서 하든 상관없다. 정한 룰을 지키고 따르는 행위가 중요하다.

1억 중 20%인 2,000만 원을 A에 투자해 손실이 5% 발생했다면, 수수료 제외하고 100만 원 손실이 될 것이고. 2%면 40만 원 정도일 뿐이다. 그렇지만 미련과 욕심을 부린다면 손실 규모가 1천 만 원이 넘어갈 수도 있다. 이렇게 손실이 커지면 손절할 수도 없는 지경에 이르기도 한다. 도마뱀이라면 꼬리를 희생하지 않는 대가로 목숨을 잃어야 할 것이다.

손실 난 것에 대해 아까워하지 마라. 빌 애크먼(Bill Ackman)은 "나는 항상 빗나간 판단을 한다. 지나쳐 버린 기회에 관한 악몽이 끊임없이 반복된다"라고 이야기했다. 투자자로서 손실 난 것에 대해 후회없이 잊어버릴 사람은 없다. 애크먼의 이러한 후회와 악몽은 성공의 발판이 될 것으로 본다. 더 좋은 종목, 더 나은 타이밍에 대해 끊임없이 고민해야 하는 것이 투자자의 기본 자세다.

손절은 자신과의 약속이다. 도마뱀은 위기의 순간 꼬리를 떼어 주고 살아남는다면 다시 온전한 몸으로 되돌아갈 수 있다는 본능을 갖고 있다. 손절을 했으면 다음 투자에서는 냉철한 분석으로 종목을 선택하고 타이밍을 제대로 포착해 잃었던 손실을 되찾는다는 본능을 가져야 한다. 그만큼 자신감도 있어야 하는 것이다. 자신감이 없다면 투자를 자제해야 한다. 멘탈이 붕괴된 상황에서는 어느 정도의 휴식을 가진 후 자신감을 되찾고 가장 좋은 조건에서 움직이자.

라이언 일병 구하기

투자를 하다 보면 손실을 볼 수도 있고, 이익을 낼 수도 있다. 연속해서 지속적으로 수익을 내는 투자자는 거의 없다. 손실을 보더라도 소액 손실에서 끊고 더 큰 손실을 차단하는 것이 중요하다. 하지만 투자가 뜻대로 되는 것은 아니다.

가끔 체계적 리스크에 직면하면 손절 기회를 놓치는 경우도 있다. 이럴 때 투자자는 위기를 벗어나기 위해서 이를 해결할 능력을 갖추어야 손실로부터 자유로워질 수 있으며, 일시적으로 후퇴한 계좌를 다시 복귀할 수 있다.

스티븐 스필버그 감독의 작품 《라이언 일병 구하기》는 제2차 세계 대전 노르망디 상륙작전을 배경으로 한 영화로, 전쟁에 참전한 한 가정의 네 형제 중 세 명이 전사하고, 남은 막내 라이언 일병을 구출하는 과정에서 전쟁의 참혹함과 인간의 숭고한 희생정신을 그린 작품이다.

투자자의 관점에서 보면, 포트폴리오 안에도 라이언 일병처럼 위기에 처한 종목이 있을 수 있다. 이러한 상황에서는 정확한 판단과 효과적인 대응이 필수적이다. 팀의 리더인 존 밀러 대위(매우 톰 행크스)가 신중하게 상황을 분석하고 치밀한 작전으로 임무를 수행했듯, 투자자 역시 철저한 계획과 전략으로 위기를 돌파해야 한다. 만약 손절 타이밍을 놓쳐 15%의 손실이 발생했다면, 이를 해결하기 위해 여러 가지 대응 방안을 면밀히 검토해야 할 것이다.

첫 번째는 해당 종목의 내용이 양호하고 현재의 시장 중심에서 벗어나지 않아 희망이 있는 경우다. 이를 해결하기 위해서는 일시적 요인에 의해 떨어진 만큼 현시점이 저점인지, 좀 더 떨어질지를 판단하는 것이 중요하다. 지금이 저점이라면 동일한 현금을 투입(위기에 처한 라이언 일병을 구출하기 위해 정예 멤버를 투입)해 평균 단가를 절반 남짓으로 낮추는 것이다. 매입하는 즉시 손실률은 9%(제반 비용은 제외) 남짓으로 낮아진다. 그리고 주가가 상승해 10% 상승하면 미련없이 매도한다. 손실 종목이 오르기를 마냥 기다려 한세월을 보내야 하는 비효율성으로부터 탈출하는 것이다.

만약 더 떨어질 수 있다고 판단되면 충분히 떨어지기를 기다려 저점권에 진입했다는 판단이 설 때 같은 방식으로 매매하고 탈출하는 전략을 구사한다. 저점인지, 더 떨어질 것인지를 알기 위해서는 충분한 공부가 필요하다.

두 번째 경우는 해당 종목의 펀더멘털이 좋지 않고, 시장 환경 역시 이 종목에 불리하게 작용하는 상황이다. 이럴 때는 손실이 난 종목을 추가 매수하기보다는, 해당 종목과 상관관계가 없는 새로운 유망 종목을 동일한 비중으로 매수하는 것이 바람직하다.

이후 손실 종목의 가치가 일정 부분 회복되면 두 종목을 동시에 매도하여 손실을 만회하는 전략이다. 이는 마치 외곽을 공략해 적에게 압박을 가하고, 그 틈을 타 라이언 일병을 구출하는 전술과도 같다.

기존에 15% 손실이 발생한 종목을 만회하기 위해, 새로운 종목을 선정해 매수하고 해당 종목이 15% 이상 상승하면 두 종목을 동시에 매도하여 전체 손익을 상쇄한다. 이를 성공적으로 실행하려면 시장 상황에 맞는 종목 중 가장 탄력적인 종목을 신중하게 선택해야 하며, 최적의 매수 타이밍을 포착하는 것이 중요하다. 손실 난 종목을 구제할 '뉴페이스'가 필요하며, 이 종목이 임무를 완수한 뒤에는 추가 상승 여부와 관계없이 두 종목 모두 과감히 매도하는 것이 핵심이다.

이처럼 손실 난 종목을 추가 매수하든, 전혀 성격이 다른 종목을 새로 매수하든 중요한 것은 손실을 만회할 종목이 실제로 상승할 가능성이 높은지 여부다. 이러한 종목은 현재 시장에서 주도주로 자리 잡고 있는 것이 이상적이며, 그렇지 않다면 조만간 중요한 이슈의 중심에 설 가능성이 있는 종목이어야 목표한 수익을 효율적으로 달성할 수 있다.

투자의 본질은 유리한 조건을 갖춘 종목에 자금을 배분하는 것이다. 그렇지 않다면, 라이언 일병을 구출하러 갔다가 모두가 희생된 것처럼 새롭게 투입한 자금마저 손실의 늪에 빠질 수 있다. 이는 단순한 의욕만으로 극복할 수 있는 문제가 아니며, 마치 밀러 대위의 작전 수행 능력처럼 철저한 분석과 전략적 접근이 뒷받침되어야 한다.

손절과 차익

손절은 미련 때문에 못하고, 차익은 욕심 때문에 못한다. 이러한 미련이나 욕심으로 내용으로 자신의 심리를 컨트롤할 수 없는 투자자는 한마디로 주식의 노예가 될 가능성이 높다.

내가 가진 자산이 손실이 발생하는데 이를 쉽게 확정 지을 투자자는 거의 없을 것이다. 그 이유는 투자를 하기 전에 해당 자산에 대한 강력한 믿음이 있었기에 매수했을 것이고, 이러한 믿음이 깨진다는 것을 받아들이기가 쉽지 않기 때문이다. 그리고 가격이라는 것은 오르고 내리는 것으로 초기에 조금의 손실은 있을 수 있다는 자기합리화가 원인이 되기도 한다.

주가는 종종 자신이 감당할 수 있는 손실 수준을 넘어서는 순간, 하락 속도가 급격히 빨라지는 경향이 있다. 이는 동일한 손실 수준을 가진 다른 투자자들도 같은 지점에서 매도를 결정하기 때문이다. 주가가 이러한 지지선을 붕괴하면 원칙을 지키는 다수의 투자자가 일제히 매도에 나서면서 낙폭이 심화된다. 여기에 군중심리가 더해져 매물이 쏟아지면서 하락세가 가속화된다. 이처럼 손실이 감당할 수 있는 수준을 초과하게 되면, 투자자는 손절이 점점 어려워지고 결국 포기 상태에 빠지는 경우가 많다.

이익이 발생했지만 초기 가벼운 이익에 만족하지 못하는 투자자들이 많다. 심지어 매수할 당시 정한 목표 수익에 도달했음에도 더 큰 이익을 위해 매도 타이밍을 늦추다가 화를 초래하는 투자자들도 많다. 그리고 기준을 고점으로 잡고 그때의 수익에 비해 지금의 축소된 수익을 환산하다 보니 고점으로 오르기 전까지는 매도를 못한다

'만유인력의 법칙'을 정립한 과학자 아이작 뉴턴(Issac Newton)은 다음의 그림에서처럼 1720년 2월에 '사우스 시(South Sea)' 주식을 조금 매수했다가 같은 해 5월경 수익을 내고 매도했다. 그리고 그의 동료나 친구들은 같은 해 6월경 급등과 함께 매도해서 부자가 되었다. 이에 부러움을 느낀 그는 같은 해 6월 후반 저점에서 무려 7배나 오른 높은 시세에서 재매수했다. 이후 주가가 크게 올랐음에도 매도하지 않고 보유하다가 결국 연말에 폭락한 상황에서 어쩔 수 없이 세 번에 걸쳐 손절 매도하는 비운의 투자자로 낙인 찍혔다. 그는 투자 실패에 대해 다음과 같은 글을 남겼다.

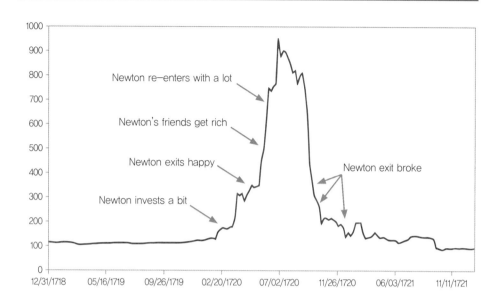

I can calculate the motion of heavenly bodies, but not the madness of people.

(천체의 움직임에 대해서는 계산이 가능하지만, 인간의 광기는 계산할 수가 없다)

뉴턴은 자신이 소액의 수익에 만족하지 못했고, 더구나 친구들의 고수익에 동요해 과도하게 오른 가격에 가진 자산의 대부분을 배팅하는 무리수를 둔 것은 물론 과욕이 넘쳐 2.5배에 달하는 수익 실현이 가능했음에도 매도를 하지 않은 것이 실패의 요인으로 보았다. 아마 그의 마음속에는 부자가 된 친구들의 자산을 의식했을 것이고, 그러다 보니 그의 심중에는 만족이 자리하지 못했을 것이다. 그리고 자신의 매수 가격 이하로 진입할 때는 자존심도 크게 작용했을 것이며, 챙기지 못한 수익에 대해 자책감이 있었을 것으로 보인다.

세상에서 가장 큰 부자는
가진 것에 만족하는 자

앞의 뉴턴의 이야기를 좀더 이어가자면, 그는 과학자로서의 분석적인 사고와는 달리 넘쳐나는 욕망에 사로잡혀 주가가 가치 이상의 비현실적인 수준으로 과도하게 올랐다는 사실을 망각했을 것이다. 그가 인간의 광기에 대해 언급한 것을 보면, 자신의 탐욕에 대해 후회했음을 알 수 있다.

손절(Loss cut)은 분석적으로 접근해 이행하는 것이 아니라 자신이 정한 가격에서 결단하는 것이다. 자신이 단타 투자자라면 3%, 4%, 5% 손절 중 하나를 정해 매도하는 것이고, 매도를 했으면 더 오르는 것에 대해 미련을 버리는 것이다. 그리고 냉정하게 다음 투자를 잘하면 된다. 중장기 투자자라면 10%의 손절을 고려하는 것이 바람직해 보인다. 이 역시 자신이 정한 손절 수준이 충족될 때는 과감하게 이행하는 것이다.

손절을 고려할 때는 자신과의 약속인 만큼 확실하게 지키는 것이 중요하다. 여기에 시장 여건이 우호적이니까 좀 더 기다려보자는 식의 미련을 갖는다면, 냉정함이 요구되는 시장에서 배척 당할 여지가 있는 평범한 투자자일 뿐이다. 자신이 정한대로 철저하게 약속을 지키는 것이 중요하고, 그 결단에 대해 후회가 있어서는 안 된다.

차익 실현은 수익이 났을 때 익절(Take profit)하는 것이다. 뉴턴은 탐욕에 사로잡혀 이성을 잃고 고가에 베팅하고 수익을 챙기지 못한 반면, 그의 친구들은 일정한 수익에서 더 이상의 욕심없이 자신들의 목표 수준을 잘 이행했다. 익절은 내가 정한 목표 수익이나 보는 지표(그것이 펀더멘탈이든, 기술적 분석 지표든) 상 매도 신호가 도래했다면 더 이상의 미련을 두지 않고 챙기는 것이다.

손절하거나 익절한 후 상승이 추가되면 아쉬워하는 투자자들이 많은데 이는 잘못된 사고다. 매도한 후 더 좋은 주식을 좋은 타이밍에 매수하면 될 일이다. 주식 투자자들의 실패 요인은 실력이 있고 없고를 떠나 손절과 익절에 대해 잡다한 분석(사실은 허망한 것)을 하고 그래서 좀 더 지켜보자는 식의 사고가 주요 요인이다. 손절과 익절이 투자에서 반드시 필요한 루틴으로 자리 잡기를 바란다.

위기는 희망을 잉태한다

주식 투자를 하다 보면 침체 상황이 극에 달해 도무지 분석이 통하지 않는 때도 있다. 이때는 분석에 집착하기보다는 유리한 환경이 조성될 때까지 현금을 들고 기다리는 것이 상책이다. 투자는 전투다. 전투는 가장 유리한 조건이 갖추어졌을 때 개전하는 것이 승산이 높다. 이길 수 없는 싸움을 벌이는 것은 자살 행위와도 같다.

이순신 장군은 지형이나 사전 대비 등 유리한 조건을 갖춘 후 상대를 끌어들여 침으로써 연전연승했다. 불리한 싸움에 뛰어들어서는 이길 수 없었을 것이다. 우리 투자자들도 현금이 돌아오면 분석과 대비 없이 곧바로 매수하는 경향이 있는데, 이는 잘못된 투자 행위다. 생각하고 분석하는 투자가 필요하다.

독일어로 '앙스트 블뤼테(Angstublute)'라는 말이 있다. '앙스트'라는 말은 '공포 또는 불안'을 의미하고, '블뤼테'는 '개화'라는 뜻이다. 그러니까 극도의 불안과 공포에서 꽃이 핀다는 의미다. 대나무는 오랜 기간 푸르름을 보이지만, 더 이상 살아갈 환경이 못 되면 마지막으로 노란색 꽃을 피우고 죽는다. 난을 키워 본 사람들은 알겠지만, 물이 부족하지 않으면 꽃이 잘 피지 않는다. 평소보다 물을 주는 횟수를 줄이면 꽃이 아름답게 핀다.

스트라디바리우스 바이올린은 여타 제조사가 만든 바이올린보다 높은 가치를 지닌다. 스트라디바리가 바이올린을 제작한 소재는 가문비나무였는데, 바이올린을 제작할 당시 유럽에서 작은 빙하기가 있었고, 이 기간에 알프스산맥에서 성장한 가문비나무가 빙하로 인한 생존난을 겪었다. 성장을 멈추면서 나이테가 수축되고 목재의 밀도가 높아지면서 이 같은 최고의 결정체가 된 것이다. 혹한의 상황에서 긴축된 생존을 하다 보니 최고의 아름다운 소리를 낼 수 있듯이, 투자자들도 위기가 찾아오면 절망하지 말고, 희망을 봐야 할 것이다. 그러니까 위기와 절망의 순간이 곧 기회인 셈이다.

여러분, 앙스트 블뤼테!